# 中国现代体育政策发展史

戴　羽　张玲玲　庞　龙　编著

重庆大学出版社

**图书在版编目(CIP)数据**

中国现代体育政策发展史 / 戴羽, 张玲玲, 庞龙编著. -- 重庆 : 重庆大学出版社, 2023.2

ISBN 978-7-5689-3701-6

Ⅰ.①中… Ⅱ.①戴… ②张… ③庞… Ⅲ.①体育事业—方针政策—历史—研究—中国 Ⅳ.①G812.0

中国国家版本馆CIP数据核字(2023)第003278号

**中国现代体育政策发展史**

ZHONGGUO XIANDAI TIYU ZHENGCE FAZHANSHI

戴 羽 张玲玲 庞 龙 编著

责任编辑:唐启秀 版式设计:唐启秀

责任校对:刘志刚 责任印制:张 策

*

重庆大学出版社出版发行

出版人:饶帮华

社址:重庆市沙坪坝区大学城西路21号

邮编:401331

电话:(023)88617190 88617185(中小学)

传真:(023)88617186 88617166

网址:http://www.cqup.com.cn

邮箱:fxk@cqup.com.cn(营销中心)

全国新华书店经销

重庆升光电力印务有限公司印刷

*

开本:720mm×1020mm 1/16 印张:16.75 字数:240千

2023年2月第1版 2023年2月第1次印刷

ISBN 978-7-5689-3701-6 定价:78.00元

# 作者简介

**戴　羽**　历史学博士，成都体育学院体育学博士后，山西师范大学体育学院副教授，主要从事体育史、体育法研究。主持博士后基金、山西省哲社、贵州省哲社等课题十余项，在《北京体育大学学报》等刊物发表论文三十余篇。

**张玲玲**　博士、副研究员，成都体育学院历史文化学院党委副书记，硕士生导师，成都市青年社科人才“雏鹰计划”入选者。主要从事体育文化、体育产业研究，主持完成省部级项目 3 项，出版专著 1 部，发表论文 10 余篇。

**庞　龙**　体育学硕士，主要从事体育史研究，在《河北体育学院学报》等刊物发表论文数篇，参与省级课题 3 项。

# 序言

《中国现代体育政策发展史》系国家社会科学基金重大项目“中华人民共和国体育史研究（1949—2019）”（19ZDA350）的阶段性研究成果。

体育政策是我国规划、治理体育事业的基本工具和基本手段，是体育实践和体育理论、体育现实和体育理想、体育现状和体育治理之间相互引导联系的结晶，是中国特色体育治理的重要组成部分，对一定时期内体育工作的发展方向和发展模式具有重要影响。研究其演进发展历史，可以在一定程度上反映不同历史阶段我国体育事业的规划思路、治理方式及发展理念，对理解中国体育发展、体育政策发展来说都是非常重要的考察维度。研究中华人民共和国70年体育政策史，实质上是对70年来我国体育工作的追溯与总结，不仅有利于梳理70年来体育工作所取得的辉煌成就，也有助于厘清我国体育政策的演进历程、阶段特点及其与体育发展之间的历史规律，进而把握未来我国体育政策的发展方向，为完善新时代体育事业的治理理念、体制机制、模式方法等提供经验借鉴，进一步提高我国体育事业治理体系现代化水平，助力全民健身、健康中国、体育强国等战略目标的实现。

本书的亮点之一是第一次以国史为纲，以体育政策为资料基础，采用纵向视角系统分析了我国体育政策的历史变迁脉络及其演进特征。我国体育政策已有70余年发展历史，有其独特的历史脉络及演进理路，而当下体育政策多偏向于横向研究，以体育史形式书写70年体育政策史是一种叙事创新，借助这一方式，本书将中国特色体育道路发展模式下我国体育政策的历史脉络、演进特征及政策经验等系统呈现，使读者能以历史性宏观视角整体理解我国体育政策发展历程。

本书的亮点之二是收录政策体量大、时间跨度长、政策内容全面。研究中华人民共和国成立以来的体育政策史，政策史料是重要基础，但由于年代久远，相关资料不易搜集。本书以《体育运动文件选编(1949—1981)》《现行体育法规汇编(1949—1988)》《体育法规汇编(1989—1992)》及其后续版本为史料来源,结合国家体育总局、北大法宝等网站的公开资料,对中华人民共和国成立以来,尤其是改革开放前的体育政策做了大量梳理工作,使得读者能对我国体育政策演进发展有更加清晰完整的认识。

本书的亮点之三是采用统一框架和视角对我国体育政策进行整体性研究。当前学界对竞技体育、群众体育和学校体育政策已做过诸多研究,体育经济产业政策等领域也有不少研究成果,但大体来看当前研究多以某一领域的政策研究解读为主,研究视角、方法、手段等不尽相同,缺乏统一的框架基础。本书除加入体育文化、退役运动员就业保障政策等创新成果外,还采用数据量化结合定性分析的方式,统一对我国体育政策进行数据统计、分期梳理及特征归纳,使读者能对不同时期体育政策的发展阶段和演进特征有准确的认知。

本书的第一作者戴羽是我的博士后,具有历史学、体育学、法学的学科背景,长期从事体育史科研工作。戴羽博士工作态度认真,对科研有着强烈的热情和坚韧的毅力。在站期间,主持中国博士后基金项目一项,在《北京体育大学学报》《武汉体育学院学报》《成都体育学院学报》等刊物发表论文四篇,科研能力较为突出。

最后,重庆大学出版社对国家社科基金重大项目“中华人民共和国体育史研究(1949—2019)”的课题成果出版给予了大力支持,我们对他们的真诚合作和付出的努力表示真诚的感谢。

国家社会科学基金重大项目

《中华人民共和国体育史研究(1949—2019)》首席专家

刘　青

2022年7月16日于成都武侯祠旁

# 目 录

# 绪　论

## 第一节　我国体育政策史的研究价值

党的十九大报告提出要“推进体育强国建设”,从“体育大国”迈向“体育强国”的战略目标,为实现这一目标,未来我国体育事业需要加快自身治理体系建设进程。体育政策是实践国家体育治理的主要方式,中华人民共和国成立以来,党中央及各有关部门颁布了大量的体育政策,时间跨度长、政策体量大,其纵向研究具有重要的学术价值和现实意义。

### 一、政策规律:有助于探索我国体育政策发展的历史规律

中华人民共和国成立70年来,颁布了一系列体育政策,形成了具有中国特色的体育治理制度与发展道路。目前学界对体育政策的横向研究较为丰富,而史学角度的纵向研究较为欠缺,难以厘清我国体育政策整体发展历程,不利于发现我国体育政策演进的历史逻辑,更不利于总结以往国家政策治理中的历史经验教训。本书通过政策现实和研究经验将体育政策划分为竞技体育政策、学校体育政策、群众体育政策、体育经济政策、体育文化政策、民族传统体育政策、退役运动员就业保障政策等不同主题,系统梳理中华人民共和国70年体育政策的发展演变历程,总结其政策实施的效果影响,以此探索我国体育政策发展

的历史规律。本书较以往研究,具有时间跨度长、政策体量大、政策内容全面的特点,有助于从历史角度分析体育政策治理的利弊,提炼体育政策治理的中国特色与经验,探索中国特色体育治理的建设道路,为“十四五”期间体育政策的制定与评估提供宝贵经验。

## 二、政策体系:为完善新时代我国体育政策体系提供参考

当前学界在竞技体育政策、群众体育政策、学校体育政策、体育产业政策等多个领域均取得不少研究成果,但整体上较为分散,多以某一领域的政策研究或政策文本解读为主,缺乏对体育政策的整体性研究,且这些研究在手段、方法、视角上不尽相同,成果之间没有统一框架基础,不利于串点成面以及比较分析。本书立足于70年来我国中央层面发布的体育政策文本,采用数据量化结合定性分析的方式,通过数据统计、分期梳理、特征归纳等方式分别对我国体育政策进行梳理分析,这种统一的研究框架除能客观清晰展示不同领域、不同时期体育政策的发展阶段和特征外,也能通过横向比较的方式感知不同类型体育政策在演进过程中的共性与个性,更好地把握我国体育治理过程中的共性问题与个性问题、一般矛盾与特殊矛盾,为构建和完善新时期体育政策体系提供理论基础。

## 三、政策视角:以体育史形式梳理中华人民共和国70年体育政策变迁属崭新视角

研究我国体育政策发展问题需要关照其发展历史,只有在充分了解研究对象历史的基础上,才能更好地为未来政策发展提供有效建议。我国体育政策演进具有自身的历史性特征,不同历史时期和发展阶段的相关政策都有其自身背景,在一定程度上是为满足当时需要而发生发展,是为推进体育治理发展而作出的政策实践,具有宝贵的经验价值,因此我们要承认体育政策发展中的历史

阶段性特征。本研究通过体育史视角书写体育政策变迁，侧重于政策出台的历史背景、体育政策的历史演变脉络、体育政策变迁的时代影响因素等，注重体育政策在历史上的定位及其影响，将体育政策置于中华人民共和国70年的发展历史之中，充分展现我国体育事业快速发展的政策因素。70年来，我国各项事业均取得举世瞩目的成就，体育事业亦是如此。以体育史形式书写70年体育政策史是一种叙事创新，通过这种方式记录体育政策史，可以从宏观角度理解中国特色体育道路发展模式的历史脉络，有助于从演进过程中总结出有利于当代体育发展的政策经验。

## 第二节　概念界定与研究综述

### 一、概念界定

“政策”一词，意指国家政党为实现一定历史时期的路线和任务而规定的行动准则，表现为行动的过程和归宿[①]，体育政策即国家为实现一定时期的体育路线和任务而制定的行动准则。体育政策有广义与狭义之分，广义上的体育政策包括《体育法》在内的法律、法规以及与体育有关的“通知”“纲要”“规划”“意见”等行动准则；狭义上的体育政策是指国家颁布的各种与体育有关的“通知”“纲要”“规划”“意见”等行动准则。从强制力上来看，体育政策结构中存在大量指导性、激励性、号召性、宣示性等非强制性规范语言，而体育法律则是具有国家正式强制力保障，约束性、惩罚性、警戒性较强[②]。狭义的体育政策与体育法律在制定环节上也有明显区别，如体育政策由国家专门的部门进行研究制定，一般包括政策制定、政策执行、政策评估、政策终结、政策监督五个环节，其生成方

①夏征农，陈至立．辞海［M］.6版．上海：上海辞书出版社，2009：2926.

②戴羽，张健，徐帆．体育公共服务的软法之治［J］.武汉体育学院学报，2019，53(03)：34-38.

式较为灵活。体育法律的制定需要严格按照《中华人民共和国立法法》要求，由中央军事委员会、最高人民法院、最高人民检察院、全国人民代表大会各专门委员会等向常务委员会提出法律案，再经由前立法、中立法、后立法三阶段等系列程序后制定而成①。从目的上看，体育政策不是从来就有的，也不是一成不变的，而是随着时代需求、发展目的、体育认知的变化而不断变化的，其主要涉及的内容多是行动目的、规划纲要、行动方针和方法措施等。体育法律虽和体育政策相似，也是国家有关部门主观制定的一类规范性文件，但其受到国家强制力保护，具有普遍的约束效力②，有着严格的制定程序和制定标准，不是一般地方组织等可以随便制定颁布的，并且其主要目的在于约束、规范、监督个人及组织行为，确定、维护、巩固各种体育治理过程中的权属关系和社会秩序，这点和具有软性特征、偏向于发展规划的体育政策相比也有所区别。总的来说，对比体育政策和体育法律可以发现，二者的本质区别在于一个是为寻求发展而能动制订的体育行动与计划，一个是为了维护社会稳定而制定的受国家强制力保护的与体育有关的条文规范。但同时，体育政策和体育法律又联系密切，相互影响，表现为体育政策条文不能与体育法律冲突，体育法律是体育政策的制定依据和权威性来源，体育政策需要体育法律支持等。部分体育政策经过一定的法律程序后能上升为体育法律，如2022年6月24日修订通过的《中华人民共和国体育法》中的体育仲裁、体育产业等法律条文是相关政策法律化的产物，这些现象都充分表明体育政策和体育法律之间是辩证统一、相互协同的关系。

## 二、研究综述

### (一)宏观体育政策史研究综述

孙科等在《中华人民共和国成立后体育工作方针的演变历程及其内在表

---

①孙国华. 中华法学大辞典(法理学卷)[M]. 北京：中国检察出版社，1997：57.

②罗辑. 论政策与法律的比较[J]. 企业导报，2010(01)：15-16.

征》[①]一文中回顾了中华人民共和国成立后的4个历史时期(社会主义改造时期、社会主义建设的探索和曲折发展时期、社会主义现代化建设新时期、中国特色社会主义进入新时代)体育工作方针的演变历程,并探讨其内在表征。他们认为从中华人民共和国成立以来体育工作方针的演化历程来看,不同历史时期的体育工作方针体现了我国体育工作在社会主义不同建设阶段的侧重要点。刘叶郁在《中华人民共和国成立以来体育政策的演变特征与内容分析》[②]一文中选取1949—2016年国家层面的97份体育政策文本,并以其中3份代表性政策的106条政策条款作为分析单元,运用政策系统理论对相关政策的基本信息、主题、效力等进行定性分析,指出我国体育政策在工具选择、实施过程等方面仍存在一些问题,认为未来我国体育政策应适应社会发展的多元化需求,从"供给端"到"需求端"不断改进、完善相关政策类型。张琴、易剑东在《问题·镜鉴·转向:体育治理手段研究》[③]一文中采用文献法、比较法和调查法,探讨体育治理手段的类别与特征、历程与前景,指出当前我国体育治理过度依赖行政手段,这种治理模式成本较高且效果不明显,未来应转变这种简单粗放的处理方式,谨慎使用行政手段,而是在民主建设、法制建设等方面多下功夫,向科学化、制度化、多样化的体育善治模式进行转向。张庆文等在《当代中国体育政策的变迁与思考》[④]一文中分析了我国2013年以前的体育政策,并以竞技体育和群众体育政策发展为主线概述了我国体育政策在不同历史阶段的发展规律及变化特点。

---

①孙科,姜宇航,朱天宇,等.中华人民共和国成立后体育工作方针的演变历程及其内在表征[J].首都体育学院学报,2021,33(04):364-370.

②刘叶郁.中华人民共和国成立以来体育政策的演变特征与内容分析[J].上海体育学院学报,2018,42(06):11-17.

③张琴,易剑东.问题·镜鉴·转向:体育治理手段研究[J].上海体育学院学报,2019,43(04):16-21.

④张庆文,杨刚,万莹莹.当代中国体育政策的变迁与思考[J].上海体育学院学报,2013,37(06):20-23.

### (二)竞技体育政策史研究综述

刘林青等在《非京籍竞技体育人才引进及管理政策研究》①中通过分析非京籍运动员的社会福利待遇、人才引进政策、体教分离的行政管理体制、义务教育、户口和学籍管理制度,认为我国非京籍竞技体育人才引进政策有待完善,在今后制定有关政策时应考虑政策的横向性、连续性、一致性以及可操作性。王超等在《我国大学竞技体育可持续发展的对策研究》②中认为我国竞技体育政策缺乏完善制度和有效监管,不利于我国大学竞技体育可持续发展。郭振、刘波在《20世纪50年代至70年代我国大学竞技体育的重构与展现》③一文中,通过文献资料法分析20世纪50年代至70年代我国大学竞技体育的有关策略,指出高等教育领域内的院校调整重构了大学竞技体育的路径和格局,普及竞技体育是这一时期发展大学竞技体育的主要策略,国家需求是这一时期相关政策制定的主要出发点。明大阳在《我国发展具有区域特色的竞技体育人才政策评析——以〈辽宁竞技体育人才培养办法〉为例》④中考察了2013年左右各省份颁布的有关竞技体育人才的政策法规,重点结合《辽宁竞技体育人才培养办法》对如何在竞技体育可持续发展过程中发挥区域优势、提升地方人才竞争力进行了研究,认为辽宁竞技体育人才培养政策需要发挥高等院校体育科研优势、重视全民健身运动、合理分配体育资源、完善体育项目布局。刘庆伟、唐建倦在《大学高水平竞技体育人才培养制度创新研究》⑤一文以与我国大学生高水平竞技体育管

①刘林青,王超,陈鹭,等.非京籍竞技体育人才引进及管理政策研究[J].西安体育学院学报,2019,36(05):594-596+600.

②王超,潘耀滨,王永盛.我国大学竞技体育可持续发展的对策研究[J].山东体育学院学报,2013,29(04):98-102.

③郭振,刘波.20世纪50年代至70年代我国大学竞技体育的重构与展现[J].体育文化导刊,2016(07):148-152+206.

④明大阳.我国发展具有区域特色的竞技体育人才政策评析——以《辽宁竞技体育人才培养办法》为例[J].沈阳体育学院学报,2013,32(02):74-78.

⑤刘庆伟,唐建倦.大学高水平竞技体育人才培养制度创新研究[J].体育与科学,2011,32(04):107-109+27.

理有关的法规政策为研究对象，对其中的体育人才培养制度内容进行了详细分析，认为我国大学层面的竞技体育的健康、科学发展以及我国各大高校中高水平学生运动员的培养同样应顺应教体改革，通过资源整合、权责划分等方式协调各方主体利益，创新现行管理、竞赛、招生等的制度模式，促进体教结合及大学竞技体育良性运行发展。罗建河在《〈反兴奋剂条例〉执行阻滞机制的多维分析》[①]一文中对《反兴奋剂条例》这一单个条文进行了系统分析，认为该条例执行主体的特性、政策文本的品质、政策相对人对条例的认同度以及条例执行所需资源的准备状况等方面的不足是造成其执行阻滞的主要原因，也应从这些方面去破除阻滞效应。

巴里·霍利亨等在《中国奥运体育政策：应对全球化的影响》[②]一文中探讨了中国在20世纪70年代中期重新参与国际精英体育竞赛后，在大多数情况下是以何种方式处理好与奥林匹克运动之间关系的。其研究了中国政府在提高中国在奥林匹克运动中的影响力、培养一支强大的国家奥林匹克运动员队伍以及确保2008年北京奥运会成功举办的相关政策。文章认为中国政府不仅能有效组织和集中资源来支持其政策目标，而且在此过程中也能协调好市场要素，使其服务于体育政策的发展目标。普鲁斯等在《中国体育政策的发展：北京2008年夏季奥运会和2022年冬季奥运会的遗产》[③]一文中探讨了继2008年夏季奥运会与2022年冬季奥运会后，以奥林匹克为导向的体育政策（作为奥林匹克遗产的部分），将会给中国带来哪些变化。通过对政策文件的分析，阐释了两次奥运会共同促进了中国体育事业的发展，提高了全民体育的地位。就政策而言，中国的两次竞标经历使得大型体育、活动的政策制定与遗产规划流程得以简化。

①罗建河.《反兴奋剂条例》执行阻滞机制的多维分析[J].成都体育学院学报，2009，35(01)：20-23.

②Barrie Houlihan，Tien-Chin Tan.Chinese Olympic sport policy：Managing the impact of globalisation[J].*International Review for the Sociology of Sport*，2012，48(2)：131-152.

③Holger Preuss，James Andrew（Jamie）Kenyon，et al.Sport Policy Development in China：Legacies of Beijing's 2008 Summer Olympic Games and 2022 Winter Olympic Games[J].*Journal of Global Sport Management*，2019：1.

最后探讨了未来奥运会主办国战略规划的相关意义。

### (三)群众体育政策史研究综述

高奎亭等在《建国70年来我国体育公共服务政策的演进与趋向》[①]一文中将我国体育公共服务政策演进历程划分为5个阶段,起步探索阶段政策多以口号宣传为主,缺乏实质性内容,难以满足当时广大群众的体育运动需求;萧条停滞阶段相关政策在监管、束缚手段等的干扰下艰难发展;改革转轨阶段相关政策在恢复之前正确有效内容基础上重建了部分体育组织机构,并逐步呈现注重效率、公平、以城市为主的特点;深化改革阶段相关政策更加注重法治规范,开始突出社会参与,并将供给重点由城市为主转到城乡一体之上;蓬勃发展阶段有关部门开始依据国际国内形势变化,通过政策创新、试点探索等方式提高相关政策统筹规划水平,整体呈现多元主体协同参与、城乡覆盖均衡全面等特点。归纳其演进轨迹可以看出,相关政策具有供给主体由国家统包独揽转向与社会并存、价值取向由注重社会发展需求转向社会民生需求、目标追求由重视规模与效率转向注重质量与公平、政策体系由单一政策走向多元政策协同、供给布局由城乡二元分割走向城乡一体统筹等特征。戴羽等在《中国共产党群众体育政策的历史演进与经验启示》[②]中指出我国群众体育政策历经了新民主主义时期的探索起步阶段、社会主义建设时期的曲折发展阶段、改革开放后的恢复发展阶段以及党的十八大以来的创新发展阶段。新民主主义革命时期的群众体育服务于军事,社会主义建设时期的群众体育与劳动紧密结合,改革开放后的群众体育法制化特点显著,党的十八大以来的群众体育坚持“以人为本”的价值取向,表现出民主性、科学性、公共性和创新性。彭国华等在《中国农村公共体

①高奎亭,陈家起,李乐虎.建国70年来我国体育公共服务政策的演进与趋向[J].体育学刊,2020,27(03):17-22.

②戴羽,张丽,刘青.中国共产党群众体育政策的历史演进与经验启示[J].北京体育大学学报,2021,44(06):112-118.

育服务政策的变迁历程》[①]一文中将我国农村公共体育服务政策划分为初创、曲折发展、严重破坏、恢复调整、深化改革、快速发展六个发展阶段，并对各个阶段的政策内容、政策目标、政策数量、政策种类等进行了针对性分析。李屹松在《政策协同视角下公共体育服务政策优化路径研究》[②]一文中认为在制定公共体育服务供给政策时，应将人民群众纳入决策体系，优化决策主体，并通过明确各执行主体权责义务及联通机制的方式来解决公共体育服务政策执行主体多、协同性弱、执行难度大等难题。而且在监督机制方面，除优化相关政策中的行政监督内容，充分发挥相关部门机构效能外，还应进一步丰富监督主体，加设相应的舆论监督和社会监督渠道，设立相应标准将第三方机构等纳入监督主体体系之中。在优化政策主客体间协同性时则要关注到不同特征群体在公共体育服务方面的共性需求与个性需求，通过适宜的手段均等兼顾这些需求。此外，还应考虑到公共体育服务政策与竞技体育政策等其他政策的协同性。柳鸣毅等在《"健康中国2030"背景下中国青少年体育公共政策研究》[③]一文运用公共政策分析方法透视国外青少年公共体育政策法规，并以此为依据指出新时代背景下青少年体育健康市场前景广阔，尤其是其产业链条的构建将成为接下来我国青少年体育事业发展的主要方向。认为未来我国需要构建以青少年健康促进、组织创建、活动组织、项目布局等为主要内容的青少年体育公共治理体系，充分发挥我国政府"元治理"整合效益，创新我国组织社会治理的基层性特色，提高我国青少年治理体系整体质量。

---

①彭国华，张莉，庞俊鹏．中国农村公共体育服务政策的变迁历程[J]．当代中国史研究，2017，24(03)：121.

②李屹松．政策协同视角下公共体育服务政策优化路径研究[J]．北京体育大学学报，2019，42(07)：74-84.

③柳鸣毅，王梅，徐杰，等．"健康中国2030"背景下中国青少年体育公共政策研究[J]．体育科学，2018，38(02)：91-97.

### (四)学校体育政策史研究综述

潘凌云、王健在《改革开放40年我国学校体育改革与发展的政策审思》①一文中指出改革开放40年来我国学校体育政策发挥了良好功能,取得了积极效果,是我国学校体育改革深化工作能够有效推进的关键因素,对学校体育改革与发展来说具有积极意义,并将其发展特征总结如下:一是党和政府高度重视青少年健康成长和学校体育政策的制定;二是遵循渐进式的政策演进之路,较好地保持了学校体育政策的继承性、稳定性;三是精英决策与民众参与相结合,学校体育政策过程的科学化、民主化水平得到显著提高。但同时相关政策也存在如下问题:一是发展过程中相关政策的生成主要是由"要素"驱动,其他方面得不到同步提升,导致相关政策存在一定的单一性和后发性,这在很大程度上制约了我国学校体育整体协调改革发展。二是相关政策能够顺利执行落实,按照预期设想发挥效果的情况不多,现实中总会出现各种各样的阻力影响政策落地实施,"政策执行难"等现实顽疾长期存在。三是自上而下的"外推型"政策推进模式权威高效,但基层实践者参与改革的内生动力不足。四是政策运行的社会性品质阙如,改革缺乏充分的社会性支撑与协同。五是政策监测与评估机制不够完善,一定程度上削弱了改革的科学性与实效性。杨雅晰、刘昕在《改革开放40年学校体育政策嬗变的回溯与展望》②一文中认为改革开放40年来,我国学校体育政策经历了以下3个阶段:一是恢复重建阶段,这一阶段我国学校体育工作迎来新的历史起点,相对独立的课程管理体系及学生体质与健康数据库逐渐建成;二是规范完善阶段,这一阶段学校体育在我国教育系统中的地位价值逐渐得到政府确认及各界认可,体育课程、体育中考等的规范化程度得到提高;三是深入发展阶段,这一阶段学生体质健康问题引发社会广泛关注,针对薄

①潘凌云,王健.改革开放40年我国学校体育改革与发展的政策审思[J].体育科学,2019,39(05):13-25.

②杨雅晰,刘昕.改革开放40年学校体育政策嬗变的回溯与展望[J].北京体育大学学报,2019,42(05):44-54.

弱环节及热点问题，学校体育方面开始陆续出台系列政策以推进我国学校体育工作深入发展。演进过程中，相关政策呈现顶层设计导向更加鲜明、政策制定主体趋向多元协同、政策内容指向趋向健康第一和政策执行趋向社会资源整合等特征。而政策制定偏于虚化、政策执行路径不畅、政策督导评估体系不完善等是当前政策所存在的主要问题。谭利、于文谦在《改革开放以来我国学校体育政策工具的选择与优化》①一文中认为改革开放至今我国学校体育政策在工具使用方面以命令性工具为多，且有过溢之势，对象征性工具及劝诫性工具的使用则相对较少，同时缺乏系统变革及激励手段，整体来看我国学校体育领域各政策工具组合差异较为明显，学校体育发展过程中的关键要素与政策工具的精准选择方面还需进一步优化。庄艳华、杨春元在《外生植入与内生需求：我国学校体育政策的历史演进与价值重构》②一文中认为民国前和中华人民共和国成立后到2000年前学校体育政策具有相似性，在学校体育政策的顶层设计方面都历经了从无到有、从有到强、从非正式的意见指导跃升为法律层面的过程；学校体育政策的制定都出于现实问题的倒逼，具有被动的外生型植入的特点；学校体育政策施行的悖论及其困境源于"重文轻武"的文化惯习、体质健康的手段异化为目的以及在底层执行阶段都处于碎片化和虚化运行。学校体育政策顶层设计和底层有效执行的重构：首先，在观念上要对体育概念、体质教育、健康和学校体育等进行认识论的再出发，树立"大健康"观；其次，在政策方面要做到用刚性保障维护学校体育相关主体利益，又要确保相关政策内容确实合理可行，能支撑学校体育长效持续发展，以政策认同逐步带动起社会、学校、学生等主体对学校体育文化的认同；最后，我国体育发展方式正在发生深刻变革，立德树人大教育背景下我国学校体育政策应顺应体育变革发展，做到体育社会发展

①谭利，于文谦．改革开放以来我国学校体育政策工具的选择与优化［J］．北京体育大学学报，2019，42（05）：63-71．

②庄艳华，杨春元．外生植入与内生需求：我国学校体育政策的历史演进与价值重构［J］．体育与科学，2019，40（05）：46-51．

及育人价值的有机统一。李百成、郭敏在《我国学校体育政策演进特征与发展策略》①一文中将我国学校体育政策演进划分为探索与初创阶段、曲折发展阶段、恢复与修正阶段、全面完善发展阶段，指出在演进过程中，相关政策在“健康第一”指导思想影响下价值取向逐渐由国家本位转向人本位，从重视政策内容的导向性到注重政策制定的科学性。高晓峰在《我国学校体育政策变迁与启示》②一文中认为我国学校体育政策变迁经历了反复化与法治化两个发展历程，各历程变迁特征显著、变迁动因各异，并指出政策变迁过程中政治、政策和问题三源流间互动明显，且政治源流占主导地位。其中精英化决策模式主导政策源流，问题源流受客观因素影响显著，而政治源流在国家意志的执政理念影响下贯穿于政策变迁过程的始终，并对问题源流和政策源流的走向产生了一定影响。

### (五)体育经济政策史研究综述

易剑东等在《中国体育产业政策研究：总览与观点》③第二章中梳理了我国1978—2015年体育产业政策的发展历程，将其分为萌芽(1978—1992)、探索(1992—2001)和发展(2001年至今)三个阶段，并对各阶段政策的概况特点等进行了分析说明。徐成立等在《我国体育产业政策变迁：进程、逻辑及演变趋势》④一文中分析了1978—2018年国家层面172份体育产业政策变迁的历史进程、逻辑和未来发展趋势。认为我国体育产业政策历经改革开放期、积极探索期、相对停滞期、战略发展期等四个阶段，并总结了我国体育产业政策变迁的历史逻辑：①政策理念从“政府管理”转向“协同治理”；②政策主体从政府“一元主体”转向“多元主体”；③政策过程从“事前控制”转向“全过程”监管；④政策工具从

①李百成，郭敏.我国学校体育政策演进特征与发展策略[J].体育文化导刊，2019(10)：81-85.

②高晓峰.我国学校体育政策变迁与启示[J].体育文化导刊，2019(08)：30-37.

③易剑东，郑志强，等.中国体育产业政策研究：总览与观点[M].北京：社会科学文献出版社.2016.

④徐成立，张宝雷，张月蕾，等.我国体育产业政策变迁：进程、逻辑及演变趋势[J].武汉体育学院学报，2020，54(03)：45-53.

“单一运用”转向“综合运用”。王雪莉等在《2010—2019年中国体育消费政策落实:问题与对策》[①]一文中系统梳理分析了现阶段我国体育消费政策问题,指出我国体育消费政策落实过程中存在对于体育自身及其在经济、产业系统中的作用、地位等认识不足,政策内容中所涉及的推行手段及评价指标体系不够均衡完善,缺乏长期有效的督促激励机制,政策贯彻落实效果较差等诸多问题。并提出如下应对策略:①开展相关研究宣传工作,提升全社会对体育价值功能的认识水平,提高全社会对体育消费的认可程度,站在国家战略的高度持续推进我国体育长效发展;②加强体育消费政策的顶层设计和统筹安排,提升政策实施的有效性和适用性;③根据特定目标细化落实方案,确保政策实施的针对性和可操作性;④完善和体育消费相关的评价指标和评价体系,提高相关数据结果评估的科学性和时效性,并将其精准、合理运用到体育消费政策评估、落实之中;⑤建立具有广泛吸引力的、能切实促进体育产业长效发展的激励机制,为体育消费政策的落实生效提供良好的物质基础和环境条件;⑥提升我国体育产业治理的综合效能,以体育产业发展带动体育消费发展,逐步提升我国体育消费水平和体育消费质量。王涛、王健在《论我国体育竞赛表演业政策的阶段划分、变化特征及其走向》[②]一文认为体育竞赛表演业的政策生命周期分为萌芽阶段、初效阶段、全效阶段三个阶段,其中政策生命周期与国家发展战略的一致性、政策生命周期核心主题的连续性、政策生命周期跨度的阶段性是其几十年来演进变化的主要特征。结合相关政策历史演进特征及当代我国体育竞赛表演发展趋势,政策制定的科学性、政策行为的阶段性、政策继承的时效性将成为未来相关政策发展的三大基本走向。

---

①王雪莉,付群,郑成雯.2010—2019年中国体育消费政策落实:问题与对策[J].体育科学,2019,39(10):40-55+82.

②王涛,王健.论我国体育竞赛表演业政策的阶段划分、变化特征及其走向[J].体育文化导刊,2018(05):6-10.

### （六）体育文化政策史研究综述

体育文化具有多重价值，对我国建设“文化强国”和“体育强国”具有重要意义。何文义在《多维融合背景下的体育文化发展路径与策略探析》[①]一文中指出，我国体育文化政策相对缺失，尚未形成相对独立的政策体系，不利于我国体育文化的传承创新与体育文化产业的高质量发展。纪成龙、杨国庆在《文化治理与政策实践：竞技运动项目组织文化建设的挑战与应对》[②]一文中指出加强竞技运动项目文化建设能促进我国体育文化繁荣发展，长期以来以奥运争光为价值导向的政策实践虽具有一定的合理性，却窄化了竞技运动项目的价值，需要向多元文化价值转型。钟俊在《我国城乡结合部社区体育文化公共服务体系的构建研究》[③]一文中认为城乡接合部社区等是我国在体育领域贯彻落实“文化强国”等国家目标的重要场域，因此城乡接合部社区体育文化公共服务体系应紧紧围绕“文化强国”开展构建工作，以相关政策保障体系的建设带动城乡接合部社区体育文化及相关地区公共服务发展，促进城乡接合部社区体育文化公共服务保障体系的形成。韩敬全、张振华在《试论当代中国农村区域体育文化建设》[④]一文中指出，农村区域体育文化的发展得益于相关体育政策的出台，未来要从观念培育、保护扶持等方面开展有关建设工作。

### （七）民族传统体育政策史研究综述

韦晓康、赵妍在《建党百年中国少数民族传统体育事业的成就与使命》[⑤]一

---

①何文义．多维融合背景下的体育文化发展路径与策略探析[J]．北京体育大学学报，2020，43(12)：35-45.

②纪成龙，杨国庆．文化治理与政策实践：竞技运动项目组织文化建设的挑战与应对[J]．武汉体育学院学报，2020，54(01)：19-25.

③钟俊．我国城乡结合部社区体育文化公共服务体系的构建研究[J]．山东体育科技，2014，36(01)：114-118.

④韩敬全，张振华．试论当代中国农村区域体育文化建设[J]．体育与科学，2005(05)：24-26.

⑤韦晓康，赵妍．建党百年中国少数民族传统体育事业的成就与使命[J]．北京体育大学学报，2021，44(06)：130-140.

文中将我党支持少数民族传统体育的发展历程划分为萌芽探索、初步创立、低落萧条、改革发展和深化繁荣5个阶段，基于心系群众的民族政策，相关政策体系不断完善。张文鹏等在《新时代中华民族传统体育的机遇、挑战及政策建议》[①]一文中认为城镇化的发展模式、受众单一、部分国人对中华民族传统体育存在认同焦虑和中华民族传统体育推广危机是新时代中华民族传统体育发展所面临的几大主要挑战，新时期政策发展需要做到点线面覆盖，以形成新时代中华民族传统体育齐抓共管的良性治理体系。姚乐辉在《"一带一路"背景下少数民族体育发展策略研究》[②]一文中认为需要以政策支持、加强政府间对话、加大专项科学研究力度、完善跨境少数民族传统体育互动机制等形式促进滇西跨境少数民族传统体育互动发展。冯俊在《新时代民族传统体育的发展机遇和改良策略研究》[③]一文中认为社会接受度不高、项目本身缺乏吸引力、各项目之间缺乏交流是当前民族传统体育发展困难的主要原因，需要从国家层面进行有关建设，逐步建立起规范化、制度化的民族传统体育政策体系。殷鼎、杨建鹏在《我国少数民族传统体育政策发展研究》[④]一文中将相关政策发展历程划分为萌芽、中断、奠基、成熟、提升、创新6个阶段，认为在演进过程中相关政策体系逐步健全，但仍存在政策制定主体诉求不高、政策执行过程中外部困难较多、当前政策体系尚有缺陷等弊端，未来需要从实际出发、因地制宜、统分兼顾以完善相关政策。郑国华在《我国民族传统体育失范研究》[⑤]一文中认为政策偏差、"懒政"、功利性政策等政策性的失误和政策执行过程中的偏差是造成我国民族传统体育失范的主要原因，需要通过规范创新、体系重构等方式抑制失范的发展。

---

①张文鹏，郭澜，曾婷婷，等.新时代中华民族传统体育的机遇、挑战及政策建议[J].武汉体育学院学报，2020，54(07)：56-62.

②姚乐辉."一带一路"背景下少数民族体育发展策略研究[J].贵州民族研究，2019，40(09)：81-84.

③冯俊.新时代民族传统体育的发展机遇和改良策略研究[J].贵州民族研究，2018，39(08)：140-143.

④殷鼎，杨建鹏.我国少数民族传统体育政策发展研究[J].体育文化导刊，2017(10)：39-42+6.

⑤郑国华.我国民族传统体育失范研究[J].中国体育科技，2011，47(03)：70-79.

### (八)退役运动员就业保障政策史研究综述

杨尚剑在《我国运动员退役安置系统特征、演化及调控机制——基于复杂适应系统理论》[①]一文中将我国运动员退役安置系统演化分为起始、徘徊、发展、创新4个阶段,认为政策制度系统是我国运动员退役安置系统的子系统,它为退役安置系统健康有序发展奠定方向,在政策系统中起到保障和指南的作用。杨尚剑、马帅星在《我国退役运动员创业支持体系研究——基于退役军人创业支持体系解构》[②]一文中以我国新时代退役军人创业支持体系为参考,指出和退役军人相比,我国退役运动员创业方面的政策、管理和服务体系尚不健全,需要完善相关政策体系,构建统筹管理,为退役运动员就业保驾护航。徐新鹏、杨林在《制定〈退役运动员安置条例〉的必要性、可行性及框架构建》[③]一文中分析现存政策后认为我国退役运动员安置政策存在总量偏少且时效性差、效力层次低且缺乏权威性、可操作性差、对象选择性倾向明显、制定与执行“碎片化”等问题,因此有必要制定《退役运动员安置条例》。祁靖、李静波在《优秀运动员退役再就业政策观念研究》[④]一文中认为管理体制改革滞后、政策环境变化是造成退役运动员再就业困难的主要原因,需要摒弃“退役安置”的落后观念,重构以人为本、依法治体、体教结合的竞技体育价值观和政策法规体系。李琳瑞、刘峥在《退役运动员安置政策的演进研究》[⑤]一文中以相关政策为依据,将我国退役运动员安置政策划分为“妥善、得当”,注重公平、注重效率,兼顾公平和效率与公平并重三个阶段,指出政策目标短视、措施和环境不相适应、政策负效应凸显是

---

①杨尚剑.我国运动员退役安置系统特征、演化及调控机制——基于复杂适应系统理论[J].北京体育大学学报,2021,44(04):69-81.

②杨尚剑,马帅星.我国退役运动员创业支持体系研究——基于退役军人创业支持体系解构[J].体育文化导刊,2020(08):41-47.

③徐新鹏,杨林.制定《退役运动员安置条例》的必要性、可行性及框架构建[J].西安体育学院学报,2017,34(04):420-425.

④祁靖,李静波.优秀运动员退役再就业政策观念研究[J].山东体育科技,2014,36(03):25-28.

⑤李琳瑞,刘峥.退役运动员安置政策的演进研究[J].北京体育大学学报,2011,34(02):22-25.

政策发展过程中的主要问题，建议从社会公平出发调整安置政策，以“院校化”模式进行运动员培养工作，从根本上解决运动员就业问题。

### （九）主要发达资本主义国家体育政策研究综述

彭国强在《日本竞技体育政策演变的历程、特征与启示》[①]一文中认为不同政策导向下的日本竞技体育跨越了“脱亚入欧”期、快速崛起期、改革转折期、渐进复苏期、全面复兴期五个阶段，贯穿了以军事性、功利性、保守性、振兴性、争先性为中心的政策主导思想。日本竞技体育政策服务于不同时期国家发展战略和国家政治利益需要，打造了“一贯制”优秀竞技体育后备人才选拔、培养与保障体系，尤其是在运动员援助方面构建出了以科技、信息、医疗、训练、服务等为主要内容的“一体化”援助体系，但在特定时期缺乏持续性，未处理好与大众体育协调发展的关系。基于此项研究，他提出拓宽我国竞技体育政策日标，一是服务于新时代国家利益新诉求；二是以国际国内重大赛事为中心，完善奥运备战援助相关政策，大力提升我国竞技体育领域运动员训练参赛、援助保障等的科技化、科学化水平；三是健全适应中国国情的多元化、“一贯制”后备人才培养政策体系；四是在制定政策之时要充分考虑政策内容的延续性和包容性，推动我国竞技体育持续长效发展。高峰在《二战后日本公共体育政策变化特征及影响》[②]一文中认为第二次世界大战后日本公共体育政策发展以《体育振兴法》《体育基本法》的变化为主线，呈现如下变化特征：政策工具类型稳定且注重间接扶持、政策理念清晰且突出与社会环境的结合、政策内容丰富且可操作性强。影响包括：推动大众体育普及、促进职业体育发展、改善学校体育环境。此项研究对我国的启示有：一是要改进之前较为传统的体育资源配置方式，通过合理的分配制度创造出有利于国内体育发展的社会环境；二是通过税收优惠和金融服务等提高我国体育公共服务发展活力，调动社会力量参与到体育发展中来；

①彭国强. 日本竞技体育政策演变的历程、特征与启示［J］. 体育学研究，2019，2(03)：19-28.

②高峰. 二战后日本公共体育政策变化特征及影响［J］. 体育文化导刊，2018(06)：52-57.

三是要建立完善的国内体育仲裁制度，提高我国体育治理水平，形成良性发展循环；四是要进一步完善我国体育对外交流政策，提高我国体育对外交流能力和交流水平，并在此基础上发展体育信息服务，促进国内体育信息的传播流通。曹振波等在《发达国家体育健康政策发展及对健康中国的启示》[①]一文中对美国、德国、芬兰、丹麦、澳大利亚、日本等发达国家的体育健康政策的发展演变历史和特点进行梳理与分析，指出在经历了20世纪50—60年代、70—90年代和21世纪以来的3个阶段的发展和演变后，日本、美国、德国和其他发达国家的体育健康政策在循证医学证据及立法等保障支持下逐渐呈现以公众健康为中心，多方位、多层级、多维度，科学化的特点。对我国制定体育健康政策的启示有：转移体育发展重心，加大大众体育的经费投入；政府和卫生、体育、城建各部门相互配合，共同制定和执行体育健康政策；从循证医学的角度，兼顾不同区域、不同民族和不同年龄段人群，建立我国体育健康管理指南和制度；制订大众健身指导方案，将“提高身体活动量”作为医疗服务保障体系的一部分。李承伟在《21世纪以来中美老年体育政策比较》[②]一文中指出由于中美两国基本国情、体育管理体制、国家发展程度等存在差别，使得双方在老年体育政策的政策价值导向、目标设置、政策内容等方面表现出较大差异，政策评估体系、涉及主体、实施过程等均有所不同。为加快我国老年体育政策建设进程，促进我国老年体育治理高质量发展，未来我国有关部门应结合中国老年人的身体特点，研制出适合中国老年人的体育活动指南，并通过国家社会“双轮驱动”，采用宏观微观相互结合的方式，保证我国老年体育政策的规划性和连续性，使国家各个部门及各社会主体跨领域加入我国老年体育建设中来。韩永君在《国外体育政策研究演进的可视化分析》[③]一文中以WOS核心合集收录的文献题录为数据样本，应

①曹振波，陈佩杰，庄洁，等．发达国家体育健康政策发展及对健康中国的启示[J]．体育科学，2017，37(05)：11-23+31.

②李承伟.21世纪以来中美老年体育政策比较[J]．体育学刊，2017，24(03)：76-80.

③韩永君．国外体育政策研究演进的可视化分析[J]．上海体育学院学报，2017，41(02)：7-14.

用CiteSpace软件对数据进行文献共引分析和聚类分析，结果显示：当前国外体育政策研究已经进入全面反思和深化拓展阶段，这一阶段相关研究整体呈现工具理性和价值理性并重的特点，更加强调问题导向及多维、动态分析过程，更加重视生态模型与网络结构等跨学科与模型的应用，社会热点及现实问题等开始成为相关研究的主要动力，妇女、儿童等弱势群体的相关体育政策开始得到更多关注。

综上，当前我国竞技体育政策研究已取得丰富成果，但竞技体育涵盖竞技比赛、人才培养、运动训练、竞技管理等多个领域，而当下竞技体育政策研究多集中于竞技体育人才培养方面，已有研究缺乏对竞技体育政策的系统梳理，难以通过政策视角来窥见我国竞技体育发展全貌。群众体育政策方面，相关研究散落于体育公共服务、全民健身等研究之中，它们都只是群众体育政策的一个部分，不能代表我国群众体育政策整体发展，故从政策视角系统梳理分析70年来群众体育政策的演进轨迹、政策目标、发展特征等的研究还不多见。学校体育政策研究侧重于改革开放后，主要集中在学校体育政策发展历程、特征与基本格局等内容上，对改革开放前我国学校体育政策演进历史的研究则过于粗糙笼统，缺乏对这一时期学校体育政策的系统梳理与分析。体育经济与体育产业政策研究以改革开放后相关政策的发展变迁为主，涉及政策工具、政策主体等多个方面，其中不乏体育消费、体育表演等新颖角度，但整体来看还是缺乏对改革开放前相关政策的梳理分析。体育文化政策是新时期“文化强国”和“体育强国”建设不可或缺的重要基础，但目前研究主要是针对当前我国文化建设需要结合某一领域提出政策改进建议，还尚未有对中华人民共和国成立以来体育文化政策的发展历程等进行系统梳理的研究。此外，当前民族传统体育政策和退役运动员就业保障政策的研究在政策历史演进、存在问题、改进建议等方面均已取得一定成果，但研究视角多停留在现实问题上，缺乏历史演进视角下相关政策的纵向系统梳理。

总之，当前体育政策史研究主要存在以下问题：①体育政策研究主要集中于改革开放后，特别是近20年体育政策发展变迁梳理，早期体育政策尤其是改革开放前的体育政策缺乏深入系统研究，对这一时期的相关文献史料的利用不足；②学校、经济、群众等各领域体育政策“各有偏重”，如学校体育政策偏重教育政策，竞技体育政策偏重人才培养与引进，体育经济政策偏重产业政策，群众体育政策偏重社会保障政策等，而体育文化政策则存在研究不足的问题；③体育政策未能充分与时代背景、政治经济发展情况相结合；④体育政策发展分期紧贴传统历史时段分期，未能根据体育政策的特性进行合理分期，这与相关体育政策未能得到深入研究有很大关系。

## 第三节　研究方法

### 一、文献资料法

文献资料法是进行本书研究的主要方法，本书注重对“体育政策”文献的系统搜集整理。为确保研究结论的可靠性，通过国家各个时期出版的体育运动文件选编、体育法规汇编及北大法宝、国家体育总局等官方网站搜集研究所需的体育政策文本，注重政策文本来源的权威性，确保文献内容的真实性。此外，通过中国知网、超星数字图书馆等数据库来了解与研究有关的研究综述、政策理论，以构成研究的分析框架和理论基础。

### 二、文本内容分析法

文本内容分析法是根据研究需要阅读、分析政策文本的方法，其目的是理解政策文本内容，挖掘政策文本价值，揭示政策背后的逻辑理路与本质事实，为政策研究定性提供依据。其基本方法是根据研究需要在相关政策文本中选取有价值的内容，结合政策发文时的时代背景和政策间的承接关系，推敲政策文本背后更深层次的信息,为进一步归纳我国体育政策发展历程和演进特征提供理论依据。

## 三、量化分析法

量化分析法是通过数理统计方式对研究对象展开分析研究的方法,它能够客观展现研究对象的数量特征,且研究结果能够转化为条形图、饼状图等多种形式,具有可视性强、简洁直观、便于比较等优点。本书通过相关软件对我国体育政策的年发布数量、发文机构、发文类型等进行统计分析,通过数据得出我国体育政策不同政策类型和不同发文机构所占比例等客观信息,在直观呈现我国体育政策历史客观规律的同时为后续进一步分析提供数据基础。

# 第一章　我国体育政策发展概述

体育政策是政府实施体育管理的主要工具，梳理我国70年体育政策的发展演进，不仅是对过去70年体育工作的经验总结，也能为新时代完善体育政策体系、创新我国体育发展模式及治理方式提供经验借鉴。本章在对我国体育政策整体统计的基础上概述我国体育政策发展的历史阶段及总体特征。

## 第一节　我国体育政策的历史演进

体育事业历来受到党中央及相关领导的高度重视，中华人民共和国成立不久有关部门就果断召开全国体育工作者代表大会，商议我国体育发展的前路与未来，总结出“为人民的健康、新民主主义的建设和人民的国防而发展体育”的体育工作方针，并在团中央的领导下开始了初步工作。此后，我国体育政策不断演进发展，呈现明显的阶段性特征。

我国体育事业是在非常困难的情况下开展起来的，由于国家初立、基础条件差、缺乏政策经验等，国民体质状况、国际地位、他国经验成为这一时期主要影响体育政策制定的因素。据1953年《中央体委党组关于加强人民体育运动工作的报告》显示，当时学生患病的很多，其中患肺病的占比相当大。北京大学的3 160名学生中，染有肺病的占10%。长春邮电学校动力班46人有40人患神经衰弱。东北师范大学三年来的3 347名学生中，休学的占8.1%。工人中因病缺勤的很多,重庆61个工厂的38 731名职工中,患肺结核、胃病等慢性病者达3 286人,占总人数的8.48%。天津、北京、山西各银行的材料统计,机关干部中肺病患者一般占10%。报社、银行、贸易系统中员工患神经衰弱的现象非常普遍。国民体质普遍较差影响了新中国成立初期的国家生产建设工作,有关部门认为缺乏体育锻炼是造成这种现象的主要原因,故在该时期制定体育政策尤其强调要广泛开展群众体育活动。与此同时,有关部门也注意到了竞技体育在提升国家国际地位、振奋民族精神等方面的重要价值,为满足体育运动发展的客观实际需要,在运动竞赛、运动队伍管理等方面制定了多项政策,希望通过大力发展运动竞赛来提高国内运动员竞技水平,同时激发群众运动兴趣,使其主动参与到体育锻炼中来。

此外,中华人民共和国成立初期苏联的体育政策模式对我国体育政策的制定也产生了一定影响。1952年赫尔辛基奥运会中苏联代表队的突出表现体现出其在体育训练管理方面的成功,于是在当时的团中央书记处书记冯文彬“必须学习苏联及新民主主义国家的各种体育运动的丰富和宝贵的经验”①的号召鼓励下,我国开始仿照苏联“准备劳动与卫国”制度出台了系列体育政策,初步建立起一套体育政策管理体系。

改革开放以后,我国体育政策发展步入第二阶段。计划经济体制下的体育政策体系已难以适应现实需要,需要重新制定符合实际需求的体育政策。1978年1月22日至30日,全国体育工作会议在北京召开,国家体委在会议上就如何转移体育工作重心的问题进行了探讨,认为在今后工作中要加强党对体育事业的领导,坚持普及与提高相结合的方针,把体育工作重心转移到体育事业中来。在此基础上,大会制定了今后3年、8年乃至23年的体育事业发展规划,指出今后要大力开展与体育有关的运动竞赛活动,并且要进一步解放思想,尽最大努力去攀登世界体育运动的高峰。同时,大会还做出了要建立、健全合理的规章

①王若光,李心远.运动训练的学科观念史进展——以关键词为视角的学术叙事[J].体育与科学,2021,42(04):28-37+47.

制度的决定，指出要修订运动员、裁判员的等级和竞赛制度，修改制定体委、体协、体总的章程等①。这次会议对我国体育事业发展意义重大，此后，有关体育的制度、规章得以快速恢复与发展。此外，这一时期我国竞技体育事业发展中的矛盾开始凸显，各地优秀运动队不同程度存在重点不突出、力量分散，三大球运动员人数比例过大、各运动项目布局和各项运动员的比例不均衡等问题，制约了我国体育事业健康持续发展，故结合政策重心转移、体育事业突出问题等客观需要，有关部门开始有针对性地就体育体制转型、运动项目布局等展开政策部署。

新时代以来，以习近平同志为核心的党中央高度重视体育事业发展，这一时期，有关部门对体育的认识更加全面也更加深刻，站在国家发展的角度提出了更为长远的体育目标，同时也对体育政策的制定提出了更高的要求。2012年以来，国家对体育事业的长远规划得到加强，结合全面建成小康社会、中华民族伟大复兴等历史使命，通过《体育发展“十三五”规划》《全民健身计划（2016—2020年）》《“健康中国2030”规划纲要》等政策，紧抓北京冬奥等关键时机，对我国体育事业展开系统长远规划。除了政策内容有所深化以外，2019年国家体育总局颁布的《体育强国建设纲要》更是以体育政策为突破口予以改进，强调要加大政策支持力度及体育政策规划制定能力，确保促进区域协调发展及体育强国建设目标如期完成。可见，这一时期体育在国家战略中的价值得到明显提高，体育政策开始成为实现国家复兴强盛的重要环节。

## 第二节　我国体育政策数量类型及主题分布

1949—2019年，我国在竞技体育、群众体育、学校体育、体育经济、体育文化、民族传统体育等领域发布政策958篇。根据图1.1可知，20世纪70年代以前

①中共中央党校理论研究室.中华人民共和国国史全鉴（体育卷）[M].北京：中央文献出版社，2004：188.

政策发布频率和发布数量呈低速稳定发展的态势,70年代后期和80年代后期分别出现2次爆发式增长,到80年代末发布政策数量走势逐渐下降,90年代中期政策数量又开始逐渐回暖递增,并于2015年前后达到历史最高峰。不难发现,我国体育政策数量走势与国家发展的整体态势相吻合。新中国成立之初,国家体育政策处于探索萌芽阶段,政策主题强调体育服务于国防与生产,该时期体育政策数量不多。"文革"时期,国家体育事业遭受打击,表现为图1.1的政策间断。改革开放以后,体育政策迎来第一轮爆发式增长,随后又在市场经济改革背景下不断转型发展,之后在"体育强国""奥运争光""全民健身"及体育产业消费等宏观规划下,体育在国家战略中的地位得到显著提高,相关政策在新的战略背景下迎来新一轮的渐进增长。

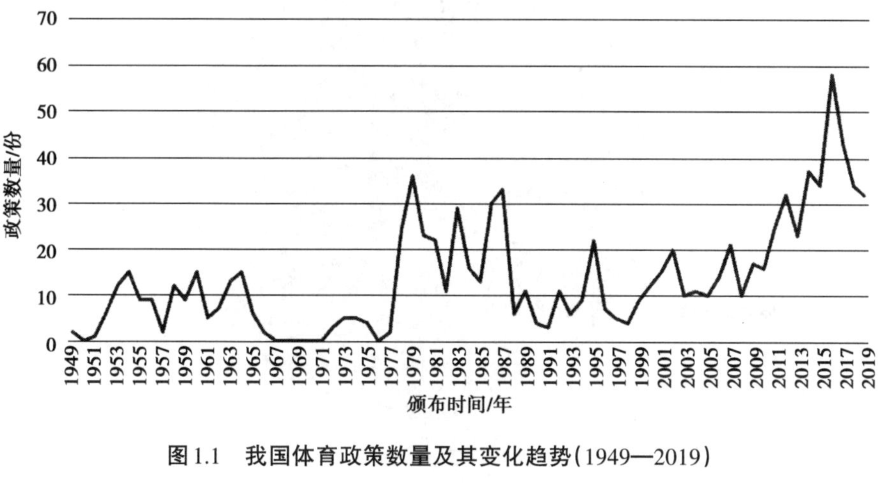


**图1.1　我国体育政策数量及其变化趋势**(1949—2019)

图1.2为70年来竞技体育、群众体育、学校体育、体育经济、体育文化、民族传统体育等体育政策数量的占比情况。可以发现,作为群众体育的重要基础和竞技体育主要后备力量来源,学校体育政策占比最多,体育经济、体育文化等政策数量次之,这从一定程度上反映出国家对学校体育的重视程度。而竞技体育政策虽在数量表现上并不突出,但纵观历史可以发现,中华人民共和国成立以来竞技体育为我国体育事业作出重要贡献,20世纪五六十年代我国诞生了第一

个世界纪录、第一个世界冠军,使我们摆脱了“东亚病夫”的蔑称。改革开放后,中国女排的五连冠缔造了团结拼搏的“女排精神”,振奋了各行各业。2008北京奥运会的成功举办更是成为中华民族伟大复兴的重要标志之一。可以说新中国成立70年来,我国竞技体育的蓬勃发展及国家在竞技体育领域里所做的诸多部署也间接带动了群众体育、学校体育、体育文化、体育产业等的快速发展。故在客观量化比较各体育领域政策数量的同时,我们更应该认识到我国体育政策各个主题之间联系密切,是相互促进、相互发展,你中有我、我中有你的依存关系,它们在体育宏观战略下共同构成我国体育政策治理体系。

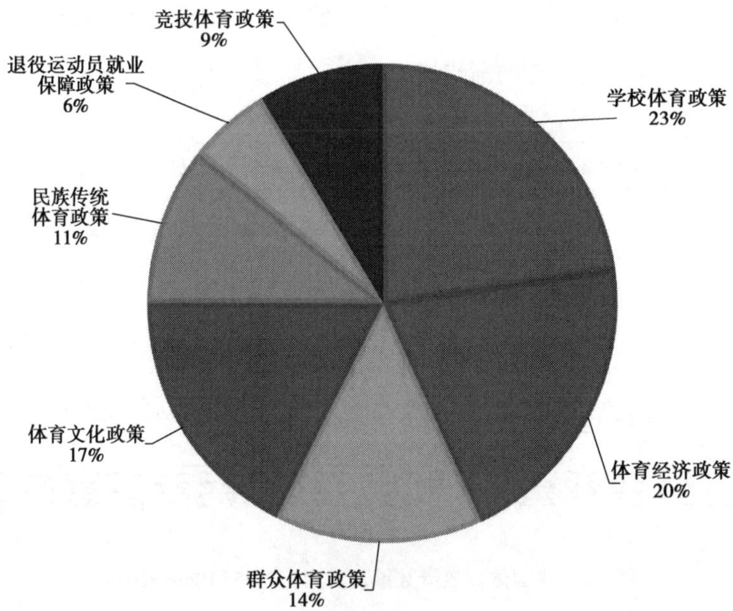


**图1.2 我国体育政策主题分布(1949—2019)**

图1.3为70年来我国体育政策不同文本类型的数量,从该图可以看出,我国体育政策类型丰富多样,有“通知”“意见”“办法”“规划”“规定”“条例”“制度”等各种类型,其中以“通知”“意见”“办法”类文件居多,而“其他”中又包括“指示”“决定”“纪要”等,由于这类文件出现频次较低,故将其归到“其他”类型之中,这些政策对于指导当时我国体育发展同样具有重要作用。可以看出我国体

育政策类型组成丰富，效力层级较为多样，体现出我国体育政策治理自上而下的发展特征。

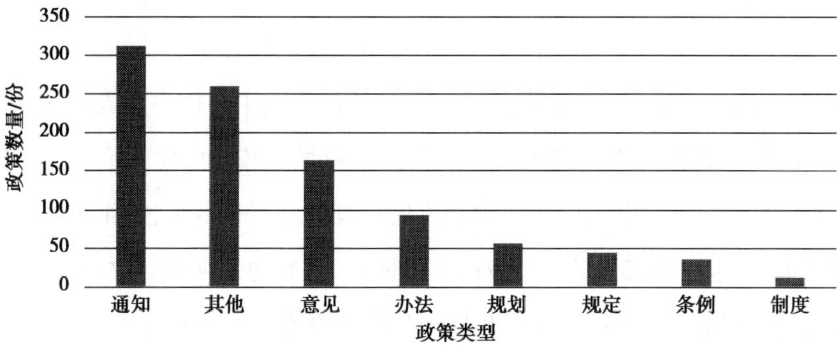


**图 1.3　我国体育政策的文本类型（1949—2019）**

# 第三节　我国体育政策的基本特征

体育政策是政策的一种，它以我国体育事业发展为施政对象，反映的是国家在体育领域里的治理意志与要求。中华人民共和国成立 70 年来，中央和地方颁布了大量的体育政策，通过梳理分析这些政策可以发现，我国体育政策具有人民性、灵活性、多样性特征。

我国体育政策具有人民性的特征。我国的国家性质决定了体育发展的根本性质是人民主体性。我国是中国共产党领导的社会主义国家，马克思主义是中国共产党的指导思想，而人民性是中国特色社会主义思想体系的重要内容，是马克思主义与我国体育实践结合的根本体现，以其为指导思想，党和国家深深将人民性熔铸成我国体育政策的根本底色，开创了以人民为中心的中国体育发展道路，深刻诠释了我国体育发展为人民、体育发展靠人民的终极价值追求。我国法律决定了我国体育发展及相关政策的人民性特征。翻开我国各大法律可以发现，《中华人民共和国宪法》第一章第二十一条规定："国家发展体育事业，开展群众性的体育活动，增强人民体质。”《中华人民共和国体育法》第一章第二条规定：“体育工作坚持中国共产党的领导，坚持以人民为中心，以全民健身为基础，普及与提高相结合，推动体育事业均衡、充分发展，推进体育强国和健康中国建设。”。可见人民主体性是党和国家发展体育事业始终坚持、一以贯之的根本宗旨，已深深烙印在我国宪法及其他法律之中。而中华人民共和国成立以来我国体育政策中的有关内容更是深刻彰显了其人民性特征。新中国成立之初，中央体委党组就在《关于加强人民体育运动工作的报告》中指出改善人民健康状况，通过体育活动增强我国人民体质，是党的一项重要政治任务，需要有关部门重视起来，把人民体育事业放在重要位置。改革开放以来，为了让人民群众更多地参与到群众性体育活动中来，进一步增强人民体质，国务院又专门制定《全民健身计划纲要》，以提高人民群众健身意识，促进人民群众体育健身活动广泛开展。新时代以来，国家出台相关政策将全民健身明确上升到国家战略地位，将体育和发展体育事业视为提高我国人民身体素质及健康水平、满足各类人群多元多样体育需求、保障改善民生、增加国民就业、弘扬民族精神的重要抓手。无论处于何种阶段，我国体育政策部署都句句不离人民，可见人民性是贯穿我国体育政策发展各个历史阶段的重要特征。

我国体育政策具有灵活性特征。与体育法律、法规的稳定性相较，体育政策具有显著的灵活性特点，能灵活运用政策手段达到对政策目的的实现。首先，体育政策的生成方式较为灵活，中央部门能结合国家体育发展需求制定出具有指导意义的纲领性政策，而地方政府也能根据中央宏观政策以及当地特色制定出适合自身发展的地方政策。专家建议、社会问题等驱动因素也都能促使有关部门快速出台相关体育政策，并通过较短周期和简约程序在短时间内落地实施，适合于治理体育领域内的突发问题。其次，我国体育政策制定内容上具有灵活性，大到奥运争光计划和全民健身战略，小到某地市学校特色体育开展办法，我国体育政策体系能自上而下满足不同层次、不同类型体育发展的需要。

我国体育政策具有多样性特征。体育内涵的丰富性和多样性决定了我国体育政策的多样性，我国体育大致可以分为竞技体育、群众体育、学校体育、体育经济、民族传统体育等多个主题，在上述主题下又可以派生出不同的子题。同样，这些子题下还可以进行进一步的划分，由此构成多种多样的体育政策系统。如竞技体育政策可以下分为运动竞赛、竞技体育管理等多个政策系统，而运动竞赛政策又能分为赛事保障、兴奋剂管理等系列政策体系。同时，体育政策在类型上有纲要、规划、通知、意见等，政策范式和侧重要点各不相同，涉及方向规划、具体执行、行业规范等多个方面，使得体育政策呈现复杂多样的特点。

综上，我国体育政策具有人民性、灵活性、多样性的特征，这些特征在中华人民共和国成立七十年来我国体育实践中形成，是中国特色体育事业发展的真实写照。

# 第二章　我国竞技体育政策史（1949—2019）

中华人民共和国成立以后，国内局势趋于和平，稳定的政治环境为我国竞技体育政策发展提供了可能，使之成为推进我国竞技体育由起步到发展再到跻身世界竞技体育强国的重要力量。

中华人民共和国成立以来中央层面有关部门共出台竞技体育政策84份，由图2.1可以看出，1949—2019年我国竞技体育政策呈现震荡发展趋势。20世纪50年代中期开始出现与竞技体育相关的政策，但数量较少，这一时期的竞技体育政策服务于国家整体战略；20世纪60年代中期至70年代后期，竞技体育政策陷入沉寂。这一时期专业运动队伍解散，优秀运动员被下放到煤矿、工厂等基层进行宣传表演，体育对外交流工作也陷入停滞，相关政策出现严重断层；1979年到20世纪90年代初，我国竞技体育政策数量开始出现快速增长，接连出

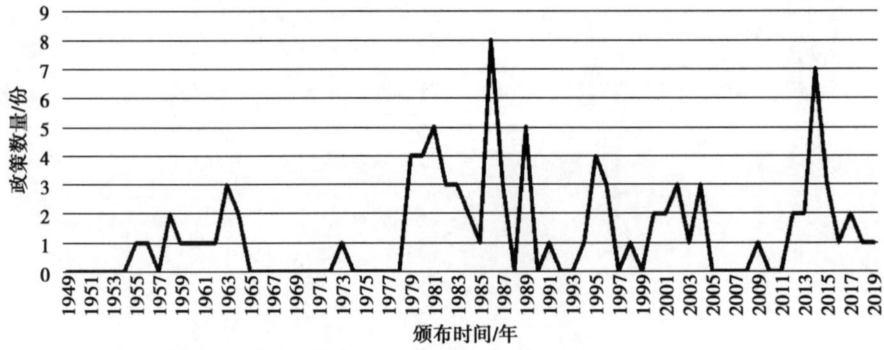


图2.1　我国竞技体育政策数量及其变化趋势（1949—2019）

现几个高峰,这与我国改革开放后竞技体育步入发展正轨以及重新加入奥运会大家庭有紧密关联;20世纪90年代以后,我国竞技体育政策发文频率趋于稳定,且整体发文频率和年发文密度较前阶段都有所提升。

# 第一节　我国竞技体育政策的演进历程(1949—2019)

## 一、我国竞技体育政策发展萌芽阶段(1949—1977)

中华人民共和国成立之后需要通过提升国内竞技体育水平来提升影响力,同时新中国成立初期较低的国民身体素质水平也在一定程度上限制了生产建设活动,有关部门认为运动竞赛不仅是提高国内运动员竞技水平的重要方式,也是激发群众运动兴趣,使其主动参与体育锻炼的重要方式。故运动竞赛在新中国成立之初就受到政策制定者的重视,国家颁布系列政策以促进竞技体育发展(见表2.1)。

**表2.1　中央及国家有关部门颁布的竞技体育政策(1949—1977)**

| 发文时间 | 发文机构 | 发文名称 | 相关内容 |
| --- | --- | --- | --- |
| 1956.10.20 | 全国总工会 | 关于运动竞赛的情况和意见的报告 | 广泛组织基层比赛,坚持“业余”“自愿”原则。 |
| 1958.6.21 | 国家体委 | 中华人民共和国体育运动竞赛制度 | 按性质对全国各级竞赛进行分类,并就不同类型竞赛的参加单位、相关制度、每年的竞赛次数等进行规定。 |
| 1960.5.4 | 国家体委 | 关于加强优秀运动队员训练工作的指示 | 从全面发展的训练转向基本时期的训练。 |
| 1961.7.4 | 国家体委 | 关于控制优秀运动队伍盲目外出的通知 | 加强政治教育,就地坚持训练,减少外出训练人数,缩短外出训练时间,保证外出场地、食宿。 |
| 1963.3.8 | 国家体委 | 关于运动竞赛纪律的几项规定 | 对比赛中给予纪律处分的情况及纪律处分办法进行说明。 |

续表

| 发文时间 | 发文机构 | 发文名称 | 相关内容 |
|---|---|---|---|
| 1963.3.8 | 国家体委 | 关于禁止乱拉运动员的几项规定 | 批评乱拉拢运动员的有关领导，取消被拉拢运动员的参赛资格。 |
| 1963.3.31 | 国家体委 | 关于试行运动队伍工作条例(草案)的通知 | 以政治为统帅、以训练为中心，一切从实际出发，百花齐放、百家争鸣，训练比赛相互结合，实行标准工资加技术补贴制度，妥善安排升学或工作。 |
| 1964.4.4 | 国家体委 | 关于大力开展足球运动迅速提高技术水平的决定 | 提高足球运动水平，“从难、从严、从实战需要，进行大运动量训练”(“三从一大”)。 |
| 1964.8 | 国家体委 | 运动队思想政治工作条例(试行草案) | 做好训练、比赛中的思想政治工作，培养又红又专的优秀运动员。 |
| 1973.12.3 | 国家体委 | 全国训练工作会议纪要 | 贯彻严格训练、严格要求方针；加强训练计划性，加强党的领导。 |

1953年11月17日，中央体委党组发表《关于加强人民体育运动工作的报告》，充分肯定了运动竞赛对提高国内运动技术水平的积极作用，指出要多开展工厂、学校、机关、市区等之间的单项运动联赛，并且为了不耽误生产工作，该报告尤其强调相关竞赛应在业余时间开展，较大的运动会亦应充分利用假期，以减少误工误课现象。同时，相关竞赛原则上要提倡革命的竞赛精神，反对锦标主义，在运动竞赛活动中要大胆培养学校、部队、厂矿中的体育积极分子作为裁判人员，以应对基层竞赛活动的需要和解决体育教员因担任工作过多而影响教学工作的情况。由于运动基础薄弱，新中国成立初期我国竞技水平较差，该报告还要求重视运动员的训练工作，提出“迅速提高我国在国际体育活动中的地位，应与我国人民体育运动的加强相适应”的中心任务，并主要采取国内集训和国外学习两种方式同时展开训练活动。国内集训即从部队和地方中挑选相关人才在国内进行集中训练，国外学习则是将一些有培养前途的青年运动员送往苏联、匈牙利等国，在这些国家进行一段时间的运动训练，学习他们的训练理论

与训练方法。同时指出这些运动员在学成归来时应成为国内体育运动开展的宣传员、组织员、指导员,通过他们到各地巡回表演,以推动体育运动的开展,提高运动水平。此外,该时期还围绕竞技体育管理、运动训练、体育比赛、人才培养等出台多项具体政策。

由于当时国内比赛尚处起步发展阶段,因此暴露出缺乏统一安排和领导等诸多问题。当时的竞赛活动重复和混乱问题严重,一个优秀的工人运动员,在同一个项目上要连续参加几个系统举办的比赛,前后累计相当于脱产4个月左右,如果是兼项的优秀运动员,因参加比赛而脱离生产的时间则更长。这些都不利于发展社会生产力,违背开展运动竞赛活动的初衷。此外,为了争夺荣誉,部分单位长期抽调工人,半自愿地动员他们参加比赛,部分单位甚至产生争夺优秀运动员的现象。为抑制该现象,1956年10月20日,有关部门颁布《关于运动竞赛的情况和意见的报告》,指出今后要广泛组织基层运动竞赛,综合性、全国性等基层以上的运动竞赛则谨慎开展。必须明确体育运动为生产、为群众服务的方针,并坚持"业余""自愿"原则。

1958年是第二个五年计划的第一年,在完成第一个五年计划的基础上,国家认为应该继续加速提高运动水平,争取更多运动项目达到或接近国际水平。当时有人对这一做法质疑,认为这些年体育竞赛开展太多,国家对群众体育不够重视。为了促使竞技体育事业进一步发展,也为了打消人民疑虑,1958年1月20日,国家体委发布《关于一九五八年体育工作的通知》,再次重申了运动竞赛的重要作用,指出它不仅是提高国内运动技术水平、提高我国运动员素质能力的重要方法,更是推动群众广泛参与体育活动的重要方法。为了更好地发挥运动竞赛的积极作用,该通知进一步作出如下规划:①1958年要更有计划地组织更多运动项目的各级比赛,更妥善地安排地方和系统间的竞赛,合理地安排时间,改善竞赛方法,使竞赛活动和运动员的训练工作更紧密地结合起来,注意提高竞赛的质量;②加强对城市和基层竞赛的领导,尽量少误工、误课;③认真贯彻和继续改进竞赛制度、运动员等级制和裁判员等级制;④举办1959年全国运动大会，号召全国各省市广泛参与，调动国内运动竞赛训练积极性，为进一步参加1960年国际奥林匹克运动会奠定基础。此外，关于如何充实运动员后备力量，该通知也做出了额外说明，指出要大量训练青少年运动员，并不断从中挑选出具有培养前途的青少年运动员，再进行进一步的更加专业的训练和培养，通过这种扩大训练基数、层层选拔的模式，来扩充我国运动员后备力量。且国内优秀运动队伍之间的运动训练活动并不相互独立，各省市系统中的优秀运动队伍在进行自身运动训练的同时，还需带一个比较优秀的青年队伍和一个比较优秀的少年队伍，让省市系统优秀队伍中优秀的运动员来担当业余辅导员的工作，从注重身心特点及全面发展的角度出发，负责起这些青少年运动员的训练工作。

此外，为了有系统、有计划、有目的地开展竞赛训练活动，充分调动起教练员、运动员的训练积极性，通过竞赛手段稳步提高国内运动员运动技术水平，进而推动我国体育运动水平快速发展，1958年6月21日国家体委颁布《中华人民共和国体育运动竞赛制度》，以条文形式将各级竞赛划分为综合运动会、单项锦标赛、等级赛、对抗赛、通讯赛、其他竞赛等不同性质。并对全国各种竞赛的竞赛次数、参加单位要求等进行了规定。

1959年3月22日，为加强对优秀运动队伍的训练和整顿工作，解决当时运动队伍尤其是优秀运动队伍管理上存在的一些问题，国家体委党组发表《关于一九五九年体育工作问题的几个报告》，报告指出开展群众性的业余体育运动和培养少数优秀运动队伍相结合，实行在普及基础上的提高和在提高指导下的普及是当前体育工作中一项重要的原则。报告着重强调了对少数优秀运动队伍的训练和整顿工作，提出要本着少而精的原则对目前已集训优秀运动员过多的省、市、自治区提出整顿和缩减要求，并对今后优秀运动队的训练提出了政治挂帅、制订科学的训练计划、加强训练工作的政治和技术领导等三点要求。随后国家体委针对当时运动队训练中普遍存在的运动训练计划不够周密，个别地区身体训练中所解决的问题不明确、不突出，采用的手段不够科学，身体全面发展和专项身体素质的训练没有很好结合等问题,于1960年5月4日出台《国家体委关于加强优秀运动队员训练工作的指示》,做出训练工作由以身体全面发展为中心的训练,逐渐转向以改进技术、提高技术、加强战术为中心的训练的决定,后者也称作基本时期训练。

国内体育竞赛的发展一定程度上调动起了教练员和运动员的积极性,为中华人民共和国初期国内运动水平迅速提高、接连打破比赛纪录奠定了基础,但也暴露出违反体育道德、追求表面荣誉、引诱拉拢优秀运动员、偏离发展运动竞赛初心等系列问题,严重影响了地区、单位之间的关系。1963年3月8日,为保证竞赛顺利进行,防止运动竞赛中的不良作风,国家体委颁布《关于运动竞赛纪律的几项规定》《关于禁止乱拉运动员的几项规定》两部文件,列举了比赛过程中要给予纪律处分的四种行为及相应的处分办法,并指出要通过批评教育、取消资格等手段严厉打击乱拉运动员行为。同年3月31日,为进一步提高训练质量和运动水平,也为了进一步加强运动队伍管理,国家体委在总结前期竞技体育发展经验的基础上制订了《运动队伍工作条例(草案)》,该草案从训练、比赛、思想政治工作、文化教育、教练员、运动员、后备力量培养、医务监督、行政管理、组织和领导等10个方面对运动队伍管理工作进行规范,并确立了以政治为统帅、以训练为中心的管理思想以及思想教育和技术训练、战术训练、身体训练相结合的运动训练工作方针,指明了比赛和训练之间互为目的、互相作用的关系。此外,该草案还对运动员的工资补贴、升学就业等问题进行了初步规划,为后续相关政策的发展奠定了基础。

随着国内运动训练科学的发展,20世纪60年代以来,我国运动训练的理念和原则也在不断发展,同时相关政治工作也进一步得到深化。1964年4月14日,国家体委颁布《关于大力开展足球运动迅速提高技术水平的决定》,提出要将“从难、从严、从实战需要,进行大运动量训练”(“三从一大”)原则应用到足球训练之中。除了改进训练原则、提升运动训练水平外,这一时期有关部门也非常重视运动员的思想政治工作。为了培养具有高度社会主义觉悟和优良运动技术的优秀运动员，充分发挥全队人员的革命精神，使之成为一支无产阶级化、革命化的运动队伍，国家体委于1964年8月颁布《运动队思想政治工作条例（试行草案）》，将我国运动队政治工作和队伍建设的方向引向政治与技术统一，即“红”与“专”的统一上来。到1973年12月3日，国家体委颁布《全国训练工作会议纪要》之时，可以看出尽管部分运动队的领导班子不健全、政治思想工作薄弱、训练工作中存在保守思想、训练质量不高等问题仍然存在，但严格训练，加强党对训练工作的领导的政策部署还是取得了不错的效果，打破了全国及省、市、自治区的许多运动纪录。尤其是在这些政策的支持下，该时期涌现了一批优秀的青少年运动员，通过一两年短时间的训练很快就达到了过去需要四五年训练才能达到的水平。

除上述政策以外，游泳、登山、射击、越野、野营等运动项目具有军事训练效果，又能切实锻炼群众身体，可以起到增强人民体质和促进国防建设的双重作用，因而这一时期国家颁布了一系列政策促进相关赛事活动的开展，为后续我国竞技性体育赛事管理保障积累了政策经验。

综上，新中国成立之初，我国体育工作的重心是增强国民身体素质，以体育促进经济和国防建设，提高国际体育活动地位。但从具体的政策和当时“发展体育运动、增强人民体育”“身体好、学习好、工作好”等口号可以看出，人民群众才是这一时期有关部门真正关注的政策客体，也就是促进体育的普及才是该时期政策真正想要达到的效果，竞技体育政策只是作为促成这种普及的工具和手段出现。在这样的政策安排下，围绕基层的群众性运动竞赛活跃开展，学校、部队、厂矿中的体育积极分子被鼓励成为裁判人员，集训和选送优秀运动员去苏联和匈牙利是这一时期的主要训练方式，优秀运动员在学成归来之时需充任教练员去带动群众体育。此类体育赛事管理保障和人才培养措施虽较为笼统粗糙，但初步确立了我国竞技体育事业的发展模式和发展方向，为后续竞技体育政策快速发展积累了政策经验。

## 二、我国竞技体育政策快速发展阶段(1978—1992)

1978年以后,在国家体委等部门的积极努力下,我国竞技体育工作得到迅速恢复,快速发展竞技体育事业,努力攀登竞技体育高峰成为这一时期竞技体育发展的主要目标,竞技体育政策也在此背景下进入快速发展阶段。

1978年1月22日至30日,全国体育工作会议在北京召开,国家体委在会议上就如何转移体育工作重心的问题进行了探讨,认为在今后工作中要加强党对体育事业的领导,坚持普及与提高相结合的方针,把体育工作重心转移到体育事业中来。在此基础上,大会制定了今后3年、8年乃至23年的体育事业发展规划,其中在竞技体育方面,大会指出今后要大力开展体育运动竞赛,并要解放思想,努力攀登世界体育运动高峰。大会还做出了要建立、健全合理的规章制度的决定,指出要修订运动员、裁判员等的等级和竞赛制度,修改制定体委、体协、体总的章程等①。这次会议对于我国竞技体育事业发展意义重大,有关竞技体育的制度、规章得到快速恢复与发展,放眼世界、快出人才、赶超世界水平成为这一时期竞技体育发展的主要任务。之后,党中央撤销了1968年5月12日的全国体育系统命令,为该阶段竞技体育的发展进一步扫清了障碍。同年9月15日至9月30日,第四届全国运动会在北京举行,邓小平等党和国家领导人出席开幕式,体现出党和国家领导人对竞技体育的高度重视。在此期间,我国于1979年11月恢复了在国际奥委会中的合法权利,这为我国竞技体育的"奥运战略"奠定了基础。

为了更好地进行思政教育,执行党的教育方针,检查有关队伍的日常体育教学训练工作,更有效地推动体育运动的普及与提高,1979年3月29日国家体委出台《全国学生体育运动竞赛制度》,提出反对锦标主义,"友谊第一、比赛第二"的方针。制度指出学生体育运动竞赛活动应综合考虑年龄分组等各种要

①中共中央党校理论研究室.中华人民共和国国史全鉴(体育卷)[M].北京:中央文献出版社,2004:188.

素，本着统一思想、组织、管理、训练及业余、多样、小型、就近的原则，充分利用学校课余时间及节假日，广泛开展各种形式的竞赛活动，制定出合理的竞赛规程，将竞赛与训练活动密切结合起来，建立起"一条龙"式的层层衔接的训练网。并且强调此类竞赛要注重合理适当，相关安排也不宜过多，避免影响正常的学习生产活动。此外，该制度还对全国学生体育运动的竞赛制度、竞赛规则、年龄分组、竞赛时间等进行了详细说明。同年6月，考虑到足球运动的广泛影响力，国家体委出台《提高我国足球技术水平若干措施的指示》，指出我国足球运动开展不够广泛，训练手段较落后，技术水平较低，场地设备差，目前技术水平在世界上大体排列在四五十个国家之后，与世界先进水平相比差距很大。针对这种情况，国家体委将迅速提高我国足球技术水平作为当时的一项紧迫任务，做出在群众中大力普及足球运动、加强宣传教育、设立重点地区、组建国家青年足球队、"派出去、请进来"、兴建足球训练中心、继续举办邀请赛等系列决定。

运动项目布局是竞技体育事业发展的一项重大课题，搞好运动项目布局，是关系到能否迅速攀登世界体育高峰的一项重大措施。考虑到这种情况，1980年3月12日，国家体委出台《关于运动项目重点布局的意见》，认为必须坚决调整比例，做到合理布局，重点突出奥运会和有重大国际比赛的项目，集中力量攻尖端，对夏、冬奥运会以及田径、射击、游泳等单项进行了布局规划并提出系列要求。

改革开放初期，我国对优秀运动员的招收、分配等问题一直没有统一规定，各地做法不一，这严重影响了优秀运动队的巩固和发展。1980年3月12日，民政部、国家劳动总局、国家体委等部门联合发布《关于招收和分配优秀运动员等问题的联合通知》，对优秀运动员的招收和分配工作等问题进行统一规范。1980年2月，我国第一次参加在美国举行的第十三届冬奥会，成绩很不理想。1980年12月30日，国家体委发布《关于加强冰雪体育运动项目的请示报告》，报告根据各地地理条件，列出了开展冰雪运动的重点省市，成立国家冰球队，改善训练条件，做好冰雪运动场地和队伍的建设工作。1981年4月4日，为抓好体育道德精神风尚工作，国家体委颁布《运动员守则》《教练员守则》，从训练、比赛、学习、生活、政治思想等方面对广大运动员、教练员等提出要求。

体育比赛方面，为了规范高效地参加国际重大比赛，1982年7月31日，国家体委颁布《关于组建临时国家队的试行办法（草案）》，对国家队的组建原则、组建办法、集训事宜等进行了规定。1982年9月2日，国家体委又颁布了《关于组建国家队的规定（草案）》。1983年5月15日，国家体委颁布《关于进一步发展业余训练的意见》，将提高运动技术水平，发现和培养优秀运动队后备人才作为发展业余训练工作的重要任务之一。同日，国家体委颁布《关于改进业余体校竞赛的若干办法》，对业余体校竞赛工作进行安排部署，使其向利于选材、利于训练的方向发展。1983年10月28日，国家体委发布《关于进一步开创体育新局面的请示》，指出当前我国体育事业缺少整体系统的改革方案，许多重要思想、制度、模式等还停留在老的框架之中，难以有效协调社会力量，难以有效调动起各主体集中力量办体育的积极性。因此近阶段要进一步搞活政策，走宽路子，讲求效益，提高效率，改变当前训练体制中的大锅饭状态，盘活运动员和教练员队伍，使国内运动队伍建设继续向学校化方向过渡。同时，随着各大赛事活动的增多，竞赛方面要进一步做好国际与国内、国内与国内比赛的衔接工作，并逐步向多样化、制度化方向过渡，提高运动竞赛活动的有序性和规范性，充分发挥运动竞赛活动的锻炼效果。

为了鼓励运动员拼搏奋斗、创造成绩，1984年12月31日，国家体委发布《体育运动全国纪录审批制度》，对全国纪录的审批工作进行规范。1985年5月13日，国家体委出台《关于教练员和优秀运动员学习科学文化知识的几项规定的通知》，对教练员、运动员学习科学文化知识做出规定。1986年2月20日，国家体委颁布《全国体育竞赛赛区工作条例》，对全国体育竞赛赛区组织领导、竞赛组织、后勤、宣传、思想政治、安全保卫等工作进行规范部署。1986年4月15日，国家体委出台《关于加速培养高水平运动后备人才的指示》，将加强科学选材训练能力，提高教练员水平作为培养后备人才的关键措施，以拓宽我国运动后备人才培养的形式、渠道，提高我国运动后备人才队伍的建设层次和建设水平。

为了给优秀运动员创造更多的锻炼机会，提升竞技体育水平，有关部门积极鼓励社会各行业提供经费与体委系统合办体育竞赛，为了使这类活动能够规范有序开展，1987年2月23日，国家体委出台《关于社会各行业与体委系统合办体育竞赛的管理办法》，对竞赛规格、名称、奖励办法等做出相关规定。1989年5月19日，国家体委颁布《全国性体育竞赛检查禁用药物的暂行规定》，指出有关运动员在参加全国性体育竞赛之时必须全力配合接受药物检查，并对相关工作进行了详细部署。随后国家体委又在1995年2月27日和3月27日分别出台《禁止在体育运动中使用兴奋剂的暂行规定》和《对使用兴奋剂运动员的教练员处罚暂行办法》。

**表2.2　中央及国家有关部门颁布的竞技体育政策(1978—1992)**

| 发文时间 | 发文机构 | 发文名称 | 相关内容 |
| --- | --- | --- | --- |
| 1979.3.29 | 国家体委、教育部 | 关于外国留学生参加国内体育比赛的有关问题的通知 | 外国留学生可参加学校比赛，不列为省、市纪录等。 |
| 1979.3.29 | 国家体委 | 全国学生体育运动竞赛制度 | 规定竞赛项目、队伍资格、年龄分组等相关工作。 |
| 1979.6.6 | 国家体委 | 提高我国足球技术水平若干措施的指示 | 抓重点地区，组建国家队，派出去、请进来，举办邀请赛等。 |
| 1980.3.12 | 国家体委 | 关于运动项目重点布局的意见 | 根据重点项目调整运动员编制、安排业余训练等。 |
| 1980.3.12 | 国家体委 | 关于优秀运动队建设的几个问题 | 调整项目布局，调整一、二、三线队伍，加强队伍建设、文化教育等。 |
| 1980.4.15 | 民政部、国家劳动总局、国家体委 | 关于招收和分配优秀运动员等问题的联合通知 | 享受国家职工待遇，具备转干条件可转干等。 |
| 1980.12.30 | 国家体委 | 关于加强冰雪体育运动项目的请示报告 | 成立国家冰球队、引进先进技术等。 |
| 1981.6.20 | 国家体委 | 优秀运动队试行工作条例 | 规定运动队伍的训练、比赛、后勤、管理等各项工作。 |

续表

| 发文时间 | 发文机构 | 发文名称 | 相关内容 |
| --- | --- | --- | --- |
| 1981.9.15 | 国家体委 | 全国体育学院竞赛工作暂行规定 | 根据教学训练需要开展竞赛、从实际出发、勤俭办赛等。 |
| 1981.12.13 | 国家体委 | 关于表彰和奖励优秀运动员、教练员的通知 | 颁发奖章、精神物质奖励相结合等。 |
| 1982.7.31 | 国家体委 | 关于组建临时国家队的试行办法(草案) | 规定组建国家队的原则、办法、时间等。 |
| 1982.9.2 | 国家体委 | 关于组建国家队的规定(草案) | 规定运动员、教练员选调、参赛等办法。 |
| 1983.5.15 | 国家体委 | 关于进一步发展业余训练的意见 | 广泛动员各方力量、加快发展初级业余训练形式、完善业余体校训练体制等。 |
| 1986.2.20 | 国家体委 | 全国体育竞赛赛区工作条例 | 对组织领导、竞赛组织、运动队、宣传、后勤、安全等工作进行规定。 |
| 1986.4.15 | 国家体委 | 关于争取赛风根本好转的决定 | 加强运动队思想政治工作、建立竞赛履历卡等。 |
| 1986.4.15 | 国家体委 | 关于加速培养高水平运动后备人才的指示 | 加强青少年儿童运动后备人才选材训练工作的科学性,建立多层次、多形式、多渠道的运动人才梯队。 |
| 1986.4.28 | 国家体委 | 全国综合性运动会试行工作条例 | 规定组织、竞赛、宣传、接待等工作。 |
| 1986.11.1 | 国家体委 | 优秀运动队工作条例(试行) | 规定运动队的训练、竞赛、文化教育等各项工作。 |
| 1986.12.19 | 国家体委 | 关于执行《优秀运动队伍工作条例》中有关文化教育工作的暂行规定 | 以训练为中心合理安排,采取一定的办学模式、保证教学设施等。 |
| 1987.2.23 | 国家体委 | 关于社会各行业与体委系统合办体育竞赛的管理办法 | 合办的体育竞赛可纳入年度竞赛计划,但相关安排不得影响正常训练活动等。 |

续表

| 发文时间 | 发文机构 | 发文名称 | 相关内容 |
| --- | --- | --- | --- |
| 1989.5.19 | 国家体委 | 全国性体育竞赛检查禁用药物的暂行规定 | 设立药物检查委员会、制定抽查方案等。 |
| 1989.6.11 | 国家体委 | 全国体育运动单项竞赛制度（试行） | 规定竞赛项目分类、次数规模、形式名称等工作。 |

综上可知，1979年我国恢复在国际奥委会的合法席位后，“勇攀高峰，为国争光”开始成为我国发展竞技体育的主要任务。在举国体制的推动和保障下，竞技体育实现了自身实力的稳步增长。这一时期我国开始尝试从管理体制、运动训练、人才培养等多个角度进行改革，探索适应当前国家形势、有助于竞技体育全面发展的积极进路。具体来看，该时期竞技体育宏观规划方面涉及队伍建设、项目布局、竞赛管理、人事管理等几个方面，在优秀运动队伍建设上，国家先后拟定草案、试行条例等多个文件，逐步深入运动员、教练员职业守则，运动员文化教育等相关问题，逐步推进我国运动队伍管理体系走向成熟；在运动项目布局上，这一时期足球和冰雪项目是发展重点；在人事管理上，国家对优秀运动员的招生和分配问题进行了规划协调，开始打破单一训练原则，强调科学化，并对教练员、运动员的文化知识水平进行要求；在竞技体育赛事上，这一时期出台了大量有关赛事的纪律规定、奖惩办法、纪录审批等系列文件，对有关人员进行纪律约束，规定赛事承办方的责任归属，竞技体育赛事的规范化程度较之前明显增强。这一时期，我国竞技体育开始走向世界的舞台，并在奥运会、亚运会等综合性赛事上取得优异成绩。

## 三、我国竞技体育政策的社会化改革和“奥运攻坚”阶段（1993—2008）

1993年以后，国家围绕市场经济开展社会改革，该变化使得商业化、职业化成为这一时期竞技体育发展的一大趋势，这对我国原有竞技体制提出了新的挑战。在新的历史条件下,有关部门出台系列政策(见表2.3)着手解决体育体制运行中的深层次问题。

1993年5月24日,国家体育总局下发《关于深化体育改革的意见》,认为国家体育部门的任务应该是充分运用行政、经济、法律、竞赛等手段对国家体育事业发展进行宏观调控,此举能将体育部门从琐碎事务中解脱出来,有助于其调整工作重心,充分发挥领导、协调、监督功能,增强其宏观调控能力。因此未来应该进一步划分政事界限,精简调整体育部门内设机构,建立起适合时代发展、灵活多样的调控机制,并把大量事务性、服务性工作交付于各级各类事业单位和社会团体。运动项目方面,意见指出要改变以往运动项目的管理模式,本着简政放权、权责统一的原则,进一步扩大运动项目协会实体化试点的范围和力度,通过这种方式将我国的运动项目管理体制逐渐过渡到以单项运动协会为主要负责实体,具有中国运动项目管理特色的协会制上。运动训练方面,该意见指出要围绕运动项目协会改革,改变以往体系分散、管理多段、多头领导的训练体制,实行集中与分散相结合的专项化训练管理模式。竞赛方面,该意见指出要改革国内现行竞赛制度,由体育行政部门主管制定相关政策规划,逐步放开国内竞赛,分级别、分类型实行相关竞赛管理工作,诸如部门及行业内综合性运动会由相关主管部门负责,单项运动项目竞赛由各相关运动项目协会负责相关管理工作。此外,为了进一步开拓体育竞赛市场,拓宽竞赛渠道,增加竞赛的形式和种类,调动起各行业加入体育竞赛建设,促进体育竞赛改革的积极性,意见还提出了"谁举办、谁出钱、谁受益"的办赛原则,并指出未来将进一步完善相关招标、申办手续,以配套我国体育竞赛改革工作的进行。

1995年7月6日,国家体育总局发布《奥运争光计划纲要(1994—2000年)》,以体制机制改革、基础实力和实力表现为思路,从奥林匹克项目发展布局、国家队体制建设、训练原则、教练员队伍建设等诸多方面展开部署。奥林匹克项目发展布局方面,为进一步扩大我国竞技体育优势范围,该计划指出要在分类管理基础上重新确立奥运会重点项目,通过政策导向、竞赛调控、法律法规保证等方式打造结构合理、组合优化、多维支撑的项目布局体系。国家队体制建设方面，该计划指出要从不同运动项目实际情况出发确立奥运项目国家队组建形式，选定吸收各地区拔尖项目和人才，初步形成集中与分散结合、多强对抗的国家队管理格局。训练原则方面，该计划指出要提高运动队伍训练科学化水平，处理好技术训练和身体训练、重点训练和一般训练、刻苦训练和科学训练之间的关系，继续贯彻“三从一大”原则及“两严”方针，在“细、精、难、尖”上下功夫，从管理和科技两个方面着手去提高成绩。教练员队伍建设方面，该计划指出要进一步吸纳相关人才，通过破格录用、加设教练员种类、采用选拔聘用制度、改善教练员待遇、增加各层次教练员流通性等方式来完善我国教练员队伍建设工作。此外，该计划还强调要积极完善竞赛体制，充分发挥竞赛杠杆作用，促使我国竞赛向社会化、制度化、多样化方向发展，同时加大对奥林匹克精神的宣传力度，使奥运争光计划能够深入人心。

2000年12月15日，国家体育总局出台《2001—2010年体育改革与发展纲要》，提出21世纪前10年竞技体育总体实力稳中有升、体育管理体制逐步完善的工作目标，并作出开展新时期“奥运争光”计划的打算。纲要整体指出要进一步调整完善我国竞技体育项目结构的整体布局，原有的优势项目要继续保持发展，新兴的优势项目要加大扶持力度，并结合不同运动项目的发展任务及项目特点，建立起相配套的评估制度、管理办法及扶持政策。在运动训练方面指出要改进改善现行训练手段及训练条件，通过总结本国训练经验及引进国外训练理论等方式加强国内运动训练工作的技术创新及科技含量，集中财力物力重点建设3~5个世界先进水平的综合训练基地及一批单项训练基地。竞赛方面除进一步改革全国运动会竞赛制度和奖励办法外，纲要还指出要通过招标、申办等方式逐步开放体育竞赛市场，调动起社会各界承办各类体育竞赛的积极性。此外，该纲要还对教练员、裁判员队伍素质、竞技体育后备人才培养等方面提出了一些要求。

2001年7月13日，北京获得2008年奥运会主办权。2002年7月22日，为在奥运会等国际重大比赛中取得优异成绩，中共中央、国务院发布《关于进一步加强和改进新时期体育工作的意见》，指出要全面实施我国竞技体育发展战略，制定新时期奥运争光计划，充分完善和发挥社会主义制度、举国体制及竞争机制的作用，高效整合全国体育资源，并通过明确中央、地方责任的方式来调动各级各地政府及社会组织发展竞技体育的积极性。此外，该文件还从赛事举办、高水平运动队伍建设、体育体制改革等几个方面进行了详细规划。2002年11月19日，国家体育总局出台《2001—2010年奥运争光计划纲要》，在前一个“奥运争光”计划基础上又提出了健全法律法规、加强道德建设、完善竞技体育效益投资体系等要求。2003年9月29日，为深化体育系统改革，进一步加强和规范国家队人事管理工作，国家体育总局出台《国家队人事管理暂行办法》，对国家队岗位设置、人员选拔、考核奖励、待遇工作等进行了规范。2003年12月31日，为保护参赛者身心健康、维护比赛公平公正，根据《中华人民共和国体育法》及相关法律，我国正式通过《反兴奋剂条例》，该条例就兴奋剂管理、反兴奋剂义务及相关法律责任进行详细规范。2004年5月20日，为使2008年北京奥运会成功举办，促进人才强体战略实施及体育赛事全面、协调、可持续发展，国家体育总局又有针对性地出台了诸如《关于进一步加强体育人才工作的意见》等系列政策，将培养高层次教练员和高水平运动员作为提高我国竞技体育水平的重要措施。

**表2.3　中央及国家有关部门颁布的竞技体育政策(1993—2008)**

| 发文时间 | 发文机构 | 发文名称 | 相关内容 |
| --- | --- | --- | --- |
| 1995.7.6 | 国家体委 | 奥运争光计划纲要 | 调整项目布局、加强科学训练、培养教练员队伍等。 |
| 2000.3.16 | 国家体育总局 | 全国体育竞赛管理办法(试行) | 规定竞赛计划、审批登记、竞赛管理等相关工作。 |
| 2000.12.15 | 国家体育总局 | 2001—2010年体育改革与发展纲要 | 调整项目布局、技术训练紧密结合、加强训练基地建设等。 |

续表

| 发文时间 | 发文机构 | 发文名称 | 相关内容 |
| --- | --- | --- | --- |
| 2001.2.16 | 国家体育总局 | 关于设立正式开展的体育项目管理办法 | 实行申请审批制度等。 |
| 2001.10.19 | 国家体育总局 | 关于运动项目管理中心工作规范化有关问题的通知 | 加强运动竞赛管理,加强竞赛、训练经费管理,规范教练员、裁判员训练工作等。 |
| 2002.7.22 | 国务院 | 关于进一步加强和改进新时期体育工作的意见 | 制定奥运争光计划、完善项目布局、办好国内赛事、加强运动队建设等。 |
| 2002.11.18 | 国家体育总局 | 关于加强体育道德建设的意见 | 倡导职业道德规范、解决行业不正之风、发挥法规制度作用等。 |
| 2002.11.19 | 国家体育总局 | 2001—2010年奥运争光计划纲要 | 完善举国体制、深化体制改革、扩大规模、突出重点、优化项目布局、改进竞赛制度等。 |
| 2003.9.29 | 国家体育总局 | 国家队人事管理暂行办法 | 规定岗位设置和调整、人才选拔与管理等工作。 |
| 2004.1.6 | 国家体育总局 | 国家奥林匹克后备人才基地认定办法 | 规定申报审批程序、认定时间、命名等工作。 |
| 2004.1.13 | 国务院 | 反兴奋剂条例 | 对兴奋剂管理、反兴奋剂义务、兴奋剂检查与检测及相关法律责任等进行规定。 |
| 2004.5.20 | 国家体育总局 | 关于进一步加强体育人才工作的意见 | 深化改革、突出重点、完善人才培养机制等。 |

综上,1993—2008年,随着市场经济的发展,我国竞技体育开始面临新的挑战,一方面是国家对竞技体育实力提升的迫切希望,另一方面是竞技体育发展中产生的新老问题的相互叠加,二者之间的张力共同构成了这一时期竞技体育发展的主要矛盾,它使得深化竞技体育体制改革成为这一时期我国竞技体育政策治理的主要思路。借奥运会这一契机,以在奥运会取得优异成绩为目标,有关部门先后出台2次奥运争光计划纲要,并围绕项目布局、运动队伍建设、后备

人才培养等积极对我国竞技体育体制、竞技体育项目等进行适应性调整。从客观上来说推动了我国竞技体育的规范化、职业化、市场化发展进程,整体上提升了我国竞技体育发展的科学化、系统化、国际化水平,为我国奥运争光计划目标的实现及竞技体育综合实力的提高奠定了重要的政策基础。

## 四、后奥运时期——我国竞技体育政策的可持续发展阶段(2009—2019)

2008年北京奥运会上,我国向世界展示了中国参与及承办国际竞技体育赛事的强大实力,随着这一体育盛事的成功落幕,我国竞技体育发展随之进入后奥运时期。如何稳固我国竞技体育国际地位,促进国内竞技体育水平进一步提高,继而成为这一时期政策思考的主要问题。在总结成功经验、肯定之前政策方向举措的基础上,有关部门重点分析反思了我国竞技体育发展过程中仍然存在的一些突出问题,开始积极探索可持续化的竞技体育发展模式,并出台系列政策(见表2.4),把任务重心逐步放到赛事管理规范、后备人才培养等的改革创新之中。

**表2.4　中央及国家有关部门颁布的竞技体育政策(2009—2019)**

| 发文时间 | 发文机构 | 发文名称 | 相关内容 |
| --- | --- | --- | --- |
| 2009.4.13 | 国家体育总局 | 运动员技术等级管理办法 | 规定审批权、申请期限、申请条件、申请程序等工作。 |
| 2012.3.21 | 国家体育总局 | 国家高水平体育后备人才基地认定办法 | 规定申报、审批、认定时间等工作。 |
| 2012.4.28 | 国家体育总局、教育部、国家民族事务委员会、农业部、中国残疾人联合会 | 关于规范全国大型综合性体育运动会申办和筹办工作意见的通知 | 控制和压缩各类综合性体育运动会规模与经费、明确申办条件等。 |
| 2013.12.23 | 国家体育总局 | 国家体育训练基地管理办法 | 规定评审命名、权利义务、基地建设和管理等工作。 |

续表

| 发文时间 | 发文机构 | 发文名称 | 相关内容 |
| --- | --- | --- | --- |
| 2014.1.15 | 国家体育总局 | 运动员技术等级管理办法 | 规定管理权限、申请、考核、审批、监督检查等工作。 |
| 2014.11.14 | 国家体育总局 | 关于印发《奥运项目竞技体育后备人才培养中长期规划（2014—2024）》的通知 | 加强组织保障，做好对本规划实施的考核评估工作。 |
| 2014.11.21 | 国家体育总局 | 反兴奋剂管理办法 | 对反兴奋剂工作职责、反兴奋剂宣传教育、兴奋剂检查与调查、兴奋剂检测等进行规定。 |
| 2014.12.22 | 国家体育总局 | 全国体育竞赛裁判员选派与监督工作管理办法（试行） | 规定裁判员和临场裁判员的选派原则、工作记录、考核等工作。 |
| 2014.12.23 | 国家体育总局 | 国家队运动员、教练员选拔与监督工作管理规定（试行） | 规定工作原则、程序、要求等。 |
| 2015.3.8 | 国务院 | 中国足球改革发展总体方案 | 改善运营模式、改进竞赛体系、改进人才培养发展模式等。 |
| 2016.7.22 | 国家体育总局 | 竞技体育“十三五”规划 | 改革发展方式、优化项目结构、加强训练创新、完善竞赛体制等。 |
| 2015.9.23 | 国家体育总局 | 体育竞赛裁判员管理办法 | 规定裁判员委员会、技术等级认证、注册管理、选派、权利和义务等工作。 |
| 2017.2.3 | 国家体育总局 | 全国综合性运动会组织管理办法 | 规定组织机构、场馆、规模、体育文化活动、服务保障等工作。 |

2014年11月14日，国家体育总局下发《关于印发〈奥运项目竞技体育后备人才培养中长期规划（2014—2024）〉的通知》，指出要围绕《奥运项目竞技体育后备人才培养中长期规划（2014—2024）》做好竞技体育后备人才培养工作。

2014年11月21日,国家体育总局又根据《中华人民共和国体育法》及《反兴奋剂条例》,出台了更为细致的《反兴奋剂管理办法》。同年12月,为加强全国性运动会裁判选派工作的监督管理,国家体育总局出台《全国体育竞赛裁判员选派与监督工作管理办法(试行)》,提出择优、回避、均衡、就近的裁判员选派原则,并对选派程序进行详细规定。随后,为保证国家教练员、运动员选拔工作的公平性,国家体育总局又发布《国家队运动员、教练员选拔与监督工作管理规定(试行)》,对选拔工作的原则、程序、要求、条件等进行了规范。足球运动一直受到国家重视,2015年3月16日,国务院办公厅下发《中国足球改革发展总体方案》,下定决心要提高我国足球运动水平,提出要加强足球竞赛体系设计、完善竞赛奖励制度、维护好竞赛秩序、改进足球运动人才培养发展方式、推进国家足球队改革发展等系列要求。

2016年7月22日,为持续推进我国竞技体育全面、协调发展,国家体育总局根据竞技体育所面临的新局势、新任务及《体育发展"十三五"规划》的指示要求,制定《竞技体育"十三五"规划》。该规划提出要坚持管理体制和改革机制创新发展,结合国内诸多运动项目发展不均衡的现状,以足球改革为突破口,优化竞技体育项目结构,在巩固扩大优势项目基础上,综合提升我国足、篮、排、冬季项目等的发展水平,力争国内基础项目及落后项目竞技水平得到有效提升。此外,规划还指出要加速我国职业体育发展进程,改善我国职业体育及职业联赛发展较为滞后的现状,着力打造适应国内经济社会发展的、开放的、具有活力的、符合世界竞技体育发展趋势的竞技体育管理体制和运行机制。

综上,2008年北京奥运会后,为促进我国竞技体育进一步向全面、高质量、可持续方向发展,相关政策开始围绕后备人才培养、项目结构优化、职业体育建设、赛事管理规范等展开部署,衍生出体育赛事组织申办、人才基地认定、运动员和教练员选拔监督、兴奋剂管理等诸多细化主题,整体上看相关管理部署相较于之前更加细致完善,政策改革力度有所加大,政策体制体系也更加丰富完善。

# 第二节　我国竞技体育政策的演进特征

## 一、政策演进以渐进调试为主

渐进调试指的是政策在演进过程中通过稳定、保守的方式进行迭代，它体现在各种暂行、试行、草案等文件的出台上，这种迭代方式一直贯穿于我国竞技体育政策演进过程，反映在各个类型的政策主题之上。如优秀运动队伍管理方面，有关部门先出台《试行运动队伍工作条例（草案）》《运动队思想政治工作条例（试行草案）》，通过草案、试行草案的方式来积累政策实践，等时机和条件都成熟之后才正式出台《优秀运动队试行工作条例》；竞赛制度方面，先出台《全国体育运动单项竞赛制度（试行）》《运动员参加全国比赛代表资格注册管理办法（试行）》《全国体育竞赛管理办法（试行）》《国家队人事管理暂行办法》等；兴奋剂管理方面，先出台《禁止在体育运动中使用兴奋剂的暂行规定》《对使用兴奋剂运动员的教练员处罚暂行办法》《关于严格禁止在体育运动中使用兴奋剂行为的规定（暂行）》，而后才正式出台《反兴奋剂条例》。政策制定关乎发展大局，但其成效须由实践检验而不由制定者的主观意愿决定，暂行、试行、草案等文件的出台反映出政策制定部门在制定政策时尊重实践、实事求是的严谨态度，它表示当前阶段政策的试验性，意味着基于这些政策还会有更加稳定成熟的政策。此举增加了政策包容性，既保证了政策谱系的稳定传承，有利于政策自身的修补调整，也能给相关部门人员留下充分的心理准备和调整空间。

## 二、政策生成模式以问题驱动为主

通过梳理70年来我国竞技体育政策演进历程可知，社会发展形势、国家发展需要以及竞技体育发展过程中所呈现的现实问题是相关政策生成的主要动力。新中国成立初期,国防建设、人民体质是亟须解决的重大问题,围绕相关需要,国家发布了《关于加强人民体育运动工作的报告》《关于运动竞赛的情况和意见的报告》《关于一九五八年体育工作的通知》等文件,把人民体育工作放在重要位置。竞技体育的目标在这一时期非常明确,就是要开展基层群众性体育竞赛,带动起国民参与体育运动的热情,通过这种方式解决国民身体素质低下的问题,以更好地为国防和生产建设服务。改革开放时期,为适应市场经济改革和奥运争光计划,国家有关部门又相继出台《关于深化体育改革的意见》《奥运争光计划纲要(1994—2000年)》《2001—2010年体育改革与发展纲要》《关于进一步加强和改进新时期体育工作的意见》等文件,从体制建设、运作模式等方面改革创新,以适应国家体制需求。后奥运时期,国内竞技体育存在的协调机制不健全、区域发展不平衡、训练效益低等系列问题逐渐暴露,针对这些问题,国家出台《竞技体育"十三五"规划》等系列政策,对竞技体育的未来发展、管理训练、人才培养等工作做出宏观部署。可以看出,问题驱动是各个时期我国竞技体育政策生成的主要动力。

## 三、政策治理模式以举国体制为主

70年来,举国体制模式一直是我国竞技体育政策治理的主要方向,虽然在不同时期表现出不同特征,但其核心都是组织全国力量,调动全国资源,通过有序计划部署以实现目标。新中国成立初期,增强人民体质,提高竞技体育水平是国家体育事业的主要任务,这一时期出台有《关于加强人民体育运动工作的报告》《关于运动竞赛的情况和意见的报告》《关于一九五八年体育工作的通知》等文件,把运动竞赛作为我国体育运动普及和运动技术提高的重要方式之一。为实现这一目标,政府举全国力量搞基层运动竞赛活动,通过基层比赛锻炼和选拔人才,然后以地方集训和选送国外学习的方式培养人才,并要求这些人才作为指导者参与相关工作。不难发现,早期竞技体育政策治理模式已具有举国体制的特点。改革开放后，运动训练方面出台有《全国学生体育运动竞赛制度》等系列政策，提出学训结合、思想一盘棋、组织一条龙、训练一贯制，训练网层层衔接的训练模式。运动项目方面出台有《关于运动项目重点布局的意见》《提高我国足球技术水平若干措施的指示》等系列文件，对我国竞技体育项目发展布局进行宏观规划部署。人事管理方面出台有《关于招收和分配优秀运动员等问题的联合通知》《关于组建临时国家队的试行办法（草案）》等政策对优秀运动员的招收、分配，国家队的组建原则、办法、集训事宜等进行统一规定。可以看出这一时期我国竞技体育的训练模式、项目布局、人事管理都具有鲜明的举国体制色彩。随后，这种政策治理模式又不断得到完善，目前在竞技体育政策引导下，我国已形成行政上自上而下、管理上编制保障结合、“训练一条龙”“国内练兵、一致对外”“缩短战线、确保重点”的竞技体育发展模式和发展理念。

## 第三节　小结

纵观70年来我国竞技体育政策的演进过程可以发现，我国竞技体育政策演进的历史同时也是竞技体育举国体制逐渐发展完善的历史。在一系列竞技体育政策的引领下，我国竞技体育收获了诸多成果，实现了从旧中国“东亚病夫”到如今的世界竞技体育强国的转变。但是我们更应该认识到，我国竞技体育发展仍存在诸多现实问题，如运动项目发展不均衡、竞技水平地区差异明显、职业体育发展滞后等，这些问题表明我国竞技体育改革已经进入深水区，这意味着过去的疏漏和深层次的矛盾将逐渐显现。按照普及与提高相结合的发展构想，如今我国已经做到了提高，但在提高促进普及的这一步出现了断层，这是造成我国是体育大国，但还未成为体育强国的现实问题。本章节虽然讨论的是竞技体育政策问题，但是我们更应该认识到，竞技体育需要社会各方协同才能实现有效发展，它不仅是实践问题，更是理论问题。尤其是竞技体育发展得越深入,就越需要回到竞技体育发展的根本问题中去,越需要对竞技体育的价值、功能、目的、手段等有清醒的认识。这些问题牵连复杂,不好解决,但只有厘清这些基本学理问题,我国竞技体育政策才能在顶层设计上高瞻远瞩,设计出更加符合发展规律的政策任务、政策目标和政策措施,从而谋求我国竞技体育的稳定、持续发展。

# 第三章　我国群众体育政策史（1949—2019）

群众体育政策即我国党和政府为提高人民体质水平，满足人民群众体育文化需求的目标而制定的促进群众体育活动发展的行动准则，它对我国群众体育的进一步开展具有重要的作用。①我国在新中国成立初期就尤其重视群众体育的开展，颁布了一系列群众体育政策。

中华人民共和国成立以来中央层面颁布的群众体育政策有140份，根据文件颁布的时间序列来看（如图3.1），中华人民共和国成立初期是群众体育政策颁布的第一个高峰期，体育与劳动相结合的指导思想造就了我国历史上第一次

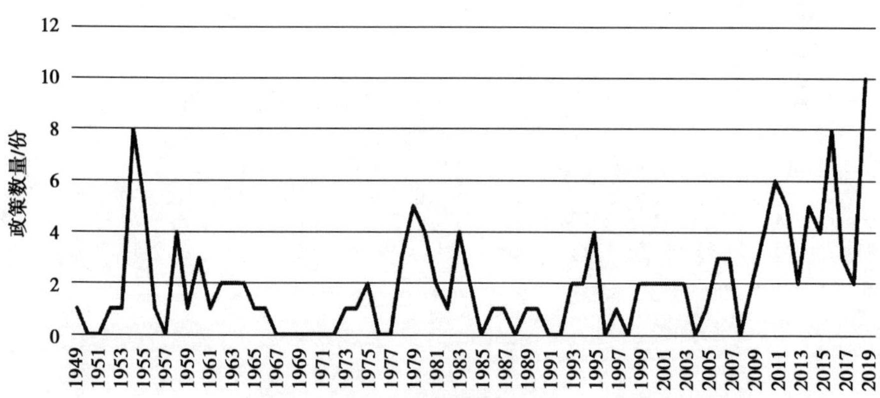


**图3.1　我国群众体育政策数量及其变化趋势**（1949—2019）

①马宣建.论中国群众体育政策[J].成都体育学院学报，2005，31(06)：5-11.

群众体育大发展。改革开放后，群众体育工作逐步恢复，从20世纪80年代至今，群众体育政策数量呈波浪形的变化趋势。其中1995年《中华人民共和国体育法》和《全民健身计划纲要》的颁布推进了我国群众体育朝着法制化、科学化的方向发展。党的十八大之后，中国特色社会主义进入新时代，随着“体育强国”进程的推进，“落实全民健身战略”“助力健康中国建设”等要求的提出，我国群众体育进入快速发展阶段，群众体育政策再次进入发展高峰期，文本数量持续增加。

## 第一节 我国群众体育政策的演进历程(1949—2019)

### 一、社会主义改造和建设时期的群众体育政策(1949—1977)

中华人民共和国成立之初，党和国家迅速把发展群众体育事业提上日程。由于国家性质和国家发展目标的转变，这一时期我国群众体育政策也开始伴随该变化进行适应性转变。

1949年的《中国人民政治协商会议共同纲领》第48条规定“提倡国民体育”，明确了我国体育事业的发展导向——面向广大人民大众，致力于体育运动的普及。同年10月，朱德同志在中华全国体育总会筹备大会上讲话时指出：“过去的体育是和广大人民大众脱离的。现在我们的体育事业，一定要为人民服务，要为国防和国民健康服务”[①]，进一步传达了中华人民共和国成立初期“新体育”思想的本质——体育为人民服务。1951年11月，中华全国体育总会和中国广播事业局联合发布了中华人民共和国第一套广播体操，受到广大群众的热烈欢迎，在全国掀起了做广播体操的热潮，为中华人民共和国群众体育的普及奠定了基础。1952年6月，中华全国体育总会在成立大会上提出“在现有的基础上，从实际出发并与实际相结合，使体育运动普及和经常化，积极地发展体育

①朱德.朱德副主席在中华全国体育总会筹备会议上的讲话[J].新体育，1950(1)：7.

运动，增强人民体质，为加强生产建设和国防建设而服务”[①]的口号，确立了“体育运动普及化和经常化”的方针。毛泽东为此次大会题词：“发展体育运动，增强人民体质”[②]，为群众体育的推进提供强大号召力，大会明确了今后群众体育工作的目标和任务。同年，体育运动委员会成立，一个由体委统一领导、各部门具体实施，分工合作、高度集中的体育管理体制建立，形成了国家办(体委)、部门办(各行业系统)、单位办(机关、企业、厂矿、学校)相结合的组织实施系统。[③]1954年1月，中共中央就中央体委党组提交的《关于加强人民体育运动工作的报告》进行了批复，形成了这一阶段极其重要的群众体育政策文本——《中共中央关于加强人民体育运动工作的指示》，其开篇指出：“改善人民的健康状况，增强人民体质，是党的一项重要政治任务”。[④]在“劳卫制”影响下，群众性体育锻炼不断向科学化、标准化、制度化方向迈进；“劳卫制”也为衡量群众性体育锻炼水平设立了一个有形的尺度，这是对群众体育普及的极大促进。[⑤]这一时期体育场地设施建设工作成效显著，到1954年底，已建成体育场地10271个，相比中华人民共和国成立前提升2倍；体育健身活动广泛开展，据不完全统计，仅1952年，在北京、天津、上海等地区经常参加广播体操的人数就达到200万人以上。[⑥]1955年，中共中央先后批复同意全总党组和国家体委党组《关于全国第一次职工体育工作会议的报告》[⑦]，同年4月12日，中共中央批发《中央体委党组关于召开全国体育工作会议的报告》等。在群众体育政策的指导下，各级群众体育组织和体育主管部门相继建立，群众性体育竞赛大规模开展。主要政策文本见表3.1。

①⑦肖谋文.新中国群众体育政策的历史演进[J].体育科学，2009(29)4:90.

②③苟仲文.新中国体育70年[N].中国体育报，2019-9-24，001.

④戴羽，张丽，刘青.中国共产党群众体育政策的历史演进与经验启示[J].北京体育大学学报，2021(44)6:115.

⑤当代中国研究所.中华人民共和国史稿(第1卷)[M].北京：人民出版社，2012.

⑥王学彬，郑家鲲.新中国成立70周年我国群众体育发展：成就、经验、问题与展望[J].体育科学，2019(39)9:32.

**表 3.1　中央及国家有关部门颁布的群众体育政策(1949—1955)**

| 发文时间 | 发文机构 | 发文名称 | 相关内容 |
|---|---|---|---|
| 1949.10.26 | 全国体育总会 | 新民主主义的国民体育(摘录) | 体育应当是民族的、科学的、大众的。提出为人民的健康、新民主主义的建设和人民的国防而发展体育的口号。 |
| 1952.6.24 | 全国体育总会 | 为国民体育运动的普及和经常化而奋斗(摘录) | 提出使体育运动普及和经常化的工作方针,通过"发展体育运动,增强人民体质",为生产建设与国防建设服务。 |
| 1954.1.8 | 中央体育运动委员会 | 关于加强人民体育运动工作的报告 | 开展体育运动的方针应当是:开展大众性的体育运动,使体育运动普及和经常化。 |
| 1954.1.16 | 中央体育运动委员会 | 1953年体育工作总结报告 | 提出体育工作必须积极地为国家的总路线服务,加强对体育运动事业的领导。 |
| 1954.1.26 | 全国总工会 | 全国总工会关于开展厂矿企业中职工群众体育运动的指示(摘录) | 坚持体育为生产、为群众服务的原则,利用业余时间开展体育运动。 |
| 1954.3.1 | 中共中央 | 中央人民政府政务院关于在政府机关中开展工间操和其它体育运动的通知 | 规定每天上午、下午各抽出十分钟做工间操,应把体育运动与文娱活动密切地结合起来。 |
| 1954.5.4 | 中央体委、教育部、卫生部、青年团中央、全国学联 | 关于在中等以上学校开展群众性体育运动的联合指示 | 各学校均应结合具体情况,积极开展多种多样的为广大学生所喜爱的体育活动和举行适当的运动竞赛,把体育运动的普及和提高工作很好地结合起来。 |
| 1954.5.4 | 中央人民政府体育运动委员会 | 准备劳动与卫国体育制度暂行条例 | 目的是向劳动人民进行全面的体育教育,培养健康、勇敢、乐观的祖国保卫者和社会主义建设者。 |
| 1955.1.6 | 国务院 | 1954年体育工作总结及1955年体育工作报告 | 继续贯彻党中央的指示和方针,使体育运动成为全民的事业,更有效地为生产和国防服务。 |

续表

| 发文时间 | 发文机构 | 发文名称 | 相关内容 |
|---|---|---|---|
| 1955.1.19 | 全国总工会 | 全国总工会关于开展职工体育运动暂行办法纲要(摘录) | 开展职工体育运动对于推动社会主义建设,对于巩固国防,有着密切的关系,它是一项重要的政治任务。 |
| 1955.2.14 | 中共中央 | 关于全国第一次职工体育工作会议的报告 | 职工体育运动的具体工作应采用“积极领导,逐步发展”的方针,今后工作的重点应放在基层。加强对于体育工作的建设:注意加强思想工作,提高职工对体育运动的认识。 |
| 1955.3.31 | 全国总工会 | 中共中央同意全总党组关于举行全国第一次工人体育运动大会的请示报告 | 全国运动会所需经费由全国总工会负责。各产业筹备工作中所需经费,建议由各有关行政部门与各产业工会共同负责。 |
| 1955.4.12 | 中共中央 | 中央体委党组关于召开全国体育工作会议的报告 | 要逐步在厂矿、学校、机关、部队中建立群众体育协会。加强竞赛活动,发现和培养优秀的运动员。重视国防体育对于国防建设的重大意义。 |

1957—1977年是群众体育政策的曲折发展阶段。1958年,中央在批转国家体委《关于体育10年规划的报告》中指出体育运动的方针是“大力开展大众性的体育运动,在体育运动广泛开展的基础上,提高技术水平。”[①]同年,国家体委实施了经国务院批准的《劳动卫国体育制度条例》,全国迅速兴起了体育锻炼的热潮。[②]1959年,《政府工作报告》中明确提出在普及群众体育的基础上,逐步

①国家体委.中国体育年鉴(1949—1991)[M].北京:人民体育出版社,1993.

②当代中国研究所.中华人民共和国史稿[M].北京:人民出版社,当代中国出版社,2012.

提高我国的体育运动水平。[①]这一时期体育方针转化为“普及与提高相结合”，政策重心仍以普及为主。1960年，国家体委发布《大力开展大众性体育活动的倡议》，同年年底，党中央、国务院提出了“调整、巩固、充实、提高”的方针，群众体育政策在调整中确立了“围绕生产、结合生产，根据各种劳动生产的不同特点，开展多种多样的体育活动，是大众体育的根本原则”，并提倡每天坚持10分钟体育活动，活动时间、活动方式做到灵活多样。[②]在“调整、巩固、充实、提高”的方针指导下，工厂的“钢铁工人操”“纺织工人操”等行业体操也开始实施。[③]1963年后，国家体委加强了对群众体育工作的领导，在“业余、资源、因时因地因人制宜、小型多样”等群众体育方针的指导下，形成了农村体育与民兵训练相结合，城市职工体育与备战、生产相结合，部队体育与练兵相结合的特色群众体育活动模式。[④]1964年全国大力提倡开展游泳、射击、通讯、登山“四项活动”，到1965年，已有近250万人投身其中。[⑤]1965年第二届全运会的举行，掀起了全国群众体育活动的高潮，近亿人参加各种体育活动。[⑥]其后，随着党内“左”倾思潮的兴起，党的群众体育工作偏离了正确轨道，群众体育在艰难复杂的环境中曲折发展。1973年国家体委颁布《1973年全国体育工作会议纪要》，要求加强党对体育工作的领导，进一步开展群众体育活动；1974年有关部门颁布《1974年体育工作要点(摘录)》，把重大运动会摆在体育工作的重要位置，指出必须认真办好第三届全运会和亚运会等各项竞赛。为进一步提高我国全运会办赛水平，国家体委在1975年又下发《关于召开第三届全国运动会的请示(摘录)》，提出了“以老带青，青老结合，以青为主”的贯彻方针。总之，这一时期是我国群众体育政策的曲折发展阶段，主要政策文本见表3.2。

①肖谋文.新中国大众体育政策的历史演进[J].体育科学，2009，29(04)：91.

②肖谋文.新中国大众体育政策的历史演进[J].体育科学，2009，29(04)：91.

③④崔乐泉.体育史[M].北京：高等教育出版社，2018.

⑤中国社会科学院文献中心.新世纪党政干部理论学习文集第4卷(上册)[M].北京：红旗出版社，2004.

⑥苟仲文.新中国体育70年[N].中国体育报，2019-9-24，001.

表3.2 中央及国家有关部门颁布的群众体育政策(1956—1977)

| 发文时间 | 发文机构 | 发文名称 | 相关内容 |
| --- | --- | --- | --- |
| 1958.1.20 | 国家体委 | 关于一九五八年体育工作的通知(摘录) | 进一步开展基层体育活动;更多更好地组织运动竞赛;加强训练干部的工作;加强对农村体育工作的领导;注意保证质量,坚持勤俭办事。 |
| 1958.7.26 | 国家体委 | 关于召开第一届全国运动会的请示报告 | 加速提高运动技术,争取十年左右在主要运动项目上赶上世界水平。计划在1959年9月13日至10月2日,举行中华人民共和国第一届运动会。 |
| 1958.9.8 | 国家体委 | 体育运动十年规划 | 体育工作应该城市和农村并举。研究了在人民公社条件下如何开展体育运动、全民皆兵,一九五九年第一届全国运动会等问题,修订了体育运动的十年规划指标。 |
| 1958.10.20 | 国家体委 | 劳动卫国体育制度条例和项目标准 | 鼓励人民积极参加体育锻炼,使人民身强力壮,意志坚强,更好地为社会主义建设和保卫祖国服务。 |
| 1959.4.6 | 国家体委 | 关于一九五九年体育工作几个问题的报告 | 体育工作的任务和部署应当根据中央关于"体育运动的根本任务是增强人民体质,为劳动生产和国防建设服务"的指示把我国体育运动的水平提高一步。 |
| 1960.2.17 | 国家体委 | 关于1960年全国体育工作会议情况的报告 | 大力开展群众体育运动;大抓训练工作,迅速提高体育运动的水平;加强体育运动的宣传教育工作和调查研究工作。 |
| 1960.4.25 | 国家体委 | 关于贯彻中央关于卫生工作的指示精神,大力开展群众体育活动的意见 | 广泛向群众宣传体育和卫生的知识和好处,吸引和带动更多的人参加体育活动。继续贯彻体育围绕生产、为生产服务的原则,结合中心工作,根据条件可能积极开展体育活动。 |
| 1961.2.10 | 国家体委 | 关于1961年体育工作的意见 | 群众体育工作应依据为生产劳动服务的方针和因地、因时、因人制宜的原则。 |
| 1962.3.9 | 国家体委 | 1961年全国体育工作会议纪要 | 继续认真贯彻执行调整、巩固、充实、提高的方针,大力加强运动训练工作;努力办好体育院校,积极、切实地开展群众性体育活动。 |

续表

| 发文时间 | 发文机构 | 发文名称 | 相关内容 |
| --- | --- | --- | --- |
| 1962.3.19 | 国家体委 | 1961年体育工作会议报告 | 总结经验,提高思想,认真贯彻调整、巩固、充实、提高的方针,鼓足干劲,继续前进。体育工作必须继续贯彻执行中央关于各项事业进行调整、巩固、充实、提高的方针。 |
| 1963.3.12 | 国家体委 | 1962年全国体育工作会议纪要 | 根据党的八届十中全会的精神,贯彻“八字”方针,总结经验,勤俭办事。加强群众体育工作的领导、认真做好各项体育工作,使体育更好地为增强人民体质,为劳动生产和国防建设服务。 |
| 1963.10.31 | 中央体育运动委员会 | 国务院批转体育运动委员会关于群众体育工作座谈会的报告 | 群众体育工作仍应以学校为重点,尤其要加强中、小学体育工作的领导。必要的体育场地和器材根据勤俭办体育事业的精神,逐步地适当增添和修补。根据形势的发展,需要进一步加强群众体育工作的领导,贯彻普及和提高相结合的方针,积极切实地认真做好普及工作。 |
| 1964.1.28 | 国家体委 | 中共中央关于国家体委召开第二届全国运动会的批复 | 第二届全国运动会既要有一定的声势和规模,但又不宜过大,项目不宜过多。要保证质量,避免人力、物力的浪费。 |
| 1965.5.14 | 国家体委 | 全国体育工作会议纪要 | 体育工作的方针是:普及和提高相结合,大力开展群众性的体育运动。从国防需要出发,为国防培养后备力量。加强优秀运动队的设置和训练。办好体育报刊、体育学院,做好科学研究工作。 |
| 1966.5.2 | 国家体委 | 中央批转国家体委党委关于1966年全国体育工作会议的报告 | 大力加强群众体育,重点抓好青少年,首先必须抓好学校的体育。对青少年广泛进行国防教育和军事技能的初步训练。努力做好国际体育工作,坚决贯彻勤俭办体育的方针。 |
| 1973.2.20 | 国家体委 | 1973年全国体育工作会议纪要 | 进一步开展群众体育活动;大力抓好业余训练工作;迎接第三届全国运动会;积极、有步骤地开展国际体育活动;普及体育知识;加强党对体育工作的领导。 |

续表

| 发文时间 | 发文机构 | 发文名称 | 相关内容 |
|---|---|---|---|
| 1974.2.12 | 国家体委 | 1974年体育工作要点(摘录) | 大力抓好业余训练工作,切实办好少年儿童业余体校。迎接第三届全运会和亚运会,认真办好各项竞赛。 |
| 1975.1.11 | 国家体委 | 关于召开第三届全国运动会的请示(摘录) | 为使我国体育运动技术水平迅速提高,促进新生力量迅速成长,在队伍的组成上必须贯彻"以老带青,青老结合,以青为主"的方针。 |
| 1975.4.11 | 国家体委 | 关于在全国施行国家体育锻炼标准条例的请示报告(摘录) | 需要的运动场地、器材、技术指导等,应本着自力更生、勤俭办事业的精神,依靠群众积极解决。必须向广大群众经常进行战备教育和体育卫生常识教育。 |

综上,这一时期的群众体育实践经历了艰辛探索的曲折发展阶段。在"体育运动普及化和经常化"和"普及与提高相结合"的体育方针指导下,群众体育以动员广大人民参与,将体育与生产、劳动、国防等结合起来,从而达到增强人民体质的目标。但这一阶段的群众体育政策突出体育的政治功能,强调体育为阶级斗争、政治斗争服务,表现出政治性、不稳定性、曲折发展的特征。

## 二、改革开放新时期的群众体育政策(1978—2011)

"文化大革命"结束后,党的群众体育路线逐步恢复。1978年十一届三中全会召开,这次会议"充分恢复和发扬了党内民主和党的实事求是、大众路线、批评和自我批评的优良作风。"①1979年,国家体委提出了"依靠大家办体育"的政策设想。这一时期的群众体育政策文本见表3.3。

①中共中央文献研究室.三中全会以来重要文献选编(上)[M].北京:人民出版社,1982.

**表 3.3　中央及国家有关部门颁布的群众体育政策(1978—1995)**

| 发文时间 | 发文机构 | 发文名称 | 相关内容 |
|---|---|---|---|
| 1978.5.12 | 国家体委 | 国务院批转国家体委一九七八年全国体育工作会议纪要 | 要坚持党对体育工作的领导；要坚持普及和提高相结合的方针；要开展国际体育交往；大搞群众运动，大打体育科研之仗；恢复、健全组织机构。 |
| 1978.9.5 | 国家体委 | 国家体委转发关于加强城市体育工作的意见(摘录) | 城市应在发展群众体育、培养体育专门人才、加强体育科研、攀登世界体育高峰等方面做出优异的成绩。重点抓好学校体育，积极开展职工体育，发扬自力更生精神。 |
| 1979.1.22 | 国家体委 | 国家体委转发关于做好县的体育工作的意见(摘录) | 广泛开展城关和集镇的体育活动，根据县的特点，组织好体育竞赛，切实开展少数民族和边境地区体育活动，体育场地的建设列入县镇建设规划。 |
| 1979.2.11 | 国家体委 | 第四届全国运动会有关问题的请示 | 要反映出体育战线安定团结，大干快上，勇攀体育高峰的精神面貌。通过全运会，推动我国社会主义体育事业发展，为实现社会主义的四个现代化作出贡献。 |
| 1979.3.9 | 国家体委 | 一九七九年全国体育工作会议纪要 | 广泛开展群众性体育活动，工农商学兵的体育活动都要有新的进展。大力加强业余训练，加速培养优秀运动员后备力量。加强科研工作，努力办好体育院校。 |
| 1979.3.20 | 国家体委 | 国家体委关于加强群体工作的意见(摘录) | 重点抓好学校体育，积极开展工农体育活动，大力加强少年儿童业余训练。抓好体育场地器材建设，提高使用率。加强领导，配合有关部门做好工作。 |
| 1979.3.31 | 全国总工会 | 全国总工会转发职工体育工作座谈会纪要 | 职工体育工作必须面向基层、生产、群众，贯彻“普及与提高相结合”而以普及为主的方针，坚持“业余、自愿、小型、多样”和“因人、因时、因地制宜”的原则。 |
| 1980.1.7 | 国家体委 | 王猛同志在 1980 年全国体育工作会议上的工作报告 | 正确处理体育与政治、经济的关系；正确处理普及和提高的关系；充分运用竞赛推动体育运动的发展；要在党的领导下，依靠大家办体育。 |

续表

| 发文时间 | 发文机构 | 发文名称 | 相关内容 |
| --- | --- | --- | --- |
| 1980.4.20 | 全国总工会 | 全国总工会关于加强职工体育工作的几点意见 | 进一步提高思想认识，明确职工体育工作在四化建设中的重要作用；广泛开展操、拳、跑和医疗体育等多种多样的体育活动；积极开展、合理安排体育竞赛。 |
| 1980.4.25 | 国家体委、财政部、国家劳动总局、文化部 | 关于充分发挥体育场地使用效率的通知 | 各级各类体育场地，在保证完成体育工作任务，积极组织体育活动的前提下，还可以组织放电影、文艺演出等活动，活跃群众文化生活。 |
| 1981.4.22 | 国家体委 | 国务院批转国家体委关于省、自治区、直辖市体委主任会议的几个问题的报告的通知 | 群众体育工作仍以学校体育为重点，加强对职工体育的领导，优先发展城市体育，同时兼顾农村体育。 |
| 1981.8.8 | 国务院办公厅 | 国务院办公厅关于重申一九五四年政务院关于在政府机关中开展工间操和其他体育运动的通知 | 加强对体育工作的领导，在政府机关中推行广播操，开展多种多样的体育活动，以改善干部的健康状况。 |
| 1983.2.2 | 国家体委、文化部、共青团中央 | 关于全国农村体育工作会议纪要 | 加强对农村体育工作的领导；加强体育活动阵地的建设；解决经费问题；积极开展各项体育活动；搞好农村体育骨干的培训工作；改进工作作风和工作方法。 |
| 1983.8.18 | 国家体委 | 关于对群众自办武术馆和私人教拳加强管理的意见的通知 | 为了继承我国民族文化遗产，普及推广武术，增强人民体质，群众自办武术馆、站、社和私人教拳，可在加强管理的前提下因地制宜地发展。 |
| 1983.10.28 | 国家体委 | 关于进一步开创体育新局面的请示 | 大力发展城市体育，重点抓好学校体育，积极开展厂矿、企业和农村体育活动；适当加强体育场地建设；加强普及体育知识的通俗宣传。 |

续表

| 发文时间 | 发文机构 | 发文名称 | 相关内容 |
| --- | --- | --- | --- |
| 1983.12.20 | 国家体委、民政部等9部门 | 关于积极地有计划地开展残疾人体育活动的通知 | 伤残人体育是社会主义体育事业的组成部分。开展伤残人体育活动是一项很重要的工作,各部门应予以重视,加强领导,把伤残人体育进一步开展起来。 |
| 1984.10.5 | 中共中央 | 关于进一步发展体育运动的通知 | 坚持普及与提高相结合的方针,积极发展城乡体育活动,重点抓好学校体育。积极发展体育科研、教育事业。 |
| 1984.12.20 | 国家体委 | 国家体委关于加强县体育工作的意见 | 优先发展经济较富裕和体育基础较好的乡镇体育、重点抓好学校体育、大力开展职工体育等,推动全县体育运动进一步发展。 |
| 1986.4.15 | 国家体委 | 关于体育体制改革的决定(草案) | 提出了革命化、社会化、科学化的体育发展理念,出台了包括10个层面在内的53条具体改革措施。 |
| 1987.6.14 | 国家体委 | 全国体育先进县的标准和评选办法 | 对评选标准、评选办法做出规定。注重技术推广,搞好场地设施,推进体育社会化。 |
| 1990.1.6 | 国家体委 | 关于公布国家体育锻炼标准测验规则和评分表的通知 | 对分组和项目、测验及标准等内容进行规定。 |
| 1993.5.24 | 国家体委 | 关于深化体育改革的意见 | 调动社会办体育的积极性,形成国家办与社会办相结合、集中与分散相结合的格局。 |
| 1993.12.4 | 国家体委 | 社会体育指导员技术等级制度 | 在群众性体育活动中从事技能传授、锻炼指导和组织管理工作。 |
| 1994.10.12 | 国家体委 | 全国体育先进县标准的细则 | 群体活动普及,要求经常参加体育活动的人口达到全县总人口的百分之三十五以上。 |

1995—2011年,这一时期是群众体育政策的迅速发展与逐步完善阶段,体育方针发生了重大转变,提出了“大众体育和竞技体育协调发展”。以1995年颁布的《中华人民共和国体育法》和《全民健身计划纲要》为起点,1995—2000年,围绕这两部文件相继出台了《关于加强体育法制建设的决定》《关于贯彻〈全

民健身计划纲要〉实施"全民健身一二一工程"的意见》《关于加强城市社区体育工作的意见》《关于加快体育俱乐部发展和加强体育俱乐部管理的意见》等一系列规范性文件，推进了我国群众体育朝着法制化、科学化的方向发展。[①]2001—2010年，受益于北京奥运红利，我国群众体育政策进入快速发展阶段。2001年，国家体育总局颁布《〈全民健身计划纲要〉第二期工程（2001—2010年）规划》。2002年，国务院在《关于进一步加强和改进新时期体育工作的意见》中认为"群众体育应把全民健身作为总目标，积极开展体育活动，不断提高全民族的健康水平"。[②]2006年，国家体育总局出台的《体育事业"十一五"规划》，提出群众体育的发展目标。2007年，国家体育总局印发《关于印发2008年大众体育工作思路和要点的通知》。[③]2011年，国务院印发了《关于印发全民健身计划（2011—2015年）的通知》；同年，国家体育总局制定了《体育事业发展"十二五"规划》，认为"十二五"时期是我国建设体育强国、推进体育事业实现新发展、新跨越的重要阶段。[④]国家"十二五"规划首次提出健全基本公共服务体系，把大力发展公共体育事业作为其重要内容。这一时期的主要政策文本见表3.4。

**表3.4 中央及国家有关部门颁布的群众体育政策（1995—2011）**

| 发文时间 | 发文机构 | 发文名称 | 相关内容 |
| --- | --- | --- | --- |
| 1995.2.25 | 国家体委 | 关于公共体育场馆向群众开放的通知 | 采取有效措施，为残疾人、儿童和老年人参加体育健身活动提供便利条件、优惠服务。 |

①张硕.改革开放40年我国群众体育政策变迁与量化研究（1978—2018年）[D].太原：山西师范大学，2019：19.

②张硕.改革开放40年我国群众体育政策变迁与量化研究（1978—2018年）[D].太原：山西师范大学，2019：36.

③[③]张硕.改革开放40年我国群众体育政策变迁与量化研究（1978—2018年）[D].太原：山西师范大学，2019：23.

④张硕.改革开放40年我国群众体育政策变迁与量化研究（1978—2018年）[D].太原：山西师范大学，2019：42.

续表

| 发文时间 | 发文机构 | 发文名称 | 相关内容 |
| --- | --- | --- | --- |
| 1995.6.20 | 国务院 | 全民健身计划纲要 | 全面提高中华民族的体质与健康水平,基本建成具有中国特色的全民健身体系。 |
| 1995.6.23 | 国家体委 | 关于贯彻《全民健身计划纲要》实施“全民健身一二一工程”的意见 | 号召全民人人参与,动员社会多方支持;切实加强组织领导;加大宣传工作力度;创造开展全民健身工作的物质条件;加快群众体育法制化步伐。 |
| 1995.8.29 | 全国人民代表大会 | 中华人民共和国体育法 | 发展体育事业,提高全民族身体素质。坚持以全民健身活动为基础,促进各类体育协调发展。 |
| 1997.4.2 | 国家体委、国家教委、民政委、建设部、文化部 | 关于加强城市社区体育工作的意见 | 充分依靠和激发社会力量办体育的热情,为搭建起全方位、多样化的体育公共服务体系做了初步设计。 |
| 1999.6.28 | 国家体育总局 | 关于加快体育俱乐部发展和加强体育俱乐部管理的意见 | 采取有力措施,积极扶持体育俱乐部的发展;依法加强对俱乐部的规范和管理,引导体育俱乐部健康发展。 |
| 1999.10.28 | 国家体育总局 | 关于加强老年人体育工作的通知 | 老年人体育活动应以日常性健身活动为主,要坚持经常、自愿和小型多样的形式,遵循因地、因时、因人制宜和科学文明的原则。 |
| 2000.9.18 | 国家体育总局 | 中国体育彩票全民健身工程管理暂行规定 | 全民健身工程应在居民小区、公园、街心花园、广场等便于群众健身并且安全的场所兴建。应当免费向社会开放,方便群众使用。 |
| 2000.12.15 | 国家体育总局 | 2001—2010年体育改革与发展纲要 | 构建起面向大众的、多元的体育服务系统,坚持依法行政,依法治体。 |
| 2001.2.12 | 国家体育总局、中华全国总工会等11部门 | 国民体质监测工作规定 | 任务:对监测对象进行体质测试;建立国民体质数据库;统计与分析监测数据;公布监测结果,为相关工作决策和研究提供服务。 |

续表

| 发文时间 | 发文机构 | 发文名称 | 相关内容 |
| --- | --- | --- | --- |
| 2001.8.14 | 国家体育总局 | 《全民健身计划纲要》第二期工程（2001—2010 年）规划 | 开展以青少年为重点的“五个亿万人群”的健身活动。积极推进群众体育科技进步，加强全民健身研究与服务工作。加快体育健身场地设施建设和开放。 |
| 2002.4.12 | 国家体育总局、农业部 | 农村体育工作暂行规定 | 基本任务：贯彻国家有关体育和农村工作的法规及方针政策，发展体育事业，增进农民的身心健康，培养有理想、有道德、有文化、守纪律的新型农民，加强农村体育场地设施建设和管理。 |
| 2002.7.22 | 国务院 | 关于进一步加强和改进新时期体育工作的意见 | 推进全民健身计划；构建多元化体育服务体系应坚持政府支持与社会兴办相结合的基本思路。 |
| 2003.5.10 | 国家体育总局、卫生部、财政部、农业部、国家民委、全国总工会、共青团中央、全国妇联 | 普通人群体育锻炼标准施行办法（试行） | 适用于20至59周岁生理和心理健康的人群。按照性别和年龄分为男女各八个组别，锻炼和测试的项目设五大类，男女各二十三项。 |
| 2003.6.26 | 国务院 | 公共文化体育设施条例 | 将公共文化体育设施纳入国家和地方经济社会发展规划之中，并对设施的服务和管理做出要求，使公共体育设施服务的保障工作得到加强。 |
| 2005.7.11 | 国家体育总局 | 关于进一步加强社会体育指导员工作的意见 | 形成保证和激励社会体育指导员发挥作用长效机制；切实加强社会体育指导员队伍建设，更好地发挥他们在构建全民健身体系中的积极作用。 |
| 2006.3.1 | 国家体育总局 | 关于实施农民体育健身工程的意见 | 以行政村为主要实施对象，以村级公共体育场地建设为重点，把体育服务体系覆盖到农村。 |
| 2006.7.11 | 国家体育总局 | “十一五”群众体育事业发展规划 | 注重群众体育的公平性，使更多的人共享体育成果；加快基层公共体育设施建设。 |

续表

| 发文时间 | 发文机构 | 发文名称 | 相关内容 |
|---|---|---|---|
| 2006.7.25 | 国家体育总局 | 体育事业“十一五”规划 | 将体育公共服务建设的关注点放在农村基层，积极改变农村基层体育场地设施缺乏、健身组织落后、健身指导不足等问题，提升农村体育公共服务水平。 |
| 2007.5.6 | 国务院办公厅 | 关于进一步加强残疾人体育工作的意见 | 广泛开展残疾人群众性体育活动；加强残疾人体育队伍建设；加强对残疾人体育工作的组织领导。 |
| 2007.5.19 | 国家体育总局、发展改革委、财政部 | 关于下发“十一五”农民体育健身工程建设规划的通知 | 基本原则：因地制宜，分类指导；整合资源，有效利用；地方为主，多方参与；统一规划，分步实施；农民自愿，民主决策。到2010年，在全国完成10万个行政村农民健身场地设施建设，使农村经常参加体育锻炼的人数显著增加。 |
| 2007.12.19 | 国家体育总局 | 关于印发2008年群众体育工作思路和要点的通知 | 继续组织开展以“全民健身与奥运同行”为主题的群众体育活动，继续加大全民健身工程实施力度。积极促进《全民健身条例》及早出台。 |
| 2009.8.30 | 国务院 | 全民健身条例 | 县级以上地方人民政府应当将全民健身事业纳入本级国民经济和社会发展规划，加大对基层公共体育设施的投入，促进全民健身事业均衡协调发展。 |
| 2009.9.17 | 国家体育总局 | 关于广泛开展全民健身志愿服务活动的通知 | 要坚持因地制宜、群众受益、注重实效，推动全民健身志愿服务活动持续健康发展。 |
| 2010.3.19 | 中共中央国务院 | 关于加快发展体育产业的指导意见 | 加强城乡居民基本体育服务。 |
| 2010.5.31 | 国家体育总局、中华全国总工会 | 关于进一步加强职工体育工作的意见 | 加强对职工体育的组织领导；广泛开展职工体育活动。 |

续表

| 发文时间 | 发文机构 | 发文名称 | 相关内容 |
| --- | --- | --- | --- |
| 2010.6.20 | 国家体育总局、文化部、农业部 | 关于发挥乡镇综合文化站的功能进一步加强农村体育工作的意见 | 建立健全各级各类农村社会体育组织网络，全面实现综合站的体育服务功能，促进农村体育生活化、科学化、制度化。 |
| 2010.12.14 | 国家体育总局 | 关于印发建立全民健身志愿服务长效化机制工作方案的通知 | 满足群众健身需求，保障健身权益；树立崇尚互助、强健体魄的良好社会风尚，服从建设体育强国大局，服务和谐社会建设。 |
| 2011.2.1 | 国家体育总局 | 2011年群众体育工作思路和要点 | 以科学发展为主题，以构建公共体育服务体系为核心，以推动政府履行全民健身公共服务职责为着力点。 |
| 2011.2.15 | 国务院 | 关于印发全民健身计划（2011—2015年）的通知 | 到2015年，城乡居民体育健身意识进一步增强，参加体育锻炼的人数显著增加，身体素质明显提高，形成覆盖城乡比较健全的全民健身公共服务体系。 |
| 2011.4.1 | 国家体育总局 | 体育事业发展“十二五”规划 | 全面贯彻《全民健身条例》，强化公共体育服务职能。 |
| 2011.4.29 | 国家体育总局 | 体育产业发展“十二五”规划 | 完善体育产业扶持政策，建立体育产业政策体系。 |
| 2011.5.1 | 国家体育总局 | 体育宣传“十二五”规划 | 继承和发扬北京奥运会遗产；建立、健全全民健身宣传的长效机制；进一步加强体育对外宣传工作；推动体育文化建设，弘扬中华体育精神。 |
| 2011.10.9 | 国家体育总局 | 社会体育指导员管理办法 | 对其组织管理、培训教育、申请审批、注册办理、工作保障、服务规范、奖励处罚等方面做出规定。 |

综上，改革开放的宽松环境使群众体育政策迎来了新的发展时期，这一时期的群众体育政策逐步恢复与完善。特别是1995年《中华人民共和国体育法》和《全民健身计划纲要》的颁布，使群众体育工作开始走上法制化的发展轨道，朝着科学化方向发展，初步形成了政府主导、部门协同、社会共同参与的大众体

育治理格局。北京奥运会的成功举办进一步推动了群众体育事业的发展,这一时期群众体育政策呈现恢复性、多元性的特点。

## 三、中国特色社会主义新时代的群众体育政策(2012—2019)

党的十八大以来,以习近平同志为核心的党中央把坚持和贯彻党的群众路线放在更为突出的位置,一再强调中国共产党是全心全意为人民服务的政党,是为人民谋幸福、为民族谋复兴、为世界谋大同的政党。[①]2013年12月26日,习近平总书记在纪念毛泽东同志诞辰120周年座谈会上指出:“群众路线是我们党的生命线和根本工作路线,是我们党永葆青春活力和战斗力的重要传家宝。不论过去、现在和将来,我们都要坚持一切为了群众,一切依靠群众,从群众中来,到群众中去,把党的正确主张变为群众的自觉行动,把群众路线贯彻到治国理政全部活动之中。”[②]党的群众路线也深刻影响到体育领域,2014年,国家体育总局颁布了《关于加强和改进群众体育工作的意见》,要求认真贯彻落实《全民健身条例》《全民健身计划》和《国务院关于加快发展体育产业促进体育消费的若干意见》,……推动大众体育、竞技体育、体育产业全面发展[③]。同年,国务院正式印发《关于加快发展体育产业促进体育消费的若干意见》,明确提出将全民健身上升为国家战略。全民健身国家战略为群众体育的发展注入了强大力量,也把群众体育工作提升到新高度[④]。2016年,国家体育总局发布了《体育发展“十三五”规划》,指出“十三五”时期是我国全面建成小康社会的关键时期,也是实现中华民族伟大复兴,筹办2022年北京冬奥会、冬残奥会的重要时期。规划

①杨金卫.党的群众路线的百年演进及其历史经验[J].东岳论丛,2021,42(02):21.

②习近平在纪念毛泽东同志诞辰120周年座谈会上的讲话[EB/OL].(2013-12-16).http://politics.people.com.cn.

③国家体育总局.中华人民共和国体育法规汇编(2013—2014)[M].北京:人民体育出版社,2015.

④卢文云.改革开放40年中国群众体育发展成就与经验[J].体育文化导刊,2019(3)3:24,2.

要求“积极推进全民健身战略，大众体育发展达到新高度”①，提出了“推动健康中国建设”的构想，这一战略构想的出发点和落脚点是以人民为中心②。同年，国务院印发了《关于印发全民健身计划（2016—2020年）的通知》以及《“健康中国2030”规划纲要》，为未来我国大众体育政策的制定提供发展方向。2017年，国家体育总局提出要推动全民健身“六个身边”工程。同年，第十三届全运会召开，将19项群众赛事纳入参赛项目，这是推进群众体育改革创新的重大举措，是“全运惠民，健康中国”办赛理念的具体实践。同年，国家体育总局联合民政部、文化和旅游部等部门颁布《关于加快推进全民健身进家庭的指导意见》，要求推动体育公共服务供给真正延伸向基层、到乡村，引领体育公共服务事业进一步走向基层。③这是落实全民健身国家战略的重要举措，是发展以人民为中心的体育，强化基本公共体育服务保障，提升群众获得感、幸福感的重要手段。同年，国务院印发《关于印发“十三五”推进基本公共服务均等化规划的通知》，要求推动公共体育场馆向社会免费或低收费开放。2018年，国家体育总局发布《中国群众体育发展报告（2018）》，指出当前群众体育发展取得一定成就之外，仍面临全民健身发展依然不平衡、全民健身公共服务体系尚需进一步完善、群众体育的多元功能和综合价值尚未得到充分体现三大问题。

2019年8月，国家体育总局颁布《体育强国建设纲要》，要求“落实全民健身国家战略，助力健康中国建设”；强调“要加强组织领导，加大政策支持力度，促进区域协调发展，加强体育政策规划制定，确保体育强国建设目标如期完成”。④同年，体育总局办公厅印发《2019年群众体育工作要点》的通知，要求坚

①中华全国体育总会网. 体育发展“十三五”规划[EB/OL].(2021-10-12)[2016-10-14].http://www.xinhuanet.com.

②崔乐泉. 百年来中国共产党体育为人民思想与实践的传承和发展[J]. 天津体育学院学报，2021,3(36):253.

③高奎亭，陈家起，李乐虎. 建国70年来我国体育公共服务政策的演进与趋向[J]. 体育学刊，2020,27(03):19.

④国务院办公厅. 国务院办公厅关于印发体育强国建设纲要的通知[Z].2019-8-10(40号).

持深化改革，夯实基础，推进建设，开展活动，强化公共服务体系、体育健身设施、科学健身指导等方面的建设，推动各类群众体育活动广泛开展。这是使广大人民群众有更多的获得感、幸福感、安全感的又一重要举措。此外，国务院办公厅发布的《关于促进全民健身和体育消费推动体育产业高质量发展的意见》以及国家体育总局联合发展改革委印发的《进一步促进体育消费的行动计划(2019—2020年)》的通知，要求大力发展健身休闲消费、持续推动体育用品消费、积极实施“体育+”工程。这些举措有助于推进体育消费持续提质扩容，进一步发挥体育产业在扩大内需、推动经济结构转型升级、促进就业和培育经济发展新动能中的作用，满足人民日益增长的美好生活需要，推进体育强国和健康中国建设。这一时期的主要政策文本见表3.5。

**表3.5　中央及国家有关部门颁布的群众体育政策(2012—2019)**

| 发文时间 | 发文机构 | 发文名称 | 相关内容 |
| --- | --- | --- | --- |
| 2012.2.23 | 国家体育总局 | 关于印发优秀运动员全民健身志愿服务实施办法(试行)的通知 | 优秀运动员参与全民健身志愿服务活动的基本原则、组织方式、招募流程、权利义务等方面做出规定。 |
| 2012.7.11 | 中共中央、国务院 | 国家基本公共服务体系“十二五”规划 | 首次将体育公共服务纳入我国基本公共服务体系之中，加强基层公共体育设施建设，保障体育基本公共服务建设工程。 |
| 2012.7.19 | 国家体育总局 | “十二五”公共体育设施建设规划 | 充分调动社会力量参与提供体育公共服务的积极性；逐步缩小地区之间、城乡之间差距。 |
| 2012.9.13 | 国家体育总局等16部门 | 关于进一步加强老年文化建设的意见 | 配备适合老年人的文化体育用品和用具，为老年人参加文化体育活动提供便利。鼓励影剧院、体育场馆等公共场所为老年人提供优惠票价。 |
| 2012.9.28 | 国家体育总局 | 国家体育总局关于进一步加强室外健身器材招标采购及配建管理工作的意见 | 依法组织开展室外健身器材招标采购工作；加强对室外健身器材招标采购过程中招标文件制定和评标工作的监督指导。 |

续表

| 发文时间 | 发文机构 | 发文名称 | 相关内容 |
|---|---|---|---|
| 2013.10.28 | 国家体育总局、发展改革委、公安部、财政部、国土资源部、住房和城乡建设部、国家税务总局、国家工商总局 | 关于加强大型体育场馆运营管理改革创新提高公共服务水平的意见 | 实现大型体育场馆规划建设更加科学,功能设计更加合理,运营能力明显加强,使用效率大幅提高,发展活力不断增强,公共体育服务水平显著提升。 |
| 2013.12.16 | 国家体育总局、教育部、全国总工会 | 关于印发国家体育锻炼标准施行办法的通知 | 鼓励和提倡公民在积极参加体育锻炼的基础上定期参加测验,争取达到标准并不断提高。 |
| 2014.1.14 | 国家体育总局、财政部 | 关于推进大型体育场馆免费、低收费开放的通知 | 不断提高公共体育服务水平和场馆使用率。 |
| 2014.5.16 | 国家体育总局、财政部 | 大型体育场馆免费低收费开放补助资金管理办法 | 补助资金用于体育场馆免费或低收费开展基本公共体育服务项目所需支出。 |
| 2014.9.12 | 国家体育总局 | 关于印发大型体育场馆基本公共服务规范、大型体育场馆运营管理综合评价体系的通知 | 督促体育场馆不断提高开放程度、开发效益和运营管理水平,提高社会各界对大型体育场馆的满意程度。 |
| 2014.10.20 | 中共中央、国务院 | 关于加快发展体育产业促进体育消费的若干意见 | 将全民健身上升为国家战略,明确政府体育公共服务的供给范围。 |
| 2014.12.25 | 国家体育总局 | 关于加强和改进群众体育工作的意见 | 建立起协调开展群众体育工作的有效机制;充分发挥体育社会组织的作用,推动群众体育、竞技体育、体育产业全面发展;加大群众体育工作宣传力度。 |
| 2015.5.5 | 国务院办公厅 | 转发文化部等部门关于做好政府向社会力量购买公共文化服务工作意见的通知 | 丰富公共文化服务供给,提高公共文化服务效能,满足人民群众精神文化和体育健身需求。 |

续表

| 发文时间 | 发文机构 | 发文名称 | 相关内容 |
| --- | --- | --- | --- |
| 2015.9.30 | 国家体育总局等12部门 | 关于进一步加强新形势下老年人体育工作的意见的通知 | 建立健全老年人体育组织网络,加强适合老年人体育健身的场地设施建设和使用,加大对老年人体育工作的经费投入和支持保障。 |
| 2015.11.22 | 国务院办公厅 | 关于加快发展生活性服务业促进消费结构升级的指导意见 | 重点培育健身休闲、竞赛表演等体育服务业,促进康体结合,推动体育旅游、体育传媒等相关业态融合发展。 |
| 2015.12.17 | 国务院办公厅 | 关于印发国家标准化体系建设发展规划(2016—2020年)的通知 | 重点推动体育产业标准化工作的开展,加快体育产业标准的研制、修订工作。 |
| 2016.5.5 | 国家体育总局 | 体育发展"十三五"规划 | 全民健身国家战略深入推进,群众体育发展达到新水平。 |
| 2016.6.15 | 国务院 | 关于印发全民健身计划(2016—2020年)的通知 | 到2020年,每周参加1次及以上体育锻炼的人数达到7亿,经常参加体育锻炼的人数达到4.35亿,群众身体素质稳步增强。 |
| 2016.7.20 | 国家体育总局 | 关于印发县级全民健身中心项目实施办法的通知 | 坚持"科学规划、经济实用、服务群众、保障基本"的原则,对中西部地区和东部享受中西部政策的地区予以政策支持。 |
| 2016.10.25 | 国务院 | "健康中国2030"规划纲要 | 继续实施全民健身计划。丰富和完善全民健身体系,大力发展群众喜闻乐见的运动项目。 |
| 2016.10.28 | 国务院办公厅 | 关于加快发展健身休闲产业的指导意见 | 到2025年,基本形成布局合理、功能完善、门类齐全的健身休闲产业发展格局,健身休闲产业总规模达到3万亿元。 |
| 2016.11.28 | 国务院办公厅 | 关于进一步扩大旅游文化体育健康养老教育培训等领域消费的意见 | 大力促进体育消费,2016年内完成体育类社团组织第一批脱钩试点。提高体育场馆使用效率,盘活存量资源,制定实施专项运动产业发展规划。 |

续表

| 发文时间 | 发文机构 | 发文名称 | 相关内容 |
| --- | --- | --- | --- |
| 2016.12.26 | 国务院办公厅 | 关于印发“十三五”旅游业发展规划的通知 | 编制体育旅游发展纲要，建成一批具有影响力的体育旅游目的地，建设一批体育旅游示范基地，推出一批体育旅游精品赛事和精品线路。 |
| 2016.12.31 | 国家体育总局、发改委 | “十三五”公共体育普及工程 | 加强公共体育服务设施建设，提高公共体育普及水平，不断满足人民群众日益增长的体育健身需求。 |
| 2017.3.1 | 国务院 | 关于印发“十三五”推进基本公共服务均等化规划的通知 | 实施全民健身计划，组织实施国民体质监测，开展全民健身活动，实行科学健身指导。推动公共体育场馆向社会免费或低收费开放。 |
| 2017.12.6 | 国家体育总局、民政部、文化与旅游部等5部门 | 关于加快推进全民健身进家庭的指导意见 | 推动体育公共服务供给真正延伸向基层、到乡村，引领体育公共服务事业进一步走向微观。 |
| 2017.12.24 | 农业部、国家体育总局 | 关于进一步加强农民体育工作的指导意见 | 到2020年，农民健身公共服务体系基本建立。农村经常参加体育锻炼人数比例的增长速度高于全国平均水平；实现农民体育工作有组织、有人员、有场所、有经费、有活动，促进持续健康发展。 |
| 2018.8.2 | 国家体育总局 | 中国群众体育发展报告（2018） | 群众体育发展面临着三大问题：全民健身发展依然不平衡、全民健身公共服务体系尚需进一步完善、群众体育的多元功能和综合价值尚未得到充分体现。 |
| 2019.1.4 | 国家体育总局、发展改革委 | 关于印发进一步促进体育消费的行动计划(2019—2020年)的通知 | 大力发展健身休闲消费；持续推动体育用品消费；打造体育消费新业态，健全体育消费政策体系。 |
| 2019.1.29 | 国家体育总局等7部门 | 关于广泛推广普及广播体操的通知 | 加大推广普及广播体操的培训、比赛、宣传等工作力度，迅速掀起学、做广播体操的热潮；为推广普及广播体操提供时间、场地、设施、经费等各方面有利条件。 |

续表

| 发文时间 | 发文机构 | 发文名称 | 相关内容 |
| --- | --- | --- | --- |
| 2019.2.14 | 国家体育总局办公厅 | 关于印发2019年群众体育工作要点的通知 | 不断完善各项制度,推进全民健身公共服务体系建设。使人民群众有更多的获得感、幸福感、安全感。 |
| 2019.6.11 | 国家体育总局、卫生健康委、全国总工会、共青团中央 | 关于广泛开展国家体育锻炼标准达标测验活动的通知 | 逐步把国家体育锻炼标准达标测验活动作为开展体育公共服务的重要内容。 |
| 2019.6.24 | 国务院 | 关于实施健康中国行动的意见 | 推进公共体育设施免费或低收费开放,推动形成体医结合的疾病管理和健康服务模式。 |
| 2019.7.9 | 国家卫生健康委 | 健康中国行动(2019—2030年) | 推进基本公共体育服务体系建设,统筹建设全民健身场地设施;推行公共体育设施免费或低收费开放,鼓励社会力量举办或参与管理运营体育场地设施。 |
| 2019.9.2 | 国家体育总局 | 体育强国建设纲要 | 完善全民健身公共服务体系;统筹建设全民健身场地设施;优化全民健身组织网络;促进重点人群体育活动开展;推进全民健身智慧化发展。 |
| 2019.9.4 | 国务院办公厅 | 关于促进全民健身和体育消费推动体育产业高质量发展的意见 | 推动公共资源向体育赛事活动开放,建设场地设施,增加要素供给,规范体育场馆公共安全服务供给。 |
| 2019.9.9 | 中国残联、国家体育总局 | 关于进一步加强残疾人康复健身体育工作的指导意见 | 全民健身场所和设施,更大程度对残疾人免费或优惠开放。健全残疾人身边的康复健身体育组织,完善体育设施。 |

概言之,十八大以来的大众体育政策更突出坚持“以人民为中心”的价值取向,目标明确,务求实效,形成了贯彻落实党的群众路线的新格局。在实现体育强国的新征程中,不断改革创新群众体育实践,贯彻落实“从群众中来到群众中去”的群众体育发展路线,做到了群众体育依靠人民,群众体育发展成果由人民共享,守正创新发展群众体育事业,体现出将人民群众的根本利益放在第一位,人民至上、造福人民的时代特征。

# 第二节　我国群众体育政策的演进特征

## 一、政策制定始终坚持“以人民为中心”的价值导向

马克思、恩格斯指出：“过去的一切运动都是少数人的，或者为少数人谋利益的运动。无产阶级的运动是绝大多数人的，为绝大多数人谋利益的独立的运动。”[①]回顾我国群众体育政策发展历史可以看出，从社会主义改造和建设时期的“动员人民，强体卫国”，到改革开放和社会主义建设时期的“依靠人民，惠及人民”，再到新时代的“人民至上，造福人民”，这些特征表明党和国家从始至终都牢固坚持以人民为中心的价值追求，始终满足广大人民群众的体育需求，把广大人民群众的体育利益放在第一位。始终坚持着“以人民为中心”的价值追求，群众体育才能在不同历史阶段克服艰难险阻，创造出辉煌成果。中华人民共和国成立之后，群众体育被纳入党和国家的发展任务，提出了“增强人民体质”的核心目标；在“劳卫制”影响下，群众体育得以极大促进。改革开放后，群众体育社会化改革成效显著，《中华人民共和国体育法》及《全民健身计划纲要》的颁布，从立法的角度明确了开展群众体育工作的重要性和必要性。十八大之后，习近平总书记对体育工作提出了新的要求：“群众体育、竞技体育、体育产业协调发展；建构以人民为主体的体育”，[②]再次确认了人民群众的中心地位。《全民健身计划（2016—2020年）》提出的“开展全民健身活动，促进人的全面发展”以及《“健康中国2030”规划纲要》的“共建共享，全民健康”的战略主题，再次印证了群众体育以人民为中心的价值追求逻辑。

①中共中央马克思、恩格斯、列宁、斯大林著作编译局．马克思恩格斯选集（第1卷）[M]．北京：人民出版社，2012.

②习近平．开创我国体育事业发展新局面，加快把我国建设成为体育强国[N]．人民日报，2017-08-28(01).

可以看出无论是中华人民共和国成立初期，改革开放后，还是进入中国特色社会主义新时代后，我国群众体育政策的制定始终坚持“以人民为中心”这一价值导向，颁布的一系列群众体育政策，有力地促进了各个时期群众体育工作的开展。

## 二、政策主题与国家战略需求保持高度一致

从政策主题分布来看，中华人民共和国成立以来群众体育政策主题主要划分为职工体育、农村体育、军队体育等三大方面。中华人民共和国成立后，面对国民体质较差以及突破西方国家的封锁、稳固政权、保卫国家等社会现实，群众体育工作围绕动员人民增强体质、保卫国家这一中心展开。政策不断动员广大人民群众积极参与体育活动，提升身体素质。随着“提倡国民体育”的提出，我国确立了“体育运动普及化和经常化”的体育方针。1958年，中共中央转批国家体委党组《关于体育运动十年规划的报告》，指出：“体育运动的根本任务是增强人民体质，为劳动生产和国防建设服务。”[①]在“劳卫制”的影响下，群众体育的开展与生产劳动、卫国相结合，在全国掀起了体育锻炼的热潮。如职工体育方面，1954年第一次全国职工体育工作会议召开，同年中共中央政务院颁布了《中央人民政府政务院关于在政府机关中开展工间操和其他体育运动的通知》；农村体育方面，国家体委制定了“区别对待，分类指导，普遍提倡，重点扶持，以点带面，逐步发展”的农村体育方针，有步骤地开展农村体育活动。这一时期农村体育工作主要是由青年团组织负责，并结合民兵训练开展体育活动。[②]1954年，《准备劳动与卫国体育制度暂行条例》和项目标准颁布实施；军队体育方面，1953年人民解放军开始试行“劳卫制”，这成为衡量军队体育工作的重要指标[③]。

①《体育与科学》编辑部.从体育救国到健康中国、体育强国的发展之路——中国共产党建党100周年体育大事记[J].体育与科学，2021，250(42)：33-36.

②③冯晓丽.建国以来群众体育政策的变迁特点与影响因素[J].体育学刊，2012，3(19)：42.

改革开放后，随着农村经济迅速好转，社员生活水平不断提高，广大农民尤其是青少年迫切要求丰富业余文化体育生活，推动了农村体育活动的开展。[①] 1983年，国务院批转了《国家体委、文化部、共青团中央关于全国农村体育工作会议纪要的通知》，文件指出，农村体育是我国体育事业的重要组成部分，也是农村文化建设的重要方面，要积极开展农村文化体育活动，满足农民日益增长的文化生活的需要。[②]2000年后，随着国家对“三农”问题的日益重视，体育领域相继颁布了《农村体育工作暂行规定》(2002)、《关于实施农民体育健身工程的意见》(2006)、《“十一五”农民体育健身工程建设规划》(2007)、《关于发挥乡镇综合文化站的功能进一步加强农村体育工作的意见的通知》(2010)、《关于进一步加强农民体育工作的指导意见》(2017)等文件，农村体育设施得到改善，农民体育参与度有了大幅提升。面对国家各项事业的快速发展所带来的挑战，群众体育也与时俱进，开拓创新，紧紧围绕着依靠人民、惠及人民的中心展开。

进入中国特色社会主义新时代，以习近平同志为核心的党中央更加关注和重视群众体育工作，结合实行全民健身计划、推进体育强国建设以及实现中华民族伟大复兴的工作实际，先后出台了《“健康中国2030”规划纲要》《体育强国建设纲要》等一系列政策，在体育领域进行了“全民健身上升为国家战略”“推进健康中国建设”等一系列实践，为新时代群众体育工作提供了重要的思想遵循和实践指南，有力地促进了新时代群众体育工作的开展。

## 三、政策制定主体趋于多元，政策文本类型丰富，政策执行过程更加科学

早期群众体育政策的制定主体以国家体育总局(原国家体委)单独发文为主。改革开放之后，随着社会主义市场经济制度的确立及发展，群众体育领域

---

①②国务院批转国家体委、文化部、共青团中央关于全国农村体育工作会议纪要的通知[EB/OL].(1983-02-03).http://www.chnlaw.net

也展开了一系列改革,其具体表现为除国家体育总局外,诸多部门如文化部、教育部、卫生部等均协同参与到群众体育政策的制定中来,呈现政策制定主体由单一向多元过渡的趋势。梳理我国群众体育政策文本可知(见图3.2),其文本类型以"意见""通知"和"报告"为主,占据政策文本数量的半数以上,在此基础上还具体包括规划、纪要、纲要等诸多政策文件类型,反映出伴随着政策制定主体的多元化发展,我国群众体育政策文本类型也呈现逐渐丰富的特点。

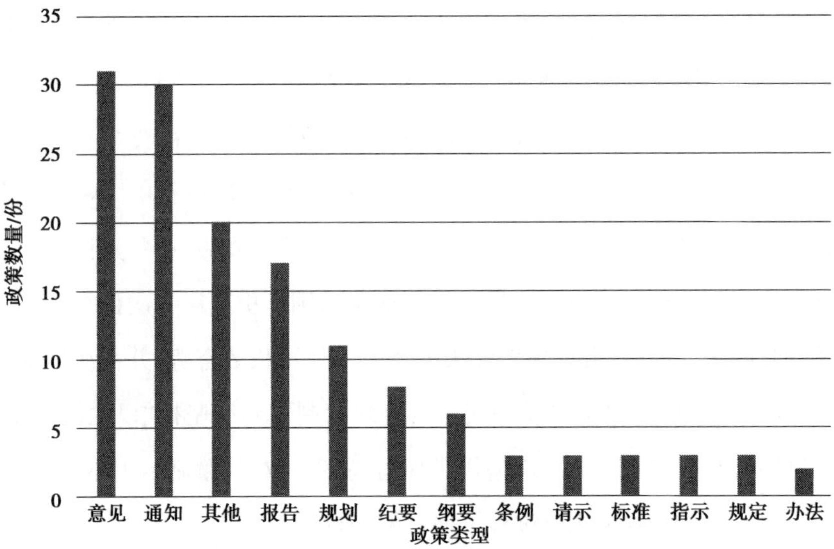


图3.2　我国群众体育政策的文本类型(1949—2019)

此外,群众体育政策的执行过程呈现更加科学化的特征,实现了由早期的"自上而下"的刚性模式向"上下互动"的双向模式的转变。政策执行不再是一条从上到下的直线通道,而是各个部门、领域共同协作,在根据各自实际情况的基础上,围绕政策目标机动灵活地执行,属于刚柔并济的弹性执行模式。在政策评估反馈上,注重民众的广泛参与和发挥专家的作用相结合,也逐步建立了科学合理的反馈机制与多元化反馈渠道,最大程度上确保政策反馈信息能及时、准确地到达政策中心,体现了我国群众体育政策正在向民主化、科学化方向迈进的特征。

# 第三节 小结

系统梳理群众体育政策是总结70年群众体育工作辉煌成果的需要，是党和国家科学处理群众体育问题，完善群众体育政策的需要，也是新时代助力“体育强国”建设，推进党和国家群众体育事业治理体系及治理能力现代化的需要。综上，群众体育政策是我国体育政策的重要组成部分，在全面提高国民身体素质和健康水平、服务社会发展大局中始终扮演着关键角色。通过梳理中华人民共和国70年群众体育政策可知，我国群众体育政策经历了社会主义改造和建设时期的曲折发展阶段、改革开放时期的恢复发展阶段，以及中国特色社会主义新时代的繁荣发展阶段。其政策文本数量呈波浪形发展，中华人民共和国成立初期，体育与劳动相结合的指导思想促成了我国历史上第一次群众体育政策的高峰期，改革开放后，群众体育政策整体数量呈增长的态势，并再次出现两次高峰。我国群众体育政策的发展演变具有政策制定始终坚持“以人民为中心”的价值导向，政策主题与国家战略需求保持高度一致，政策制定主体趋于多元，政策文本类型丰富，政策执行过程更加科学等特征。

当前我国群众体育正处于良好的发展期，取得了不俗的发展成就，但仍存在如下问题。政策协同方面：从整体来看，我国群众体育政策之间协同性不足，统筹兼顾效果还有待于进一步提升。如当前我国群众体育发展水平在城乡间、区域间依然存在差距，农村地区落后于城镇社区，中西部地区落后于东部地区；政府、市场以及社会组织三者在群众体育发展中的贡献程度尚不均衡，仍然是以政府为主，政府主导、部门协同、社会共同参与的群众体育治理体系仍未完全形成；体育事业及体育产业的统筹发展效果不够突出[①]。政策多元功能的发挥方面：正如习近平总书记所言，体育与国家发展密切相关，是实现国家强盛与民

①郑家鲲.五大理念引领下“十三五”我国群众体育发展研究[J].上海体育学院学报，2016.，40(2)：19-24.

族复兴的重要载体。然而,目前群众体育所具有的健康促进、文化传承、社会教育、经济发展等功能还未得到充分的发挥和释放。[①]政策监督评价方面:目前,尽管政府加强了对群众体育政策监督评价工作的调整,如增加了对公众体育服务满意度调查的相关指标、依托第三方对全民健身实施发展监督评估工作等,但在具体工作和内容的落实方面还存在诸多问题,例如评估人员参与力度和层次不够深、对第三方评估机构使用不规范等。[②]

随着建设体育强国征程的推进,今后应从完善政策顶层设计促进群众体育协同发展、依托政策释放群众体育多元功能、加强其政策反馈管理机制的革新等方面促进我国群众体育政策的进一步完善。

①刘国永.对新时代群众体育发展的若干思考[J].体育科学,2018,38(1):4-8,17.

②王学彬,郑家鲲.新中国成立70周年我国群众体育发展:成就、经验、问题与展望[J].体育科学,2019,39(09):37.

# 第四章　我国学校体育政策史（1949—2019）

学校体育政策是学校体育理论和实践之间相互联系的主要方式，也是党和国家管理学校体育事业的基本工具和手段，它需要同时考虑教育和体育的相互关系，根据不同年龄以及小学、初中、高中等各个阶段学生群体的身心特点有的放矢，精准施策，因此政策制定难度较大。简要来说，我国学校体育政策经历了探索、规范和深化三个阶段。

中华人民共和国成立70年来，党和国家颁布的中央层面的学校体育政策文本共计228条。政策数量变化整体呈现连续性和波段性特征（见图4.1），其中包括4个高峰期，年颁布数量最多的年份是1987年，达到17条。从各个峰值出现的周期看，学校体育政策的数量波峰和国家教育改革、国家发展计划的周期具有一定的重合性，说明学校体育发展与国家社会经济发展步骤保持一致，并受其发展规划影响。从图4.1可看出，学校体育政策数量的第一个高峰期出现在社会主义三大改造时期。1954年，国家体委借鉴苏联体育发展经验，试行《准备劳动与卫国体育制度》，培养人民成为健康、勇敢、乐观的祖国保卫者和社会主义建设者。而当时在全国各地不同的学校中，都普遍存在学生体质孱弱、易患病、健康状况不良的现象[①]。为改变青少年学生体质欠佳的现状，中共中央相关部门联合高校、教育部、共青团中央等部门陆续颁布了《关于改善各级学校学

①国家教育委员会体育卫生司.学校体育卫生工作文件选编[M].沈阳：辽宁大学出版社，1998.

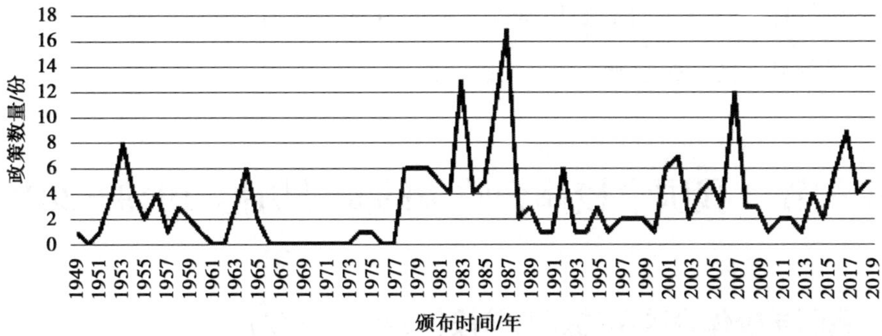


**图4.1　我国学校体育政策数量及其变化趋势(1949—2019)**

生健康状况的决定》《关于加强领导进一步开展高等学校体育运动的联合指示》等政策,以及中华人民共和国第一部《中小学体育教学大纲》,贯彻“健康第一,学习第二”的指导方针。第二个高峰期出现在改革开放以后,1979年5月,团中央联合国家体委、教育部召开“扬州会议”,重点讨论了如何提高学校体育工作认识,如何从国内现实情况出发,加强学校体育管理等问题。此后教育部及有关部委陆续颁布了《中小学体育暂行规定》《关于在学校中进一步广泛施行〈国家体育锻炼标准〉意见的通知》《关于保证中小学生每天有一小时体育活动的通知》等多个学校体育政策文件。第三个高峰期是1995年颁布《全民健身计划纲要》到2008年北京奥运会这一时间段。1999年,在即将迈入新世纪之际,中共中央、国务院为提高教育的基础地位作出重大决策,发布了《关于深化教育改革、全面推进素质教育的决定》,强调素质教育在抓好智育的同时,更要加强体育教育,使学生养成体育锻炼的习惯,将体育作为学生全面发展的重要内容。此后,围绕学校体育教育的组织领导、器材配备与课程标准等内容,先后制定《普通高等学校体育课程教学指导纲要》《关于印发〈中学体育器材设施配备目录〉〈小学体育器材设施配备目录〉的通知》《义务教育体育与健康课程标准》等政策,保障学校体育素质教育有规划、有目的的开展。第四个高峰期是党的十八大以来,为做好青少年体质健康工作,中共中央、国务院联合其他部委制定的系列指导性政策,如《关于进一步加强学校体育工作若干意见的通知》《关于强化学校体育促进学生身心健康全面发展的意见》等，为保障学校体育工作的顺利开展奠定了良好的基础。

## 第一节　我国学校体育政策的演进历程(1949—2019)

### 一、我国学校体育政策的探索阶段(1949—1977)

中华人民共和国成立伊始，国民体质孱弱，青少年身体健康状况不佳，该现象引起了相关领导重视，为改善学生健康状况，相关部门及领导对学校体育政策的制定展开初步探索。

1950年6月，毛泽东向当时的教育部长马叙伦写信，明确指出学校的教育要“健康第一，学习第二”，次年针对学校教育的重点再次做出详细的指示，要求各部门可以有针对性地采取相应行政步骤，着重解决学生的健康问题。随后，中央人民政府体育委员会、教育部等先后制定了系列学校体育政策，同年，《小学体育课程暂行标准(草案)》开始实施，是中华人民共和国成立以来首份体育课程标准，标志着我国体育课程设置迈入规范化建设阶段。1951年，为提高学校和教育工作者对学生健康的重视程度，中央人民政府颁布《关于改善各级学校学生健康状况的决定》，明确要求各级教育行政部门严肃对待学校体育，指出提高学生健康水平，是保证学生顺利完成学习任务，为国家和社会培养出有强健体魄的现代青年的重大任务之一。[①]次年，教育部又颁布了《学校体育暂行规定》，对学校体育工作进行了详细的规定与指导。随后，为加强学校体育管理工作，教育部联合国家体委等部门颁布了《关于设立体育行政机构的通知》《关于正确发展学校体育运动、防止伤害事故的联合指示》等一系列政策(见表4.1)，其中《关于中学体育成绩暂时考察办法的通知》将体育课规定为中学课程中的

①黄晓丽.当代中国学校体育健康教育思潮研究[D].长沙：湖南师范大学，2015.

一项科目,以一门学科来计算成绩,并与其他科目成绩相同①,将学校体育纳入学生考核评价范围,有效提高了体育课的重要程度。

**表 4.1　中央及国家有关部门颁布的学校体育政策(1949—1953)**

| 发文时间 | 发文机构 | 发文名称 | 相关内容 |
|---|---|---|---|
| 1950.8 | 教育部 | 小学体育课程暂行标准(草案) | 中华人民共和国成立以来首个体育课程标准,对小学体育课的教学与管理进行了规定。 |
| 1951.8.6 | 政务院 | 关于改善各级学校学生健康状况的决定 | 各级学校要切实进行体育教学,尽可能充实体育活动设备,组织学生普遍参加体育活动。 |
| 1952 | 教育部、国家体委 | 学校体育工作暂行规定 | 明确学校体育工作目标,对学校体育工作进行规定与指导。 |
| 1952 | 教育部、国家体委 | 各级各类学校教育计划 | 要求各类学校开设体育必修课,从小学一年级到大学二年级,每周至少两学时。 |
| 1952.3 | 教育部 | 小学暂行规程(草案)<br>中学暂行规程(草案) | 规定中、小学实施德育、智育、体育、美育全面发展的教育,体育需使儿童具有强健的体魄、活泼愉悦的心情。 |
| 1953.4.3 | 教育部 | 关于设立体育行政机构的通知 | 各省教育厅设立体育科或专职视导人员,以指导各级学校体育、卫生工作。 |
| 1953.5.22 | 教育部 | 关于中学体育成绩暂时考察办法的通知 | 体育在初中课程中被规定为一门学科,以一科计算成绩,与其他科目成绩相同。 |
| 1953.10.4 | 高等教育部、国家体委、教育部 | 关于正确发展学校体育运动、防止伤害事故的联合指示 | 学校安排人员对场地设施进行检查维修,在现有的基础上不断改进,加强对学生运动安全问题的重视与监督。 |
| 1953.11.7 | 中央体委 | 中央体委党组关于加强人民体育运动工作的报告指示 | 要在学校、机关、部队等基层单位开展多种多样的体育运动,在有限的条件下尽量增加体育场地和设备,定期举办体育竞赛,鼓舞人民对体育运动的兴趣。 |

①张文鹏.中国学校体育政策的发展与改革研究[D].武汉:华中师范大学,2015.

在学校体育教育指导思想上，我国借鉴了苏联学校体育教育模式，引进“劳卫制”的思想体系和教学理论。苏联体育教育思想强调体育教育的目的在于陶冶健康的体质，使整个社会充满活力，发展新社会建设者的智力，并培养社会主义祖国名副其实的保卫者①。在这种思想影响下，1954年，国家体委颁布《准备劳动与卫国体育制度暂行条例》（简称“劳卫制”），其目的是向劳动人民进行全面的教育，鼓励全体人民参加体育锻炼，增强体质，为培养具有强健体魄、勇敢乐观的社会主义建设者而服务②。在“劳卫制”的影响下，社会上形成了增强体质、积极投身社会主义建设事业的氛围。1955年，教育部在《关于改进中小学体育工作的联合指示》中继续强调要以“劳卫制”为中心改进体育课和课外活动③，提高体育教师质量，加强学校体育卫生监督工作，加强学校体育工作领导。此后的一段时间内（见表4.2），以“劳卫制”为代表，国家将学校体育事业与社会主义发展事业进一步结合起来，调整并改进中小学体育工作，开始了学校体育政策体系的实践与探索。

**表4.2　中央及国家有关部门颁布的学校体育政策（1954—1960）**

| 发文时间 | 发文机构 | 发文名称 | 相关内容 |
| --- | --- | --- | --- |
| 1954.1.8 | 中共中央 | 批转中央体委党组关于加强人民体育运动工作的报告指示 | 指出当前国民健康状况远不能适应有计划的经济建设新历史时期的工作需要，要改变这种情况，使群众体育广泛、有序地开展起来。 |
| 1954.5.4 | 政务院 | 准备劳动与卫国体育制度暂行条例 | 中华人民共和国正式颁布的第一个国家体育锻炼标准，旨在对劳动人民进行全面的体育教育，鼓励全体人民参加体育锻炼，增强体质，为培养具有强健体魄、勇敢乐观的社会主义建设者而服务。 |

①黄力生.中国近、现代学校体育思想的演进与发展历程[J].武汉体育学院学报，2009(05)：87-90.

②黄道名，杨群茹.张晓林.“健康中国”战略下我国学校体育的改革困境与发展路径[J].体育文化导刊，2018(03)：103-107+123.

③国家教育委员会体育卫生司.学校体育卫生工作文件选编[M].沈阳：辽宁大学出版社，1988.

续表

| 发文时间 | 发文机构 | 发文名称 | 相关内容 |
| --- | --- | --- | --- |
| 1954.5 | 中央体委等6部门 | 关于在中等以上学校开展群众性体育运动的联合指示 | 要定期检查学生健康情况,积极开展体育竞赛活动,加强学校体育领导,促进群众体育发展。 |
| 1954.6.11 | 高等教育部、教育部、卫生部、体育运动委员会 | 关于开展学校保健工作的联合指示 | 各级教育、卫生与体育部门应按照各地不同情况与条件,共同推动、加强学习与体育的联系,为国家培养全面发展的人才。 |
| 1955.8.9 | 教育部、体育运动委员会、卫生部 | 关于改进中小学体育工作的联合指示 | 要求以“劳卫制”为中心,提高体育教学质量,改进体育课程,加强学校体育卫生监督工作,加强学校体育工作领导。 |
| 1955.9.2 | 教育部 | 关于颁发“小学教学计划”及“关于小学课外活动的规定”的命令 | 改善小学体育工作,加强对小学体育的教学管理,改进课外、校外体育活动,为全面试行体育教学大纲做准备,保障学生课外体育活动权益。 |
| 1956.2 | 高等教育部、体育运动委员会、卫生部、共青年团中央 | 关于加强领导进一步开展高等学校体育运动的联合指示 | 第一个专门性的大学体育政策,推动高等学校体育工作开展。 |
| 1956.7.12 | 教育部 | 关于改进小学体育工作的指示 | 加强领导,提高师资力量,改进课内外体育活动。 |
| 1956.11.6 | 教育部 | 关于中学和师范学校体育教学方面几个问题的指示 | 强调将体育课教学和“劳卫制”结合,加强对学校体育教师教学能力的培养。 |
| 1956 | 教育部 | 小学体育教学大纲(草案)<br>中学体育教学大纲(草案) | 教育部首次颁发小学、中学体育课程的学科教学大纲,规定体育教学目的是“培养学生成为全面发展的社会主义建设者和保卫者”。 |
| 1958.9 | 国家体委 | 关于体育运动十年规划的报告 | 确定体育运动方针和未来的发展目标。 |

续表

| 发文时间 | 发文机构 | 发文名称 | 相关内容 |
|---|---|---|---|
| 1959.8.29 | 教育部、国家体委 | 关于培养中等学校体育师资工作的意见 | 高等师范体育系培养的师资远不能满足培养中等学校体育师资的需要，今后体育学院和体育专科学校都将担任培养中等学校体育师资的任务。 |
| 1960.4.6 | 教育部、卫生部 | 关于在各级学校中大搞爱国卫生运动和加强体育运动的通知 | 全国掀起了爱国卫生和体育运动的新高潮。要充分利用当前的良好机遇，大力加强学校爱国卫生运动和群众体育建设，提高师生体质。 |

1961年1月，中国共产党八届九中全会经讨论最终确定了“调整、巩固、充实、提高”的国民经济发展八字方针，[①]学校体育相关政策进行了适当的调整与巩固（见表4.3）。1963年，教育部制定并实施了《全日制中学暂行工作条例（草案）》《全日制小学暂行工作条例（草案）》，[②]主要内容涉及中小学生体育课的安排与管理，对体育教学中的教学要求、运动场地和器材设备以及安全教育进行规范和统一。1965年，国家体委颁布《青少年体育锻炼标准（草案）》，鼓励学生进行科学的体育锻炼，为建设社会主义事业做准备。这份标准的颁布为我国青少年体质健康状况的测试制定了参考，在指导学生科学锻炼、提高青少年体质等方面起到了重要的引导作用[③]。1975年，国务院颁布实施《国家体育锻炼标准条例》，鼓励广大儿童和青少年积极参加体育锻炼，增强体质，为社会主义建设培养健康人才。

这一阶段，在党和政府的领导和重视下，建立起相应的学校体育行政管理机构，为学校体育组织管理奠定基础。学校体育工作方针基本确立，学校体育政策体系初步形成，颁布的相关政策涉及工作领导管理、体育教育、校内体育组

①张文鹏.中国学校体育政策的发展与改革研究[D].武汉:华中师范大学,2015.

②刘敏,郭学松,曹莉.中国共产党体育理念的历史演进与创新发展[J].北京体育大学学报,2021,44(11):7-17.

③李百成,郭敏.我国学校体育政策演进特征与发展策略[J].体育文化导刊,2019(10):81-85.

织、课外体育活动等方面。在这些政策指导下,中华人民共和国学校体育工作有计划、有组织地开展起来。

**表4.3　中央及国家有关部门颁布的学校体育政策(1961—1977)**

| 发文时间 | 发文机构 | 发文名称 | 相关内容 |
| --- | --- | --- | --- |
| 1963.3.23 | 教育部 | 全日制中、小学暂行工作条例(草案) | 要坚持早操和课间操,适当开展课外体育、文化娱乐等活动,以增进学生身心健康。 |
| 1963.6.29 | 国家体委 | 关于体育学院工作座谈会的报告 | 明确体育学院的任务是培养中等学校体育教师和其他体育人才。 |
| 1964.5.4 | 中共中央、国务院 | 中共中央、国务院批准教育部临时党组关于克服中小学学生负担过重现象和提高教学质量的报告 | 适当的体育活动是增强学生体质所必需的,减轻学生课业负担后,学校领导和教师应协同组织学生开展课外科技、文娱、体育等活动。 |
| 1964.6.1 | 共青团中央、教育部、国家体委 | 关于在男少年中开展小足球活动的联合通知 | 要求在条件允许的学校积极开展小足球活动,选择基础好的学校作为基地,加强后备力量培养。 |
| 1964.6.30 | 国务院 | 国务院批准教育部、体育运动委员会、卫生部关于中、小学生的健康状况和改进学校体育、卫生工作的报告 | 学校体育是群众性的体育,要上好体育课,做好两操,适当组织学校运动竞赛,办好青少年业余体校,加强对中、小学校体育、卫生工作的领导。 |
| 1965.3.11 | 国家体委 | 关于青少年体育锻炼标准(草案)的通知 | 促进学校学生科学化体育锻炼,为我国学生体质和体能的测定制定了指标依据,但并未全面实施。 |
| 1965.11.11 | 教育部 | 关于增进高等学校学生健康、实行劳逸结合的若干规定 | 保障高等学校学生参与体育活动,加强高等学校学生身体健康。 |
| 1974.11.8 | 国家体委 | 关于办好重点少年儿童业余体校的意见(草案) | 加强对少年儿童业余体校的管理,为优秀体育后备人才培养打好基础。 |
| 1982.8.27 | 国务院 | 国家体育锻炼标准 | 制定青少年儿童锻炼标准,科学化指导青少年体育活动,培养技术人才,促进学生全面发展。 |

## 二、我国学校体育政策的规范阶段（1978—2011）

1978年十一届三中全会后，确定了改革开放和工作重心转移到经济建设的决策，学校体育重新受到关注，并在此基础上得到进一步规范与完善。

1978年，国家教委为进一步完善学校体育工作，联合卫生部印发了《关于加强学校体育、卫生工作的通知》，对学校体育工作作出部署，强化各项规章制度建设，加强学校体育与卫生工作的联系。同年，全日制中、小学体育《教学大纲（草案）》修订，打破以往以比赛为中心的体系，统一按照增强体质的标准选编教材，使其更加符合中小学生身心发展规律，有效指导体育教学实践。1979年5月，教育部、国家体委、卫生部和共青团中央召开"扬州会议"，重新强调了学校体育的地位，为之后的学校体育政策发展奠定了基础。随后教育部和国家体委陆续出台《中、小学体育工作暂行规定（试行）》《高等学校体育工作暂行规定（试行）》①（以下简称"两个《暂行规定》"）等政策（见表4.4），对课堂教学、课外体育活动、师资培养和场地器材等进行详细规划和安排，为培养全面发展的人才及试行四个现代化做准备。两个《暂行规定》是引领我国学校体育发展的重要政策，为学校体育从混乱状态回归正常轨道提供了重要的政策保障。

**表4.4　中央及国家有关部门颁布的学校体育政策（1978—1979）**

| 发文时间 | 发文机构 | 发文名称 | 相关内容 |
| --- | --- | --- | --- |
| 1978.3 | 教育部 | 十年制中、小学体育教学大纲（试行草案） | 明确了中小学体育基本任务，各项教材安排上都以有效增强体质为标准。 |
| 1978.4.14 | 教育部、国家体委、卫生部 | 关于加强学校体育、卫生工作的通知 | 各级教育、体育部门要相互配合，共同搞好学校体育工作，将其作为向上级机关汇报工作的内容之一。 |

①程宇飞，李军岩，范尧．我国学校体育教育评价本原的理论遵循、迷思困境与实践路向［J］．体育学研究，2022，36(03)：81-90.

续表

| 发文时间 | 发文机构 | 发文名称 | 相关内容 |
|---|---|---|---|
| 1978.7.13 | 国家体委 | 关于认真办好体育学院的意见 | 要求体育学院以提高为主,兼顾普及,尽快为国家培养大批又红又专的体育师资、科研人员等体育专业人才,加强基础理论工作,开展科学研究。 |
| 1978.8.26 | 国家体委、教育部、卫生部 | 关于进行"中国青少年儿童身体形态、机能、素质的调查研究"的通知 | 推行国家体育锻炼标准,加强师资队伍建设,加强党的领导。 |
| 1978.9.22 | 教育部 | 全日制中、小学暂行工作条例(草案) | 规定中小学实施党支部领导下的校长分工负责制,加强对中小学学校体育的重视与领导。 |
| 1979.3 | 国家体委、教育部 | 关于在学校中进一步广泛施行《国家体育锻炼标准》意见的通知 | 提高认识,加强领导,保证《国家体育锻炼标准》顺利实施,做好标准的测验,并及时检查巩固和提高学生锻炼的成果。 |
| 1979.3.29 | 国家体委、教育部 | 少年儿童业余体育学校章程 | 培养全面发展的优秀运动员后备人才,培养群众体育活动技术骨干,辅导中小学和幼儿园训练点业余训练。 |
| 1979.3 | 国家体委、教育部 | 全国学生体育运动竞赛制度 | 对学校竞赛的安排、办法、内容和运动员年龄分组进行指导,建立层层衔接的训练网,为国家培养优秀运动员后备人才。 |
| 1979.7.26 | 教育部、国家体委、财政部等6部门 | 关于体育教师、体育专业学生粮食定量和教学工作(运动)服装供应问题的通知 | 调动体育教师工作积极性,解决体育教学中实际问题。 |
| 1979.9.25 | 教育部、国家体委、卫生部、共青团中央 | 全国学校体育、卫生工作经验交流会议纪要 | 交流学校体育工作经验,明确体育工作要求,有利于进一步做好体育教育工作。 |
| 1979.10.5 | 教育部、国家体委 | 中、小学体育工作暂行规定(试行草案) | 新中国成立以来第一个较为系统的中小学体育工作专门法规,是教育行政部门和学校体育部门检查学校体育工作的主要依据。 |

1982年9月，国务院再次修订了《国家体育锻炼标准》，明确未来群众体育以青少年学生为重点，竞技体育发展以取得奥运会突破为目标，二者协同发展[①]。1983年，国家体委修改的《关于进一步加强学校体育工作的意见》及教育部发布的《一九八三年全国学校体育卫生工作会议纪要》[②]，都提出把学生健康水平作为衡量教学质量的重要指标，要建立严格的升学规章制度，确保各级学校重视学生的体育教学工作。在这一年，学校体育政策颁布数量较多(见表4.5)，涉及体育竞赛、师资力量和课外体育活动等内容。值得注意的是，教育部、卫生部、国家体委等部门在这一年制定的《关于进一步建立健全体质健康卡片，进行全国学生体质健康调查研究的实施方案》[③]推动了我国各级各类学校学生体质与健康数据库的建设工作。

**表4.5　中央及国家有关部门颁布的学校体育政策(1980—1984)**

| 发文时间 | 发文机构 | 发文名称 | 相关内容 |
|---|---|---|---|
| 1980.1.17 | 国家体委、教育部、共青团中央 | 关于在全国中、小学生中积极开展足球活动的联合通知 | 鼓励号召中小学生参加足球活动，将开展足球活动和学校体育工作相结合，在场地、师资、竞赛等方面进行详细安排。 |
| 1980.2.8 | 国家体委 | 关于认真贯彻落实全国学校体育卫生工作经验交流会议精神抓好学校体育工作的意见 | 在我国青少年体质不强、优秀运动员队伍后备力量不足的情况下，抓好学校体育具有重要意义，影响着民族的体质健康状况。 |
| 1980.9.12 | 教育部 | 教育部关于贯彻执行《高等学校体育工作(草案)》的检查验收标准 | 在高等学校体育的组织领导、体育教研和课外活动方面制定了明确的检查验收标准。 |

①魏国旗，文兰佃.新中国成立以来学校体育发展阶段研究[J].体育文化导刊，2007(03)：70-72.

②国家教育委员会体育卫生司.学校体育卫生工作文件选编[M].沈阳：辽宁大学出版社，1988.

③钱芊.改革开放以来中国体育教育管理思想发展小考[J].才智，2011(23)：241.

续表

| 发文时间 | 发文机构 | 发文名称 | 相关内容 |
|---|---|---|---|
| 1980.10.27 | 教育部 | 教育部关于一九八二年对重点中、小学体育、卫生工作检查验收的通知 | 有步骤、分期分批地在中小学落实体育、卫生两个《暂行规定》,采取统一检查评估标准,有利于提高体育教学质量。 |
| 1980 | 教育部、国家体委 | 关于将重点少年儿童业余体育学校逐步办成体育中学的初步意见 | 作为一种正式学制,重点业余体校开始被纳入国家教育体制。 |
| 1981.1.2 | 国家体委 | 关于下发体育学院的任务、系科设置、专业设置和修业年限的通知 | 根据国家需要,对体育学院系科、专业设置等进行指导,促进学校体育教学实践发展。 |
| 1981.1.24 | 教育部 | 关于81-83年高校体育专业教师及公共体育课教师培训计划的通知 | 为培养社会主义建设人才的需要,解决高校部分体育教师的学习进修问题,不断提高学校体育教育质量。 |
| 1981.7.11 | 教育部 | 一九八一年全国学校体育卫生工作会议纪要 | 推进体育课程制度改革,加强学校体育宣传舆论工作,总结经验,为社会主义现代化建设所需人才做准备。 |
| 1981.7.28 | 教育部 | 关于试行《高等学校学生体质健康卡片》和《中、小学生体质健康卡片》的通知 | 要求学生体质和健康检查列入学生档案,加强学生体质监测工作,便于掌握青少年学生体质状况,评价学校体育工作。 |
| 1981.12.31 | 教育部、总参谋部、总政治部 | 关于高等学校学生军事训练工作的几个问题的通知 | 促进高等学校学生军事训练工作在全国范围内开展,培养高等学校学生爱国主义思想和保卫祖国观念,增强高等学校学生体质健康。 |
| 1982.3.26 | 教育部、卫生部 | 关于组织做好高等学校招生体检工作的通知 | 修订高等学校招生体检标准,确保高等学校学生健康质量。 |
| 1982.6.12 | 教育部 | 全国重点小学体育、卫生工作检查验收实施方案 | 学校贯彻落实体育卫生工作,督促推动中小学体育、卫生工作良好、规范开展。 |

续表

| 发文时间 | 发文机构 | 发文名称 | 相关内容 |
|---|---|---|---|
| 1982.6.12 | 教育部 | 教育部关于保证中、小学生每天有一小时体育活动的通知 | 要求学校根据现实条件,因人、因时、因地制宜,保证学生每天进行一小时有组织、有领导、有安排的体育活动。 |
| 1982.8.18 | 国家体委、教育部等8部门 | 关于做好新国家体育锻炼标准推行工作的联合通知 | 要求在学校和部队全面施行,将其列入工作计划。 |
| 1983.3.30 | 国家体委 | 体育运动学校办校方案 | 规定了体育运动学校名称与培养目标,对招生安排、课程设置、领导关系和编制等进行确定。 |
| 1983.5.15 | 国家体委 | 关于进一步加强学校体育工作的意见 | 确定了到本世纪末学校体育工作总的奋斗目标,到2000年学生体质指标接近日本学生体质水平。 |
| 1983.5.16 | 教育部 | 关于试行高等师范专科学校体育专业教学计划(草案)的通知 | 为培养适应四化建设需要的合格的初级中学体育教师,切实提高体育教育质量制定的教学计划。 |
| 1983.8.3 | 教育部 | 关于体育教师参加社会体育活动和学生参加体育竞赛活动的意见 | 支持体育教师、学生参加社会体育活动,对其参加社会体育活动的次数、费用等情况进行规定。 |
| 1983.8.27 | 教育部 | 一九八三年全国学校体育卫生工作会议纪要 | 贯彻“健康第一”的原则,明确学校体育教育任务,有效开展学校体育教学工作。 |
| 1983.10.28 | 国务院 | 国务院批转国家体委关于进一步开创体育新局面的请示的通知 | 要求抓好学校体育和业余训练,执行学校体育工作暂行规定,增强人民体质,提高运动技术水平。 |
| 1983.12.5 | 教育部、国家体委、卫生部、国家民委 | 关于进一步建立、健全“体质、健康卡片”,进行全国学生体质、健康调查研究的实施方案 | 提出健康卡片工作实施意见,便于掌握我国学生体质、健康状况,推动我国学生体质与健康数据库的建设工作。 |

续表

| 发文时间 | 发文机构 | 发文名称 | 相关内容 |
| --- | --- | --- | --- |
| 1983.12.8 | 国家体委、教育部 | 体育传统项目学校试行办法 | 在增强学生体质的基础上,抓条件好的、具有传统优势项目的学校,发现并培养优秀体育后备人才,为发展体育事业作贡献。 |
| 1983 | 教育部 | 关于加强中小学体育师资队伍建设的意见 | 提高中、小学校体育师资队伍教学水平。 |
| 1983 | 国家体委、国家教委 | 关于学校开展业余训练培养高水平运动员的通知 | 大力开展学校课余体育训练,培养高水平运动员。 |
| 1984.7.6 | 教育部 | 关于高师体育专业教材工作安排的通知 | 制订高等师范院校体育教材编审原则,确定教材编审委员会名单。 |
| 1984.9.15 | 教育部、总参谋部、总政治部 | 关于确定学生军事训练试点学校和培养军训骨干的通知 | 确定从1985年9月起,在全国高等院校和高级中学进行学生军事训练试点,在军队院校为教育部门和试点学校培训骨干。 |
| 1984.9.28 | 教育部 | 关于中国学生体质、健康调研《实施方案》和《细则》中若干具体问题的补充规定 | 对《实施方案》和《细则》中的一些规定做出适当调整与补充,完善学生体质健康监测工作。 |
| 1984.10.5 | 中共中央 | 关于进一步发展体育运动的通知 | 坚持普及与提高相结合的方针,重点抓好学校体育,增强学生体质,积极开展业余体育训练,推动体育强国建设。 |

1985年《中共中央关于教育体制改革的决定》的颁布,推动了我国学校体育工作进入规范化的轨道[①]。这是改革开放后推动我国教育领域变革的首个具有里程碑意义的政策性文件,以此为标志,我国教育事业进入新时期。此后,为适

①彭雪涵.改革开放时期学校体育政策法规的文本解读[J].北京体育大学学报,2009,32(05):76-79.

应教育改革的要求，加强学校体育领域教师培养、课余训练、学生竞赛、体育安全等各项工作，教育部及其他部委颁布了一系列政策文件，如《中小学体育器材设施配备目录》《关于加强中小学体育师资队伍建设的意见》《关于加强全国大、中学生运动会运动员资格审查等工作的通知》等（见表4.6）。这些政策的出台和实施，较好地适应了改革开放初期国家和社会对学校体育工作的现实要求，也为学校体育在后一阶段的良性发展奠定了政策基础。

**表4.6　中央及国家有关部门颁布的学校体育政策（1985—1989）**

| 发文时间 | 发文机构 | 发文名称 | 相关内容 |
|---|---|---|---|
| 1985.1.4 | 教育部、总参谋部、劳动人事部、总政治部、财政部、总后勤部 | 关于高等院校、高级中学进行军事训练试点问题的通知 | 对进行军事训练的试点学校、军事教员、训练时间和内容、训练保障、组织领导等进行规定。 |
| 1985.2.13 | 教育部、总参谋部、总政治部 | 关于为学生军训试点学校集训军事教员的通知 | 对军事教员进行规范培训，为学生军训顺利开展奠定基础。 |
| 1985.3.2 | 教育部、国家体委、卫生部、国家民委 | 关于中国学生体质、健康调研工作的若干具体问题的通知 | 一项规模较大、范围较广的基础性调查研究，旨在掌握学生体质健康状况，加强学校体育工作。 |
| 1985.4.24 | 教育部、卫生部 | 普通高等学校招生体检标准 | 制定详细标准，规定普通高等学校及有关专业不予录取的疾病患者和生理缺陷者。 |
| 1985.9.3 | 国家教委 | 关于举办第二届全国大学生运动会和第三届全国中学生运动会的补充通知 | 促进课外体育活动开展，为国家发现并培养优秀运动员后备人才。 |
| 1986.2.27 | 国家教委 | 关于加强中小学体育师资队伍建设的意见 | 除设施条件外，加强中小学体育师资队伍建设是当下非常重要迫切的任务。 |
| 1986.4.12 | 国家体委 | 关于加强全国大、中学生运动会运动员资格审查等工作的通知 | 对参加比赛的学生运动员资格审查工作进行安排。 |

续表

| 发文时间 | 发文机构 | 发文名称 | 相关内容 |
| --- | --- | --- | --- |
| 1986.4.17 | 国家教委、国家体委 | 全国培养高水平学生运动员试点学校申报审批暂行办法 | 将学校体育与竞技体育相结合,为培养德智体全面发展、具有较高运动技术水平的优秀人才奠定基础。 |
| 1986.5.15 | 国家教委 | 关于试点高等院校体育专业招生工作的补充通知 | 规范高等院校体育专业学生的招生工作。 |
| 1986.5.23 | 国家教委 | 全国学生运动会运动员资格审查工作会议纪要 | 确保学生运动会的公正公平,发现并培养高水平运动人才。 |
| 1986.6.9 | 国家教委 | 关于采取措施,加强管理,防止学生意外伤害事故发生的通知 | 要求学校在进行体育比赛和体育课等活动时,要做好安全教育和切实的组织工作。 |
| 1986.6.28 | 国家教委 | 高师体育专业《体育理论》研讨会会议纪要 | 加强对高等师范学校体育理论的研究,结合国情,推动学校体育教学改革。 |
| 1986.8.22 | 国家教育委员会、国家计划委员会、财政部等8部门 | 关于加强高等学校学生军事训练试点工作的通知 | 对高等学校学生军事训练的目的、时间内容、形式、教员配备、经费和物资保障作出要求。 |
| 1986.10.20 | 国家体委 | 高师体育专业教育计划研讨会会议纪要 | 推动高等学校体育教学学科发展,对国家培养中小学师资力量产生积极影响。 |
| 1986.12.2 | 国家教委、国家体委 | 关于开展学校业余体育训练,努力提高运动技术水平的规划(1986—2000年)的通知 | 对课余体育训练的目标、任务和指导思想做出说明。 |
| 1987.1 | 教育部 | 中小学体育教学大纲 | 加强中学体育教学管理工作。 |
| 1987.1.2 | 国家教委 | 中师体育班教学计划研讨会会议纪要 | 明确中师体育班培养目标和办学指导思想,对教学大纲的制定、教材建设等问题进行研讨,对中师体育班的教学改革发挥重要的指导作用。 |

续表

| 发文时间 | 发文机构 | 发文名称 | 相关内容 |
| --- | --- | --- | --- |
| 1987.2.24 | 国家体委 | 关于加强体育理论建设的决定 | 加强体育基本理论研究，推进学校体育科研工作。 |
| 1987.5 | 国家体委、国家教委 | 关于召开全国先进体育传统项目学校及优秀工作者表彰大会的通知 | 鼓励课余体育训练，培养体育后备人才。 |
| 1987.11 | 国家体委、国家教委 | 关于在全国小学生中进一步开展小足球、小篮球、小排球活动的通知 | 丰富学生课余体育活动，促进学生体质加强，为国家竞技体育人才培养提供广泛基础。 |
| 1987.11 | 国家教委、国家体委 | 关于整顿全国性大学生体育组织的通知 | 对全国性大学生体育组织进行审核，以便加强组织关口，使各体育组织更好地为教育和体育事业发展服务。 |
| 1987.11 | 国家教委、国家体委 | 关于加强全国学生体育竞赛纪律纠正不良赛风的通知 | 为避免学生运动竞赛活动出现弄虚作假、冒名顶替、罢赛打架等不良现象，对加强竞赛纪律、纠正不良赛风进行规定。 |
| 1987.12 | 国家教委 | 教育学院系统体育师资培训教学改革研讨会会议纪要 | 进一步加强体育师资培训工作，深化改革，以更好地适应我国教育事业发展的需要。 |
| 1987.12 | 国家教委 | 关于加强第三届全国大学生运动会运动员资格审查的通知 | 加强大学生运动员资格审查，保障体育竞赛公平性。 |
| 1987 | 国家教委、总参谋部、总政治部、总后勤部 | 关于一九八七年学生军训有关问题的通知 | 扩大了学生军训试点范围，进一步加强学校军事训练工作。 |
| 1987 | 国家教委 | 关于改进高师体育专业教材建设工作的意见 | 回顾近几年教材建设工作，对今后教材审编、出版工作提出建议。 |
| 1987 | 国家教委等6部门 | 关于中国学生体质、健康状况调查研究结果和加强学校体育卫生工作的意见 | 要求在全国学生中建立4年1次的体质健康调研和2年1次的监测制度，有利于掌握我国学生体质健康变化状况，以便及时制定相应预防措施。 |

续表

| 发文时间 | 发文机构 | 发文名称 | 相关内容 |
|---|---|---|---|
| 1988.1.27 | 国家教委 | 关于实施《中学生体育合格标准的试行办法》的意见 | 划分中学生体育合格标准,将体育是否合格作为参与评选三好学生的重要指标。 |
| 1988 | 国家教委 | 修订《中、小学体育教学计划》 | 在原有基础上进行改进,重视中、小学体育课题教学和课余活动开展。 |
| 1989.11.8 | 教育部 | 中、小学体育器材设施配备目录 | 对学校体育器材配备进行规范,保障体育课进行,为学生开展体育活动提供物质条件。 |

1990年3月,《学校体育工作条例》(以下简称《条例》)颁布并开始实施。[①]《条例》总结了改革开放以来学校体育工作的系统经验,详细规定了学校体育的课堂教学管理、课余训练与竞赛、师资力量、场地器材等内容,使学校体育工作的检查与评估变得有章可循、有法可依。《条例》的颁布对学校体育的工作具有指导意义,标志着我国学校体育政策的制定进入了科学化、规范化发展阶段。1992年,义务教育全日制《中小学课程计划(试行)》和《中小学体育教学大纲(试用)》[②]两部具有纲领性、指导意义的文件出台。前者首次在官方文件中将教学计划改为课程计划,并把课程分为“国家课程”和“地方课程”,对“地方课程”设置的目的、内容、实施要求等做出规定,推进了地方课程的设置。后者主要对学校体育教学进行调整,对教学目标、原则、内容等做出规定,规范我国学校体育教学工作。

1993年,中共中央、国务院颁布《中国教育改革和发展纲要》(以下简称《纲要》),《纲要》指出要进一步改进和完善学校体育与卫生工作的联系,动员社会各部以及家长为学生的体质和健康着想。从中央到地方,政府要积极创造有利

①韩丹.论我国学校体育新世纪的新纪元[J].体育学刊,2000(01):2-5.

②钱芊.改革开放以来中国体育教育管理思想发展小考[J].才智,2011(23):241.

条件，切实解决师资力量、体育场地设施、体育活动经费等诸多问题，逐步做到因地制宜、参照教学计划上好体育与健康教育课，要形成社会教育、家庭教育与学校教育密切结合的局面。”①值得注意的是，《纲要》还特别指出中小学教育应该以全面提高国民素质为目标，摒弃应试教育，开展面向全体学生的教育，全面提高学生的思想道德、文化科学水平，掌握劳动技能，增强身体心理素质②。在这些政策的指导下，体育教育的观念由应试教育转向了素质教育，开启了学校体育政策中对素质教育的探索与制定（见表4.7）。

**表4.7　中央及国家有关部门颁布的学校体育政策（1990—1994）**

| 发文时间 | 发文机构 | 发文名称 | 相关内容 |
|---|---|---|---|
| 1990.3.12 | 国家教委、国家体委 | 学校体育工作条例 | 对学校体育工作开展过程中的各环节进行明确规定，是学校体育工作开展的重要法规与依据。 |
| 1990.10.11 | 国家教委 | 大学生体育合格标准实施办法 | 要求从身体形态、机能、素质和体育课成绩等方面综合评定大学生体育成绩，鼓励大学生经常锻炼，增强体质。 |
| 1991.5.16 | 国家教委 | 中学生体育合格标准实施办法 | 有助于全面贯彻《学校体育工作条例》，督促中学生上好体育课，积极参与锻炼，促进学生全面发展。 |
| 1992.2.24 | 国家体委、国家教委 | 小学生体育合格标准实施办法 | 统一了我国学生体育考核评价标准，促进体育课程体系科学化发展。 |
| 1992.8 | 国家教委 | 全国普通高等学校体育课程教学指导纲要 | 基本内容涉及课程性质、课程目标设置以及课程内容结构和评价等，指导新时期高等院校大学生体育课程有效开展，是各地方高校建设、评价体育课程的重要依据。 |

①陈永利．改革开放三十年中国学校体育的法规和制度建设回顾与思考[J]．中国学校体育，2009(04)：9-11.

②潘凌云，王健，樊莲香．我国学校体育政策执行存在的问题与应对策略[J]．体育学刊，2017，24(02)：80-84.

续表

| 发文时间 | 发文机构 | 发文名称 | 相关内容 |
| --- | --- | --- | --- |
| 1992 | 国家教委 | 全日制中、小学体育教学大纲(试用) | 推动我国体育教学工作迈入“依纲管理、依纲育人、依纲考评”的规范化、科学化道路。 |
| 1993.2.25 | 中共中央、国务院 | 中国教育改革和发展纲要 | 要求社会关注学生体质健康,积极创造条件,加强和改进学校体育卫生工作。 |

1995年,《全民健身计划纲要》和《中华人民共和国体育法》陆续颁布,体育锻炼活动逐渐上升到国家层面的高度,为进一步规范和发展学校体育工作,健全学校体育政策法规体系提供了法律保障。同年,《贯彻〈全民健身计划纲要〉的意见》颁布,指出全民健身的核心基础是把握好青少年体育,鼓励青少年学生积极参与体育锻炼,要保证学生每天参与1小时的体育锻炼,保证学生进行科学、持久的体育锻炼。1996年12月,国家教育部门印发《全日制普通高级中学体育教学大纲(试验)》,首次把“为终身体育奠定基础”这一可持续发展的体育教育观念和“促进学生身心健康”“培养学生社会责任感”等价值诉求写进了大纲,反映了学校体育教育内容与功能的逐步拓展,对促进我国体育教学改革的发展产生了积极影响①。1999年,中共中央、国务院《关于深化教育改革,全面推进素质教育的决定》(以下简称《决定》)将“推进素质教育”确定为我国教育深化改革的重要任务,为我国学校体育改革与发展指明了发展方向。②《决定》明确指出强健的身体是青少年报效祖国,为社会主义和人民服务的基本前提,学校体育要坚持以“健康第一”为指导,在保障学生提高健康水平的基础上掌握基本的运动技能,并且养成经常参与体育锻炼的好习惯。同时国家进行宏观调控,各个地方政府因地制宜,为学校体育活动的开展提供必要支持与保障。③进入

①潘凌云,王健.改革开放40年我国学校体育改革与发展的政策审思[J].体育科学,2019,39(05):13-25.

②高晓峰.中国学校体育政策变迁研究(1904—2014)[D].北京:北京体育大学,2017.

③张芯,马军,余小鸣.改革开放30年我国学校卫生与健康教育发展成就[J].中国学校卫生,2009,30(05):385-391+393.

21世纪，教育部根据学生发展生理和心理特点以及学校教育的发展现状，颁布了《九年义务教育全日制初级中学体育与健康教学大纲》，推进素质教育，将“健康第一”的教育观作为指导思想。2001年，教育部印发了中小学《体育与健康课程标准（实验稿）》，2003年印发了《普通高中体育与健康课程标准（实验稿）》（见表4.8）。与以往的课程改革相比，新一轮体育课程改革把中华人民共和国成立后一直沿用的“教学大纲”更改为“课程标准”，体现了国家课程纲领性文件由指令性向指导性方向的转变。[①]该政策蕴含着新时期我国课程改革的素质教育理念，反映了国家人才培养模式的转变、坚定提高人才培养质量的决心，代表了新时期学校教育“以人为本”的价值观。

2006年，国家体育总局、教育部和共青团中央共同组织了“全国亿万学生阳光体育运动”。同年，为全面推进素质教育，加强学校体育工作，教育部与国家体育总局联合出台《关于进一步加强学校体育工作切实提高学生健康素质的意见》，再次强调“健康第一”的指导思想，同时对学校体育的工作要求、保障机制、评价制度、督导检查和服务支持进行了规定[②]。2007年，中共中央、国务院颁布了《关于加强青少年体育增强青少年体质的意见》（以下简称《意见》），这是中华人民共和国成立以来有关青少年体育发展层级最高的国家文件，《意见》指出要建立完善的学校体育工作体制机制，并且在5年内将我国青少年身体素质提升到符合国家体质健康的基本要求，将学校体育工作作为全面建设小康社会和构建社会主义和谐社会的有机组成部分，进而推动学校体育工作进入新的发展阶段[③]。2010年7月，第四次全国教育工作会议在京召开，会议制定并颁布了《国家中长期教育改革和发展规划纲要（2010—2020年）》，指出把提高质量作为教育改革发展的核心任务，在学校体育教育方面，“加强体育，牢固树立健康第一

①孙民康，孙小玲，李良，等．从“渐进合作”到“多边融合”：中华人民共和国学生体育健康促进政策的历史回眸与现实审思[J].南京体育学院学报，2021，20(05)：51-59.

②郑淞.2007—2016年国家学校体育文件分析[D].南京：南京理工大学，2018.

③潘凌云，樊莲香，张文鹏．国际上学校体育政策执行研究述论：缘起、论域及启示[J].首都体育学院学报，2018，30(4)：341-345.

的思想，确保学生体育课程和课余活动时间，提高体育教学质量，加强心理健康教育，促进学生身心健康、体魄强健、意志坚强”①，再次确定了我国学校体育树立“健康第一”的思想。

这一阶段，随着我国教育事业改革的不断调整，学校体育政策取得了进一步的规范发展。在政策内容上强调学生的体质健康和素质教育，目标制定上更加详细与规范，制定了执行依据、评价标准和奖罚措施等，使学校体育政策体系逐渐完善，持续推进学生身体素质健康发展。

**表4.8　中央及国家有关部门颁布的学校体育政策(1995—2011)**

| 发文时间 | 发文机构 | 发文名称 | 相关内容 |
| --- | --- | --- | --- |
| 1995.6.20 | 中共中央、国务院 | 全民健身计划纲要 | 纲要以全国人民为对象，以青少年和儿童为重点，发动全社会关心学生体质健康，要求各级各类学校注重学生终身体育的教育，重视学校体育对国民教育的基础作用。 |
| 1995.8.29 | 人民代表大会 | 中华人民共和国体育法 | 第三章为学校体育相关内容，标志着学校体育事业进入了依法行政、以法治体的新阶段。 |
| 1996.12 | 国家教委体卫艺司 | 全日制普通高级中学体育教学大纲(试验) | 首次把“为终身体育奠定基础”这一科学的体育教育观念和“促进学生身心健康”“培养学生社会责任感”等价值诉求写进大纲。 |
| 1997.11.16 | 国家教委 | 初中毕业生升学体育考试工作实施方案 | 方案涉及实施步骤、考试项目、评分标准等多个方面，有利于在全国初中生毕业升学体育考试中高效推广。 |

①国家中长期教育改革和发展规划纲要工作小组办公室.国家中长期教育改革和发展规划纲要(2010—2020年)[EB/OL].(2010-07-29)[2020-2-11].http://www.moe.gov.cn.

续表

| 发文时间 | 发文机构 | 发文名称 | 相关内容 |
| --- | --- | --- | --- |
| 1997.11.28 | 国家教委 | 关于印发全国学生体育竞赛管理规定的通知 | 要求加强对全国学生体育竞赛的领导与科学化管理，充分发挥体育竞赛综合效益，内容涵盖赛事的申办、组织管理、裁判选派、资格审查、财务管理等方面。 |
| 1998.3.20 | 教育部 | 普通中小学和中等职业学校落实《学校体育工作条例》检查评估细则 | 制定评估检查标准，加强法规管理和执法检查，规范学校体育管理工作，促进学校体育工作条例落实。 |
| 1999.6.10 | 教育部 | 关于假期、公休日学校体育场地向学生开放的通知 | 提高了学校体育场地设施使用率，为学生节假日进行体育锻炼提供条件。 |
| 2000.10 | 教育部 | 体育与健康教学大纲 | 突出"健康第一"的指导思想，明确实施素质教育，提高中小学生综合素质，对教学目的、课程结构、课时安排进行调整。 |
| 2001.2 | 教育部 | 中、小学体育与健康课程标准（实验稿） | 将中华人民共和国成立以来一直使用的"教学大纲"改为"课程标准"，体现了国家课程纲领性文件由指令性转向指导性。 |
| 2001 | 教育部 | 关于做好2001年初中学生毕业升学体育考试工作的通知 | 加强初中学生体育考试事宜管理，指导初中学生体育升学考试，规范初中学生体育考试工作。 |
| 2001.5.28 | 国家体育总局、教育部、共青团中央等4部门 | 关于实施"全国中小学生课外文体活动工程"的通知 | 为全面推进素质教育，促进中小学生全面发展和健康成长，配合"减负"工作，使广大中小学生都积极参加文明、健康、活泼的课外文体活动。 |

续表

| 发文时间 | 发文机构 | 发文名称 | 相关内容 |
|---|---|---|---|
| 2001.6.8 | 国务院 | 关于基础教育改革与发展的决定 | 提出要“加快构建符合素质教育要求的体育课程体系,保证学生每天参加一小时的体育锻炼活动,提高学生的体质健康水平,增加学生上体育课的时间”。 |
| 2001.7 | 教育部 | 关于印发义务教育全日制学校体育课程标准 | 构建符合素质教育要求的新的基础教育课程体系,遵循学生身心发展规律,适应社会进步、经济发展,为学生持续、全面发展奠定基础。 |
| 2002.6.26 | 教育部 | 关于加强农村学校体育卫生工作的几点意见 | 指出要提高认识,转变观念,加强师资队伍建设,坚持因地制宜原则做好学校体育,加大投入力度,保证农村学校体育教学条件。 |
| 2002.7.5 | 教育部 | 关于推行第二套全国中小学生系列广播体操的通知 | 丰富中小学课余活动,落实素质教育,促进广大青少年儿童身心健康发展。 |
| 2002.7.22 | 中共中央、国务院 | 关于进一步加强和改进新时期体育工作的意见 | 青少年体育以学校为重点,提高体育教学质量,保障学生体育课和课外活动时间,树立健康体质作为青年报效祖国、报效未来的基本条件。 |
| 2002.7.22 | 教育部 | 关于印发中学体育器材设施配备目录、小学体育器材设施配备目录的通知 | 修订学校体育器材的配备与管理要求,加强学校体育器材建设,切实加强学校体育工作。 |
| 2002.8.6 | 教育部 | 关于印发全国普通高等学校体育课程教学指导纲要的通知 | 对高等院校学生体育课程提出基本要求,规定了课程性质、课程目标、课程设置等内容,有效指导高校体育课程教学设计与评价。 |
| 2002.8.21 | 教育部 | 学生伤害事故处理办法 | 对学生伤害事故的责任、处理程序、赔偿、责任者的处理等进行规定,有助于积极预防、妥善处理在校生伤害事故,保护学生、学校合法权益。 |

续表

| 发文时间 | 发文机构 | 发文名称 | 相关内容 |
| --- | --- | --- | --- |
| 2003.6.19 | 教育部 | 关于印发全国普通高等学校体育教育本科专业课程方案的通知 | 高校体育教育专业改革深化，提高体育教育质量，推进素质教育下的体育教育人才培养工作。 |
| 2004.8.12 | 教育部 | 关于开展“体育、艺术2+1项目”实验工作的通知 | 进一步推动学校体育和艺术教育的改革与发展，通过学校组织的课内外体育教育和艺术教育活动，为学生全面发展奠定基础。 |
| 2004.8.22 | 教育部 | 关于印发普通高等学校体育场馆设施、器材配备目录的通知 | 根据我国高等教育事业的发展和加强体育课程建设的需要，以当前我国高等学校体育设施现状为基点，制定高等学校体育场馆设施、器材配备目录，为增强大学生体质，提高大学生健康水平提供必要的条件。 |
| 2004.11.8 | 教育部 | 关于保证中小学体育课课时的通知 | 规定义务教育阶段体育课课时，指出要保障体育教师的数量和质量，加强领导管理，保障体育课程改革顺利进行，全面提升体育教学的质量和水平。 |
| 2005.3.23 | 教体艺司 | 关于在全国中小学生课外文体活动工程示范区研制开发集体竞赛项目的通知 | 为“保证学生每天一小时体育活动时间”，研制体育竞赛项目，吸引广大学生积极参加体育竞赛活动，丰富学生课外体育活动。 |
| 2005.4.18 | 教育部、国家体育总局 | 关于进一步加强普通高等学校高水平运动队建设的意见 | 指出普通高校的高水平运动队建设既是高等教育的组成部分，也是我国竞技体育健康、持续发展的重要途径，进一步明确了体教结合的性质及目的。 |
| 2005.4.25 | 教育部 | 关于进一步加强高等学校体育工作的意见 | 指导高校体育教育，继续加强高等学校体育管理工作。 |

续表

| 发文时间 | 发文机构 | 发文名称 | 相关内容 |
|---|---|---|---|
| 2005.8.19 | 教育部 | 关于落实保证中小学生每天体育活动时间的意见 | 提出要"开齐并上好体育课、实行大课间体育活动制度,落实必要物质保障,加强组织管理,建立督导、检查和工作评比制度"。 |
| 2005.11.3 | 教育部 | 关于贯彻执行中小学体育器材和场地国家标准有关问题的通知 | 加强对中小学体育器材和场地的规范管理,保障中小学生进行符合生理、心理的科学体育锻炼。 |
| 2006.4.14 | 教育部 | 关于组织开展体育集体竞赛项目工作的通知 | 要求示范区中小学要将体育竞赛集体项目列入体育课教学和课外集体活动内容中,加强体育竞赛活动。 |
| 2006.12.20 | 教育部、国家体育总局、共青团中央 | 关于进一步加强学校体育工作切实提高学生健康素质的意见 | 明确学校体育的工作要求、保障机制、评价制度、督导检查等工作,以便全面推进素质教育,加强学校体育工作。 |
| 2006.12.20 | 教育部、国家体育总局、共青团中央 | 关于开展全国亿万学生阳光体育运动的通知 | 开展阳光体育运动,贯彻落实"健康第一"的指导思想,在全国掀起全员参与群众体育锻炼的风气,提高学生体质健康水平。 |
| 2007.3.2 | 国家体育总局 | 关于规范优秀运动员免试进入高等学校学习有关事宜的通知 | 扩大优秀运动员免试进入高等学校学习的范围,提高运动员的教育水平,培养高素质体育人才。 |
| 2007.4.4 | 教育部、国家体育总局 | 关于实施国家学生体质健康标准的通知 | 对2002年以来试行的标准进行修改,制定实施办法,自2007年起每两年对各地实施标准的情况进行检查。 |
| 2007.4.18 | 教育部 | 关于国家学生体质健康标准有关测试方法、器材规格的通知 | 保证《国家体育锻炼标准》测试工作的规范性和科学性,规定测试器材规格和测试方法。 |

续表

| 发文时间 | 发文机构 | 发文名称 | 相关内容 |
|---|---|---|---|
| 2007.4.30 | 教育部、国家体育总局、共青团中央 | 关于成立“全国亿万学生阳光体育运动领导小组”的通知 | 要求各地成立相应组织机构，全国统一部署，加强组织领导，制定具体措施，组织本地阳光运动的开展。 |
| 2007.5.17 | 中共中央、国务院 | 关于加强青少年体育增强青少年体质的意见 | 以北京夏季奥运会为契机，加强学校体育工作，促进青少年健康成长，落实“健康第一”的指导思想，增强学生体质。 |
| 2007.8.14 | 教育部 | 关于教育部直属高等学校实施《国家学生体质健康标准》的通知 | 贯彻落实《国家学生体质健康标准》，组织教育部直属高校开始实施对本科新生的《国家学生体质健康标准》测试工作。 |
| 2007.8.28 | 教育部 | 关于在新学年贯彻落实中央7号文件精神切实加强学校体育工作的通知 | 要求各级教育行政部门严格按照7号文件要求，贯彻7号文件精神，采取有效措施，开展阳光体育运动。 |
| 2007.9.28 | 教育部、国家体育总局、共青团中央 | 关于实施阳光体育奖章制度的通知 | 发挥阳光体育奖章的激励作用，鼓励广大青少年以“达标争优、强健体魄”为目标，积极参与体育锻炼，在全国亿万学生中掀起群众体育锻炼的热潮。 |
| 2007.10.31 | 教育部 | 关于新一届全国高等学校体育教学指导委员会组成人员名单的通知 | 加强对高等学校体育教学与科研的管理，为全国各地方高等院校体育教学发展奠定基础。 |
| 2008.4.3 | 教育部、财政部、中国保险监督管理委员会 | 关于推行校方责任保险完善校园伤害事故风险管理机制的通知 | 要求各省级教育行政、财政部门和保险监管机构负责基本行政区域内校方责任保险投保工作，加强对学生参与体育活动发生意外伤害事故的管理与保障。 |
| 2008.6.12 | 教育部、卫生部、财政部 | 国家学校体育卫生条件试行基本标准 | 对中小学校体育与卫生安全工作做出具体要求，指导教育检查、督导和评估。 |

续表

| 发文时间 | 发文机构 | 发文名称 | 相关内容 |
| --- | --- | --- | --- |
| 2008.8.12 | 教育部 | 中小学体育工作督导评估指标体系(试行) | 量化中小学体育工作评估指标,加强中小学体育工作监督与评价。 |
| 2009.4 | 国家体育总局、教育部 | 关于开展全国青少年校园足球活动的通知 | 制定了全国青少年校园足球活动的实施方案,研究部署相关工作,有利于我国青少年校园足球科学、有序地开展。 |
| 2010.7.8 | 国家中长期教育改革和发展规划纲要工作小组办公室 | 国家中长期教育改革和发展规划纲要(2010—2020年) | 指出要重视体育在培养高素质接班人方面的作用,广泛组织体育活动,保障学生体育锻炼时间。 |

## 三、我国学校体育政策的深化阶段(2012—2019)

十八大以来,党将学校体育工作立足于民族伟大复兴的高度,学校体育政策由此进入发展新时期。2012年10月,党的十八大报告明确提出要深化教育领域综合改革,为未来教育改革发展指明了方向,同时确立"立德树人"为教育的根本任务,为教育长期可持续发展奠定了良好的开端。这一阶段,国家和政府将改革的主要任务放在了体系、体制和机制的健全与完善上,在政策引领下教育事业进入改革创新发展时期,也为学校体育发展提供了动力。

2012年,《关于进一步加强学校体育工作若干意见的通知》出台,该政策以科学发展观为指导,加强政府统筹、条件保障和监督检查,力争到"十二五"末期基本形成政府主导、部门协调、社会参与的学校体育推进机制①。2013年,党的十八届三中全会的《决定》明确指出,要"深化教育领域综合改革、推进考试招生制度改革,强化体育课和课外体育活动,促进青少年身体健康、体魄强健。"②

①国家体育总局.中华人民共和国体育法规汇编(2011—2012)[M].北京:人民体育出版社,2013.

②季浏.我国《普通高中体育与健康课程标准(2017年版)》解读[J].体育科学,2018,38(02):3-20.

2014年4月，教育部颁布了《学生体质健康监测评价办法》《中小学校体育工作评估办法》《学校体育工作年度报告办法》3个重要文件（见表4.9），进一步完善了学校体育工作“决策→实施→监测→评估→反馈”的制度体系和运行机制[①]。2015年，教育部印发了《学校体育运动风险防控暂行办法》，对学校体育运动的管理职责、相关人员常规要求、事故处理做出规定，减少学校体育运动风险，同时要求教育行政部门和学校不得以减少体育活动的做法规避体育运动风险，加强对学校体育安全工作的管理，为健康有序开展学校体育工作提供保障。

**表4.9　中央及国家有关部门颁布的学校体育政策（2012—2015）**

| 发文时间 | 发文机构 | 发文名称 | 相关内容 |
|---|---|---|---|
| 2012.10.22 | 国务院 | 关于进一步加强学校体育工作若干意见的通知 | 制定了新时期学校体育改革与发展的具体性目标，要求抓好学校体育重点任务的落实工作，管理好学校体育教育工作。 |
| 2013.2.18 | 国家体育总局、教育部 | 关于加强全国青少年校园足球工作的意见 | 指出要加强校园足球的组织领导工作，加大校园足球的各方面投入力度，建立健全校园评价机制等要求，切实提高校园足球的质量和水平。 |
| 2013.11.12 | 中共中央 | 关于全面深化改革若干重大问题的决定 | 对学校体育工作进行指导与规定，确立了学校体育的战略地位。 |
| 2014.4 | 教育部 | 学生体质健康监测评价办法<br>中小学校体育工作评估办法<br>学校体育工作年度报告办法 | 进一步完善体质评测制度体系和运行机制，对体质监测工作进行规范与完善，有利于对学校体育工作效果的评估。 |
| 2014.6.11 | 教育部 | 高等学校体育工作基本标准 | 对高等学校体育工作进行标准划分，加强学校体育工作执行力度。 |

①潘凌云，王健.改革开放40年我国学校体育改革与发展的政策审思[J].体育科学，2019，39(5)：13-25.

续表

| 发文时间 | 发文机构 | 发文名称 | 相关内容 |
|---|---|---|---|
| 2015.4.30 | 教育部 | 学校体育运动风险防控暂行办法 | 对学校体育运动管理职责、相关人员常规要求、事故处理做出规定,防范学校体育运动风险,保障学校体育工作健康、有序开展。 |
| 2015.7.27 | 教育部 | 关于2015年开展国家学生体质健康标准测试和落实学校体育三个办法有关工作安排的通知 | 以学校体育改革为重点,保障学校体育统筹管理工作,旨在形成一套目标清晰、体制健全、制度完善的学校体育工作评价体系。 |

正如毛振明等学者认为,“中国已经决心把增强学生体质作为实现健康中国的明确标志与主要途径”[①],中共中央、国务院以及相关部委局始终将中国学生体质健康同健康中国建设紧密相连,并颁布一系列高级别的政策进行指导规划(见表4.10)。2016年,随着党和国家对学校体育的高度重视,在做出强化学校体育课程和课外体育活动的重要部署的基础上,国务院办公厅颁布了《关于强化学校体育促进学生身心健康全面发展的意见》,指出要“完善政策措施,提倡政府向社会购买体育服务,鼓励社会力量参与学校体育发展,建立长效机制”[②],同时要完善考试评价办法,强化考核激励,把学校体育工作列入政府、教育行政部门和学校的工作评价考核指标。意见还指出要关注学生差异,注重因材施教,制定出适用于不同残疾学生的体育教学和测试方法,对不同学生个体的不同条件做到“区别对待”,关注“特殊学生群体”的体育参与和知情权等,保障学生接受体育教育的平等权与共享权。这种体育治理理念体现出学校体育的政策管理逐渐细致化和科学化。这些政策显示出,科学的学校体育课程目标

①毛振明,杨多多,李海燕.《“健康中国2030”规划纲要》与学校体育改革施策(2)目标:《国家学生体质健康标准》达标优秀率25%以上[J].武汉体育学院学报,2018,52(4):75-80.

②教育部.国家体育总局关于进一步加强学校体育工作切实提高学生健康素质的意见[EB/OL].(2016-05-16).http://www.gov.cn.

体系及多元化的评价体系已经初步形成，从国家教育人才培养需求出发，形成新的体育课程内容结构。2016年，中共中央、国务院颁布《"健康中国2030"规划纲要》，指出要"以中小学为重点，建立学校健康教育推进机制"，重点关注青少年体质健康，提高人民总体健康水平，促进健康中国建设。

2017年，为促进青年更好成长、更快发展，中共中央、国务院印发《中长期青年发展规划（2016—2025年）》，明确提出要持续提升青年体质健康水平，把青年发展摆在国家发展的重要战略位置，树立积极投身健康中国建设的青年发展目标。同年，教育部、国家体育总局出台《关于推进学校体育场馆向社会开放的实施意见》，提出要进一步深化学校体育改革，促进校内体育场馆面向社会开放，缓解人民群众日益增长的体育需求与资源供给不足之间的矛盾，促进学校体育与全民健身事业共同繁荣发展[①]。此外，为深入学习贯彻党的十九大精神，进一步加强青少年体育工作，国家体育总局、教育部、中央文明办、发展改革委、民政部、财政部、共青团中央等多部委联合制定发布了《青少年体育活动促进计划》，围绕着青少年体育活动、组织建设、场地设施、运动技能培训、指导人员队伍建设、科学健身研究与普及、体育文化教育等方面，制定了明确的发展任务，规定了组织保障机制[②]。

这一阶段，学校体育政策发展达到了空前高度。进入新时代，在中国特色社会主义思想指导下，"以人民为中心"的体育思想占据体育核心地位，学校体育也向"以人为本"的全面发展阶段转变。因此学校体育政策重视人的全面发展，重视发挥学生的主体性，综合考虑制约我国学校体育发展的客观条件。学校体育领域深化改革、统筹规划，以青少年综合素质提升为基本目标，将学生身心健康发展同实现个人美好生活追求、健康中国梦和体育强国梦相结合，学校政策的颁布成为贯彻党的教育方针、提高全民素质的重要举措。

---

①韩永君.基于政策工具的社会体育政策分析[J].武汉体育学院学报，2018，52(6)：5-11.

②杨雅晰，刘昕.改革开放40年学校体育政策嬗变的回溯与展望[J].北京体育大学学报，2019(05)：44-54.

**表4.10 中央及国家有关部门颁布的学校体育政策(2016—2019)**

| 发文时间 | 发文机构 | 发文名称 | 相关内容 |
|---|---|---|---|
| 2016.5.6 | 国务院 | 关于强化学校体育促进学生身心健康全面发展的意见 | “完善体育课程,提高教学水平,强化课外锻炼”,到2020年基本形成健康、完善的中国特色学校体育新格局。 |
| 2016.6.23 | 国务院 | 全民健身计划(2016—2020) | 将青少年作为实施全民健身计划的重点人群,加强学校体育教育,让青少年养成健康行为习惯,提高青少年体育素养。 |
| 2016.9.6 | 教育部 | 中学体育器材设施配备标准 | 加强对学校体育器材的管理,保障学生体育课程所需器材设施。 |
| 2016.10.25 | 中共中央、国务院 | “健康中国2030”规划纲要 | 对学校体育工作提出进一步的要求,对2030年我国学校体育师资配备和学生参与体育锻炼情况提出量化标准与目标,预期学生体质达标优秀率达到25%以上。 |
| 2017.3.1 | 国务院 | 学校体育工作条例 | 对1990年《学校体育工作条例》进行修订完善,指导新时期学校体育工作。 |
| 2017.3.8 | 国家体育总局、教育部 | 关于推进学校体育场馆向社会开放的实施意见 | 充分发挥学校体育场地资源,创造学生和公民参与体育运动的条件,有效提升学生体育素养和全民身体素质。 |
| 2017.3.27 | 国务院教育督导委员会 | 中小学校体育工作督导评估办法 | 指出要全面开展中小学校体育工作评估,建立评估机制,加强对中小学体育工作的监督。 |
| 2017.4.1 | 中共中央、国务院 | 中长期青年发展规划(2016—2025年) | 在“青年健康”部分中指出要强化体质健康指标的约束力,完善体育与健康课程标准,做好学生体育工作,发挥学校体育考核评价体系的导向作用。 |
| 2017.8.25 | 教育部 | 关于召开全国学校体育工作座谈会的通知 | 落实党中央促进青少年“身心健康、体魄强健”的总体部署,促进学校体育工作科学化发展。 |
| 2017.10.8 | 教育部 | 学校体育美育兼职教师管理办法 | 加强对学校体育兼职教师的管理工作,有利于整合各方资源,充实体育教学力量,解决体育师资紧缺问题。 |

续表

| 发文时间 | 发文机构 | 发文名称 | 相关内容 |
| --- | --- | --- | --- |
| 2017.11.28 | 国家体育总局、教育部等7部门 | 关于印发《青少年体育活动促进计划》的通知 | 建立青少年体育活动开展机制，满足广大青少年体育活动的需求，进一步加强青少年体育工作。 |
| 2017.12.29 | 国家体育总局 | 青少年体育锻炼器材配置指南 | 为青少年学生课余锻炼提供科学、安全的体育器材。 |
| 2018.8.30 | 教育部等8部门 | 关于印发综合防控儿童青少年近视实施方案的通知 | 深化学校体育、健康教育改革，健全、完善学校体育卫生发展制度和体系，加快体育与健康师资队伍建设，保障儿童、青少年用眼健康。 |
| 2018.10.17 | 教育部 | 关于加强中小学合成材料面层运动场地建设管理的通知 | 加强运动场地建设，保障师生的健康安全，提升学校体育设施条件水平。 |
| 2018.11.30 | 教育部 | 关于公布2018年全国青少年校园篮球特色学校名单的通知<br>关于公布2018年全国青少年校园网球特色学校名单的通知 | 深入推进校园篮球、网球教学改革，丰富学生体育课和课余活动内容，推动体教融合，发展学生综合素质和专业技能。 |
| 2018.12.8 | 教育部 | 关于举办2019年全国高校体育教育专业学生基本功大赛的通知 | 对高校体育教育专业办学情况进行教学检查和评估，有效提高学校体育师资培养质量和体育教学水平，展现新时代我国高等体育教育专业学生专业素质和教师风采。 |
| 2019.3.31 | 中共中央、国务院 | 关于以2022年北京冬奥会为契机大力发展冰雪运动的意见 | 发展校园冰雪运动，推动全国中小学将冰雪运动知识教育纳入学校体育课教学内容，制定并实施冰雪教学计划。 |
| 2019.6.23 | 中共中央、国务院 | 关于深化教育教学改革全面提高义务教育质量的意见 | 坚持“五育”并举，在强化体育锻炼方面，坚持健康第一，实施学校体育固本行动。 |

续表

| 发文时间 | 发文机构 | 发文名称 | 相关内容 |
| --- | --- | --- | --- |
| 2019.6.24 | 国务院 | 关于实施健康中国行动的意见 | 提出行动目标和相应措施,联合学生家庭、学校和社会多方力量,共同促进中小学生身心健康。 |
| 2019.8.10 | 国务院 | 关于印发体育强国建设纲要的通知 | 为进一步推动体育强国建设,提出5个方面战略任务以及青少年体育发展促进等9大工程。 |

# 第二节　我国学校体育政策的演进特征

## 一、政策制定主体趋于多元协同,政策主题不断丰富

学校体育工作涉及较广,学校体育政策在制定时也不仅仅由单一的主体部门完成,政策制定一般需要多个部门互相协调配合,政策颁布主体趋向多元协同是学校体育事业发展的现实需求和社会化治理逐渐成熟的必然趋势。

为保证学校体育事业有序开展,学校体育政策制定时不仅要保证中央的统一领导,增强执行威力,也要兼顾其他政策主体的特点与优势,加强各政策制定主体之间的协调性,共同落实党和政府有关学校体育的指导思想,促进学校体育工作高效开展。在政策制定过程中,学校体育政策供给主体之间会加强协调,综合考量不同部门的意见,让相关部门都参与到政策文本制定、论证、修改过程中来,提高学校体育政策的可实施性。目前我国学校体育政策制定主体多由中央隶属部门和地方社会部门组成,国家政府部门协调性相对较高,政府部门同社会部门在政策制定环节的沟通较少,协调性不足,容易造成社会部门在执行学校体育政策、开展学校体育时不能达到预期效果。因此不论从学校体育工作内容的复杂性还是政策执行过程的交叉性来看,不断加强学校

体育政策制定主体多元协同性，是完善学校体育工作管理的内在动力和有效途径。

从图4.2可以看出，教育部门和体育部门是70年来学校体育政策的主要发布主体，中共中央、国务院在学校体育政策颁布主体中占有重要地位，多数学校体育政策由多部门联合颁布。这是学校体育工作本身复杂性、多层次性影响下的必然结果，也是现代学校体育治理的科学化发展趋势。

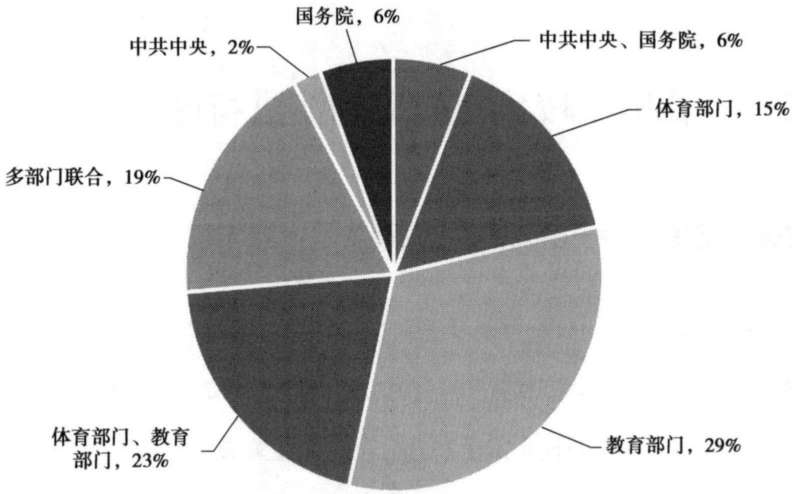


图4.2　我国学校体育政策发文主体分布(1949—2019)

政策主题方面，我国学校体育政策的主题包括组织领导、课堂教学、师资力量、课外活动、体育设备、体质健康、体育安全7类。从图4.3可看出，我国学校体育政策涉及最多的主题是课堂教学，高达52份，占学校体育政策总数的23%；体质健康占16%；课外活动作为巩固体育教学的重要形式和手段，占据18%。结合政策发展的社会背景来看，新中国成立初期，国家颁布的政策内容较多涉及组织领导和体质健康，对学校体育总体工作进行指导，积极鼓励青少年在学校进行课外体育活动。改革开放后，为响应“奥运争光计划”，课外活动、体质健康成为当时学校体育政策涉及较为频繁的主题。十八大以来，党中央立足于新时代的人才培养需求,学校体育政策以青少年体质健康为抓手,课外活动、体育竞赛等政策主题互相协调配合,统筹规划。

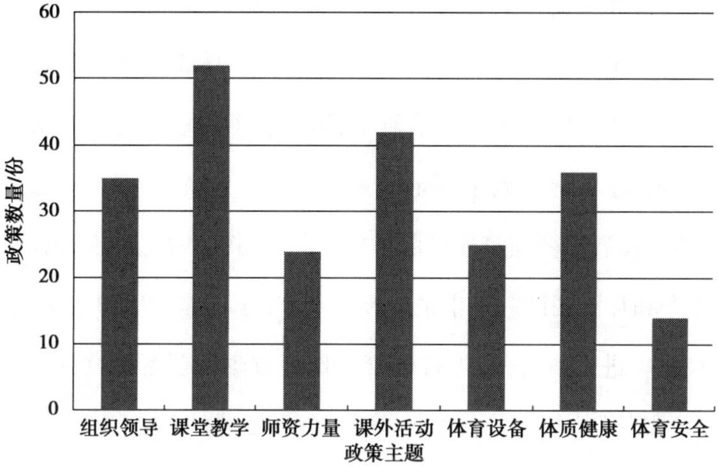


图 4.3　我国学校体育政策主题分布(1949—2019)

## 二、以"健康第一"为指导思想,价值取向由"国家本位"转向"社会本位"

我国学校体育政策在不同发展时期发展重点不同,但"健康第一"的指导思想却一直保持不变,成为历经我国学校体育政策不同发展阶段的基本目标。新中国成立初期,国民体质孱弱,为加快提高国民身体素质,毛泽东有针对性地提出"健康第一"的口号。此后"健康第一"便正式成为学校体育政策制定的思想基础,且随着时代需求变化,其含义不断向外延伸,慢慢由身体健康状况,转向社会、心理、思想品德等各方面内容,由"小健康观"转变为一种"大健康观",由增强个人体魄转变为促进人的全面发展。①"健康第一"作为我国学校体育工作的指导思想,已渗透到学校体育各个领域,不论是学校体育政策文本的出台,还

①杜建军,张瑞林,冯振伟.我国青少年体质健康教育政策的现实审视与优化策略[J].西南大学学报(社会科学版),2017,43(6):82-90.

是体育教学文件的阐述,“健康第一”都占有重要地位,成为指导学校体育政策的核心思想,也是我国学校体育政策的基本目标。

中华人民共和国成立后,国内各项社会事业处于百废待兴的状态,人民体质健康是经济发展的重要基础,党和政府高度关注体育事业发展,尤其是青少年体质健康。在当时的计划经济体制下,国家各项事业发展基本采用“国家本位”的价值取向,学校体育政策制定的主要出发点是满足当时国家经济发展需要,使学校体育发展遵循国家建设服务的原则,发挥体育运动在增强国民体质、提高社会生产和加强国防建设上的重要作用,注重培养学生的集体主义精神和共产主义理想。进入新时代,学校体育工作坚持改革创新和教育现代化,逐渐形成了“社会本位”的核心价值取向,培养全面发展的社会主义建设者和接班人,走出了一条具有中国特色社会主义的学校体育发展道路。党的十九大报告强调打造共建、共治、共享的社会治理格局,充分发挥社会治理效益,实现政府、社会、居民三者的良性互动,这也标志着中国政治开始从“统治”向“治理”发展的根本性转变①,为学校体育政策“社会本位”的价值取向奠定了基础。学校体育作为体育事业的重要组成部分,既属于体育公共服务的一部分,又包含学生和家庭的社会及个人属性。随着公共服务需求的不断提高,政府难以满足学校体育服务需求,社会参与力量开始显现,实现了政府权力向社会的回归,寻求政社合作、融合社会资源成为学校体育政策的发展方向。由此学校体育工作不只是依靠在政府引导下的学校层面来实施,家长和社会其他组织需要共同参与。这使得学校体育政策价值取向逐渐转向社会发展需求,学校体育政策制定和执行过程趋向于社会资源整合,注重发挥最大社会价值,优化了学校体育政策的执行效果。

①张文鹏,王健.中华人民共和国成立以来学校体育政策的演进:基于政策文本的研究[J].体育科学,2015,35(02):14-23.

## 三、政策评估体系逐步完善

2013年,党的十八届三中全会通过的《中共中央关于全面深化改革若干重大问题的决定》提出了"深化教育领域综合改革,促进青少年体质健康"的要求①。自中华人民共和国成立至今,学校体育政策演进与社会发展息息相关,学校体育政策评估体系也因此随着我国学校体育事业的改革逐步完善,且随着学校体育政策评估体系的发展,不断推动中国特色社会主义体育事业向前发展。2016年国务院为加强学校体育发展部署,在《关于强化学校体育促进学生身心健康全面发展的意见》中指出尽管各地方政府、各相关部门、各个学校都在不断出台和落实加快学校体育改革的政策措施,学校体育工作也在不断推进,但在教育事业整体发展中,学校体育发展依旧处于起步阶段,实力较为薄弱,仍然还存在着学校体育课程边缘化、"重智育,轻体育"、师资力量短缺、场地设施资源缺乏或闲置以及课外活动时间被吞并等诸多问题,社会力量难以参与学校体育,青少年体质健康水平持续下降。②要想改变学校体育存在的这些现实问题,实现学校体育的政策目标,在学校体育领域内深化改革,完善学校体育政策评估体系是十分关键的。政策评估是指依据一定的标准描述、解释公共政策的影响,并确定一项政策的后果,它包括影响评估与结果评估③。学校体育政策评估体系,是对发布的学校体育政策执行的效果进行评价的方法、手段、标准及其机制的综合。完善的学校体育政策评估体系对学校体育政策科学发展具有很大的意义,有利于及时调整政策执行过程中的偏差,在原有政策基础上不断改革,为今后学校体育政策工作提供借鉴,推动政策落实到位,顺利达到政策预期效

①中国共产党中央委员会.中共中央关于全面深化改革若干重大问题的决定[EB/OL].(2022-3-10)[2013-11-16].http://news.xinhuanet.com.

②国务院办公厅关于强化学校体育促进学生身心健康全面发展的意见[J].中华人民共和国教育部公报,2016(06):8-12.

③小约瑟夫·斯图尔特,戴维·M.赫奇,等.公共政策导论[M].韩红,译.北京:中国人民大学出版社,2011.

果。未来,只有持续不断完善学校体育政策评估体系,加强对政策执行的过程监督与评价,才能及时反馈于学校体育政策并进行相应改革,增进我国学生体质健康。

# 第三节 小结

习近平总书记指出:“一个健全的人既要有丰富的知识和文化内涵,还要有健康的精神和强健的身体,要通过发展体育运动,以不断提高全民族身体素质与健康。”①十九大报告将体育强国建设上升为国家发展战略,学校体育作为体育强国战略中最基础、最重要的组成部分,关系着我国青少年体质健康和竞技体育后备人才培养事业。此外,在国民美好生活需求多样化背景下,全民健康成为时代发展的新目标,学校体育由于人口基数大,产生的影响最广泛和持久,一直都是我国体育事业发展的重心。因此学校体育未来的发展应当以时代需求为导向,结合社会发展需要,充分发挥育人价值,服务于体育强国的建设,培养适应未来发展的人才。

学校体育工作的开展离不开科学的政策体系作为支撑,新时代背景下,我国学校体育政策也将继续置身于国际大环境,立足于中国国情,广泛吸取国际宝贵经验的同时,将体育教育融入学生人格培养与价值观塑造,推动学校体育创新发展,使中国青少年学生成为体育强国的有力建设者,坚持“以人为本”的价值取向,创新发展新时代中国特色社会主义学校体育事业,推动我国从“体育大国”迈向“体育强国”。

---

①李中文,薛原.为健康中国夯实体育之基——以习近平同志为核心的党中央关心全民健身工作纪实[N].人民日报,2017-08-08(01).

# 第五章　我国体育经济政策史（1949—2019）

体育经济政策是国家经济政策的重要组成部分，科学的体育经济政策是体育产业健康发展的重要保障，是政府管理和发展体育事业的重要手段。中华人民共和国成立至今，我国体育经济在国家市场经济大环境影响下不断发展完善，在计划经济、计划经济过渡为市场经济、市场经济步入正轨、社会主义新时期阶段都有其显著特点。

1949—2019年，我国共颁布体育经济政策200份，如图5.1所示，根据文件颁布的时间序列分布来看，可以看出20世纪50年代前期是体育经济政策的空白期，直到50年代末60年代初才开始出现与体育经济有关的政策，但随即又陷

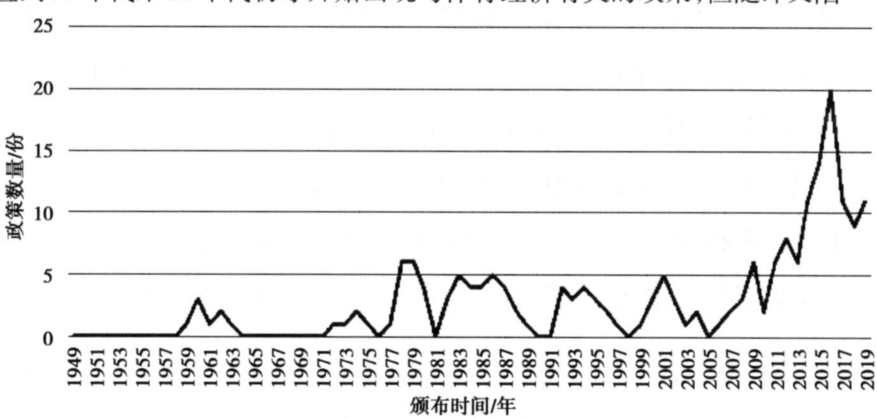


**图5.1　我国体育经济政策数量及其变化趋势**（1949—2019）

入了停滞；改革开放后，体育经济政策出现回暖的趋势，数量和频率均有所提高且发展较为平稳；进入21世纪，政策发文数量有所提升，2008年北京奥运会后，政策数量迎来爆发式增长。总的来看，体育经济政策数量与国家经济发展以及体育事业的发展密切相关。

# 第一节 我国体育经济政策的演进历程（1949—2019）

## 一、"统包统管"的供给型体育经济政策（1949—1978）

中华人民共和国成立初期我国主要借鉴苏联的经济体制模式，建立起高度集中的计划经济体制，[①]并在此影响下逐步形成了"统包统管"的供给型体育经济政策（见表5.1）。

1959年，周恩来总理在二大《国务院政府工作报告》中明确提出了新的体育方针——普及与提高，在这个五年计划剩下的时间要普及群众性体育运动，提高竞技运动水平。[②]在"普及与提高相结合"方针的指导下，党和政府一方面投入了大量资金建设体育基础设施，普及群众体育运动，增强人民体质，另一方面又集中力量发展竞技体育。1959年，共青团中央颁布的《关于更广泛地组织青少年参加体育运动的指示》中提出"各级团委执行勤俭办体育的精神，提倡少花钱和不花钱的做法"，[③]1960年和1961年的全国体育工作报告中也都提出要掌握勤俭办体育事业的原则，体育场地器材提倡"因陋就简，土洋结合"。1972年，国家体委和国家计委等部门联合发布了《关于加强体育器材生产供应工作的意见》（以下简称《意见》），提出各部门要建立完善对体育器材的生产和供应工作，

---

①刘远祥，田雨普．政府与市场博弈下的体育产业结构优化[J].山东体育学院学报，2009，25（04）：1-4.

②崔乐泉．百年来中国共产党体育为人民思想与实践的传承和发展[J].天津体育学院学报，2021（36）3：253.

③孙成林，王健，高嵩．建国17年我国体育设施政策研究[J].沈阳体育学院学报，2013，32（06）：70-73+88.

恢复和发展生产，加大对体育器材的研究试制工作。《意见》的发布，表明我国在体育器材方面不再完全依赖进口，开始自主制造。《1978年全国体育工作会议纪要》中再一次强调了坚持勤俭办一切事业的精神，加强维护管理现有器材、场地的同时发展生产，改善供应。随后，又相继发布了有关城市体育场地器材、体育院校服装伙食等政策。12月，国家体委批准发布了《关于全国性运动会经费包干暂行办法》，特别强调了在保证运动会正常开支的情况下，贯彻勤俭节约、艰苦朴素的精神，注意经济效果。随着国民经济的发展，体育事业的经费每年都在增长。这一时期，我国一直秉承着勤俭节约的精神发展体育事业。

在国家统包统管时期，政府对体育事业实行直接管理。从场地器材到运动竞赛，国家对体育事业发展全额拨款，体育经费均纳入国家的财政计划。所以体育经济政策也比较单一，主要表现为国家对体育的财政供给政策，且着重突出“包干”的特征。

**表5.1　中央及国家有关部门颁布的体育经济政策(1949—1978)**

| 发文时间 | 发文机构 | 发文名称 | 相关内容 |
| --- | --- | --- | --- |
| 1959.8.5 | 共青团中央 | 关于更广泛地组织青少年参加体育运动的指示 | 各级团委应当落实国家勤俭办体育的精神，提倡少花钱和不花钱的做法，自己动手，修建简易的球场、跑道、沙坑、游泳池等运动场地和单杠、双杠、木马、跳箱等体育器材。 |
| 1960.2.17 | 国家体委 | 关于1960年全国体育工作会议情况的报告 | 贯彻勤俭办体育的方针，在场地建设、器材生产方面要因陋就简，土洋结合。 |
| 1960.4.20 | 国家体委、教育部、共青团中央 | 在青少年中广泛开展田径运动竞赛的联合通知 | 各地可以发动青少年自己动手，自力更生，利用空地和废旧材料，修建一些简易的运动场地和制作一些器材。 |
| 1960.4.25 | 国家体委 | 关于贯彻中央关于卫生工作的指示精神，大力开展群众体育活动的意见 | 场地器材也要提倡土洋结合，因陋就简，组织协作解决。 |

续表

| 发文时间 | 发文机构 | 发文名称 | 相关内容 |
| --- | --- | --- | --- |
| 1961.2.10 | 国家体委 | 关于1961年体育工作的意见 | 体育事业贯彻勤俭建国方针，体育场地器材应因陋就简、土洋结合，集中力量管理好现有场地，一律暂不新建体育场、体育馆。 |
| 1962.3.9 | 国家体委 | 1961年全国体育工作会议纪要 | 群众活动所需场地器材，应采取因陋就简、土洋结合的办法解决，国家统一分配的器材由国家体委统一调拨。 |
| 1962.3.19 | 国家体委 | 1961年体育工作会议报告 | 兴建了一批具有一定规模的体育场地，体育器材基本上能够自己设计和生产。体育器材产量、品种都有巨大的增长，质量也有很大提高。 |
| 1963 | 国家体委 | 1962年全国体育工作会议纪要 | 勤俭办体育，厉行节约，合理使用经费，加强体育场地器材的保养维修，提高使用率。 |
| 1972.9.4 | 国家体委、国家计委、轻工业部、商业部 | 关于加强体育器材生产供应工作的意见 | 各地轻工、商业部门要加强对体育器材生产和供应工作的领导，逐步恢复和发展生产，并大力加强对体育器材的研究试制工作。 |
| 1973.1.24 | 国家体委 | 1973年全国体育工作会议纪要 | 为适应体育事业的发展，按照勤俭办一切事业的精神，保证必要的体育经费和场地、器材等物质条件。 |
| 1974.1.4 | 国家体委、轻工业部、商业部 | 关于统一生产免票供应优秀运动员和体育专业学生运动服装和胶鞋的联合通知 | 适应体育事业的发展，保证优秀运动员、教练员训练、竞赛对服装的需要，根据勤俭办一切事业的原则，制定本规定。 |
| 1974.2.12 | 国家体委 | 1974年体育工作要点 | 加强宣传出版、体育学院、科学研究工作，按照勤俭办一切事业的精神，做好场地器材等物质保证工作。 |
| 1975.5.30 | 国家体委、国家计委、国家建委等11部门 | 关于在全国恢复业余滑翔学校和开展其他军事体育活动问题的请示 | 军事体育活动所需的专用器材，统一由国家体委向有关部门申请安排生产，产品由国家体委根据各地训练计划，无价拨给。 |

续表

| 发文时间 | 发文机构 | 发文名称 | 相关内容 |
| --- | --- | --- | --- |
| 1977.3.8 | 国家体委 | 关于参加国际体育活动的比赛服装、体育器材以及援外教练运动服装配备和管理的规定 | 适应体育事业的发展,保证优秀运动员、教练员训练、竞赛对服装的需要,根据勤俭办一切事业的原则,制定本规定。 |
| 1978.2.2 | 国家体委 | 1978年全国体育工作会议纪要 | 切实加强后勤工作的领导,要坚持勤俭办一切事业的原则。加强对现有场地、器材的管理和维护,发展体育器材生产,改善供应。随着国民经济的发展,体育经费每年都要有所增加。 |
| 1978.9.5 | 国家体委 | 关于加强城市体育工作的意见 | 体育场地设备的建设要列入城市建设规划。群众体育活动需要的器材,要发扬自力更生精神,发动群众自己动手制作。同时积极建议有关部门统筹安排,生产经济耐用的体育器材,以满足广大群众的需要。 |
| 1978.9.20 | 商业部、国家体委 | 关于少年儿童业余体校运动服装供应和管理办法 | 适应体育事业的发展,保证服装供应,根据勤俭办一切事业的原则,制定本规定。 |
| 1978.10.12 | 教育部、国家体委、财政部、商业部 | 关于体育教师、体育专业学生粮食定量和教学工作(运动)服装供应问题的通知 | 为了实现新时期教育战线的任务,提高教育质量,大力发展教育事业,调动体育教师培养全面发展人才的社会主义积极性,合理解决体育教学工作中的实际问题,对大中小学体育教师、体育专业学生的粮食和服装供应做出要求。 |
| 1978.12.30 | 国家体委 | 关于全国性运动会经费包干暂行办法 | 发挥"两个积极性",既保证运动会开支的正常需要,又要贯彻勤俭节约的精神。 |
| 1978.12.30 | 国家体委、财政部、商业部 | 关于全国性运动会竞赛经费开支标准的暂行办法 | 举办全国性运动会,既要保证开支的合理需要,又要贯彻勤俭节约、艰苦朴素的精神,注意经济效果。 |

## 二、计划经济向市场经济过渡阶段的体育经济政策(1979—1991)

党的十一届三中全会开启了我国改革开放的新历程,带来了社会、经济的巨大变化,也为我国体育事业的发展创造了良好的土壤与环境。为改变国家财政包办体育事业的模式,我国体育经济领域开始尝试通过社会办体育。为了缓解资金短缺的问题,国家积极扶持体育事业单位充分发挥自己的经营效益,开源节流,创造营收。①体育经济政策也逐渐进行自身的市场化转型调试(见表5.2)。

**表5.2 中央及国家有关部门颁布的体育经济政策(1979—1984)**

| 发文时间 | 发文机构 | 发文名称 | 相关内容 |
|---|---|---|---|
| 1979.1.22 | 国家体委 | 关于做好县体育工作的意见 | 学校、社队、厂矿企业等基层单位要发动群众,自己动手,修建简易场地和制作简易器材。 |
| 1979.2.21 | 财政部、国家体委 | 关于优秀运动员、教练员的运动服装(专用服装)发放标准及其管理办法的暂行规定 | 适应体育事业的发展,保证优秀运动员、教练员训练、竞赛对服装的需要,根据勤俭办一切事业的原则,制定本规定。 |
| 1979.3.20 | 国家体委 | 关于加强群体工作的意见 | 学校体育和群众锻炼常用急需的体育器材的生产和供应,各省市自治区体委要会同当地有关部门积极加以安排解决,国家体委也将与有关部门共同研究,逐步解决。 |
| 1979.7.26 | 教育部、国家体委、财政部等6部门 | 关于体育教师粮食定量和教学工作(运动)服装供应问题的补充通知 | 享受体育教师口粮定量的必须是吃商品粮的人口。 |

①刘远祥,田雨普.政府与市场博弈下的体育产业结构优化[J].山东体育学院学报,2009,25(04):1-4.

续表

| 发文时间 | 发文机构 | 发文名称 | 相关内容 |
| --- | --- | --- | --- |
| 1979.9.25 | 教育部、国家体委、卫生部、共青团中央 | 全国学校体育、卫生工作经验交流会议纪要 | 在分配教育经费时,要安排一定的款项,用以购置和维修体育场地、器材和卫生设备。提倡自力更生,勤俭办体育。 |
| 1979.10.25 | 商业部、全国供销合作社、国家体委等6部门 | 关于调整体育专业运动服装和胶鞋供应标准的通知 | 对当前实行的运动服装和胶鞋供应标准作了汇集并做部分调整和补充,同时增加了军事业余体育学校专职教练员的供应标准。 |
| 1980.2.11 | 国家体委 | 关于体育出国留学人员的运动服装和工作服的供应、管理暂行办法 | 保证我国派往国外学习的体育进修生、研究生、大学生在学习期间对运动服装和工作服的基本需要,按照勤俭节约的原则,制定办法。 |
| 1980.4.7 | 国家体委 | 关于举办国际体育邀请赛、锦标赛经费包干试行办法(草案)的通知 | 举办国际体育锦标赛或邀请赛应本着“精俭节约、礼仪从简、讲究实效”的原则,尽可能节约一切可以节约的经费。 |
| 1980.4.25 | 国家体委、财政部、劳动局、文化部 | 关于充分发挥体育场地使用效率的通知 | 加强体育场地管理,充分发挥体育场地使用效率,增收节支,更好地为发展体育事业服务。 |
| 1980.10.24 | 国家体委 | 国家体委直属体育学院附属竞技体育学校经费开支标准规定(试行) | 为备战奥运,设竞技体育学校,特制定经费开支标准,且只适用于国家体委直属体育学院附属竞技体育学校。 |
| 1982.2.8 | 国家体委 | 国家体委举办讲习班、训练班等业务费用划分的暂行规定 | 加强体育专业人才培训,适应体育事业发展需要,加强讲习班、训练班财务管理,使各项业务活动顺利进行。 |
| 1982.3.5 | 国家体委、财政部 | 关于招待来访的体育团队费用中央与地方开支划分暂行实施办法 | 针对应邀来华活动的体育团队,需做全国统筹安排,对其费用开支问题,制定本办法。 |

续表

| 发文时间 | 发文机构 | 发文名称 | 相关内容 |
| --- | --- | --- | --- |
| 1982.8.23 | 国家体委 | 国家体委直属单位固定资产管理暂行规定 | 固定资产管理和使用贯彻“统一领导，分工管理，层层负责，合理调配，管用结合，物尽其用”的原则。 |
| 1983.2.27 | 国家体委、财政部 | 关于体育运动学校经费开支标准中有关问题的规定 | 进一步办好体育运动学校，提高教学质量，更好地为优秀运动队培养人才。 |
| 1983.4.4 | 国家体委、财政部 | 各级体委所属公共体育场所财务管理暂行办法 | 贯彻执行党和国家对发展体育事业的方针任务，进一步适应体育事业发展的需要，提高体育场所的经济效益。 |
| 1983.8.15 | 国家体委 | 关于省、自治区、直辖市体委自筹经费进行对外体育活动问题的规定(试行) | 遵循我国对外活动的方针、政策，并在我国对外体育活动通盘的安排的原则下，国家体委积极支持省、自治区、直辖市体委自筹经费派体育队或运动员出国访问。 |
| 1983.8.18 | 国家体委 | 关于对群众自办武术馆和私人教拳加强管理的意见的通知 | 当地体委或武协可以从自己所管辖的武术馆、站、社和私人教拳的所得学费中，提取适当管理费，用于武术事业。 |
| 1983.10.28 | 国家体委 | 国家体委关于进一步开创体育新局面的请示 | 兴建供群众活动和运动队训练的简易场地，争取在全国有百分之十左右的县建成“两场一房一池”，将体育场地建设纳入各地经济、社会发展计划和城市建设规划。 |
| 1984.4.26 | 国家体委、财政部 | 关于调整运动员、教练员伙食标准问题的意见 | 根据当地实际情况，自行核定参赛人员及工作伙食金额标准。 |
| 1984.5.5 | 国家体委 | 关于体育部门所属体育场、馆向儿童、少年开放的通知 | 各级体委本着为孩子们多做好事的精神，将所属体育场馆向儿童少年开放，儿童节免费开放一天。 |

续表

| 发文时间 | 发文机构 | 发文名称 | 相关内容 |
|---|---|---|---|
| 1984.10.5 | 国家体委 | 关于进一步发展体育运动的通知 | 增加体育事业经费和基建投资,纳入各地方政府的经济和社会发展计划。 |
| 1984.12.12 | 国家体委 | 关于加强县体育工作的意见 | 体育设施必须增加数量,提高质量,国家要逐步增加体育事业和基础设施建设的投入资金。 |

1983年国家体委发布了《关于对群众自办武术馆和私人教拳加强管理的意见的通知》,提出各地体委或武协可从自己所管辖的武术馆、站、社和私人教拳的所得学费中提取适当的管理费,用于武术事业。

1984年,中国首次全面参加第23届奥运会便取得了15枚金牌,列金牌总数第4,极大地振奋了民族精神。在这一背景下,国家体委于同年10月5日下发了《关于进一步发展体育运动的通知》,提出逐步增加体育经费和基础设施投资,并将其纳入地方政府的经济社会发展计划,确保体育事业取得长足的发展,[①]为洛杉矶奥运会后中国体育的进一步改革指明了方向。

洛杉矶奥运会后,空前的"体育热"导致社会对体育的需求日益高涨,但国家投入却略显不足,同时国家体育管理体制和领导体制过于集中,群众体育与竞技体育发展不平衡等多重矛盾日益突出。为此,国家体委于1984年和1986年先后下发了《关于贯彻执行中共中央(通知)的意见》《关于体育改革的决定(草案)》两个文件。[②]以这两个文件为核心,确立了以社会化为突破口,以竞赛和训练改革为重点的新的改革思路,与"以革命化为灵魂,以社会化和科学化为两翼,实现体育腾飞"的新战略指导思想。[③]1985年,国家体委发布了《关于调整全国性运动会经费包干定额的通知》,首次提出了要推行招标的办法来提高体

①骆雷,张林,黄海燕.改革开放30年我国体育产业研究的总体述评[J].体育科学,2012,32(11):83-89.

②伍绍祖.中华人民共和国体育史(1949—1998)[M].北京:中国书籍出版社,1999:294.

③卢玲.新中国女性竞技体育成绩发展轨迹的探析[J].体育科研,2012,33(04):48-50+72.

育竞赛的质量和效益。同年又发布了《关于在部分体育训练基地试行集训经费定额包干办法的通知》,两项关于经费"定额包干"的通知说明政府已经开始在调整体育事业的经济政策(见表5.3),改变国家财政包办一切的旧模式。

随着经济体制改革的不断深入,国家开始逐渐打破了过去高度集中的计划经济体制下的统包统管体制。[①]1986年,国家体委发布了《国家体委直属事业单位收入留成试行办法》,对单位组织的收入实行按经费自给率核定事业发展基金、集体福利基金、奖励基金的办法,推动部分事业单位逐步向经济自给或半自给过渡。[②]在政策的引领下,凡具备组织收入条件的体育事业单位,应充分挖掘潜力,合理创造营收,解决体育发展资金不足的问题。这一年,国家体委联合工商局发布了《关于加强体育广告管理的暂行规定》,体育广告的发展对促进我国体育运动的社会化,丰富群众的体育生活具有重要的意义,又为社会支持和赞助体育比赛开辟了更为广阔的途径。1987年,国内物价起伏较大,国家体委发布了《关于调整全国性运动会经费包干定额的通知》,调整了运动员经费包干定额,保证运动会的质量。1987年8月,国家体委又发布《国家体委直属事业单位财务管理试行办法》,以及与财政部联合发布的《国家体委直属事业单位"预算包干"暂行办法》,对全额事业单位实行了"核定基数,比例递增"的管理办法,对自收自支单位实行"经费自给,收大于支,结余部分上缴的管理办法"。[③]

改革开放以来,全党的工作重心开始转到了社会主义现代化建设上来,体育经济政策由原来的国家财政包办一切的发展模式向社会化经济过渡,体育经济政策的关键主题也由"包办"转变为"定额包干"。在体育经济政策的引导下,体育事业单位实行了"预算包干、结余留用、超支不补"的财务管理体制,开始逐步扩大服务范围,找寻资金来源,一定程度上缓解了体育事业发展资金不足的问题。

①黄文仁,骆映.社会体育制度化进程问题的思考[J].体育与科学,2003(05):36-38.

②邱鹏.我国公共体育服务财政投入研究[D].苏州:苏州大学,2019.

③隋路.国家意愿与体育经济政策的形成[J].体育学刊,2005(04):4-7.

**表 5.3　中央及国家有关部门颁布的体育经济政策(1985—1991)**

| 发文时间 | 发文机构 | 发文名称 | 相关内容 |
| --- | --- | --- | --- |
| 1985.1.26 | 国家体委 | 关于编报进口体育器材申请免税报表规定的通知 | 整顿填报混乱、无人负责等问题,进一步做好编报申请免税工作。 |
| 1985.2.2 | 国家体委 | 关于调整全国性运动会经费包干定额的通知 | 为了提高竞赛质量与效益,将推行招标办法。今年的一些运动竞赛经费仍将实行经费包干作为过渡办法。 |
| 1985.10.26 | 国家体委 | 关于在部分体育训练基地试行集训经费定额包干办法的通知 | 本着简政放权和加强经济核算,提高经济效益的精神,拟对承办我委集训任务的部分体育训练基地试行集训经费定额包干管理办法。 |
| 1985.12.9 | 国家体委、财政部、商业部 | 关于优秀运动员、专职教练员和其他人员伙食标准的规定 | 保证优秀运动员、专职教练员伙食供应,以使运动员、教练员确能得到身体消耗的实际需要。 |
| 1986.3.1 | 国家体委 | 体育训练基地管理工作条例 | 基地发扬艰苦创业精神,坚持勤俭办事的方针,逐步建成具有现代化水平的训练基地。 |
| 1986.3.10 | 国家体委 | 国家体委直属事业单位收入留成试行办法 | 加强事业单位的财务管理,调动职工的积极性,推动有些事业单位逐步向经济自给或半自给过渡。 |
| 1986.7.2 | 国家体委 | 关于接待来华访问体育外宾经费包干补助办法的补充规定 | 加强财务管理,简化手续,提高工作效率。 |
| 1986.11.24 | 国家体委、国家工商局 | 关于加强体育广告管理的暂行规定 | 加强对体育广告的管理,使其健康发展。有利于我国体育运动的社会化,丰富群众的体育生活,促进我国体育运动水平的提高。 |

续表

| 发文时间 | 发文机构 | 发文名称 | 相关内容 |
|---|---|---|---|
| 1986.11.29 | 城乡建设部、国家体委 | 关于发布城市公共体育运动设施用地定额指标暂行规定的通知 | 认真落实国家对体育场地建设的要求和城市规划关于运动场地面积的定额指标。 |
| 1987.2.4 | 国家体委 | 关于调整全国性运动会经费包干定额的通知 | 为了保证运动会质量，根据我委财力，决定自1987年起，对全国性经费包干定额进行调整。 |
| 1987.8.29 | 国家体委 | 国家体委直属事业单位财务管理试行办法 | 加强体育事业单位的财务管理，保证体育事业计划和任务的完成，促进体育事业的发展。 |
| 1987.8.29 | 国家体委 | 国家体委直属事业单位材料、低值易耗品管理试行办法 | 加强直属各事业单位的材料和低值易耗品的科学管理，保证体育事业任务的顺利完成。 |
| 1988.1.22 | 国家体委 | 国家体委直属事业单位基本建设投资包干责任制试行办法 | 克服基本建设敞口花钱，吃"大锅饭"的弊病，调动有关方面的积极性，保证工程质量，降低工程造价，明确各级责任。 |
| 1988.7.11 | 国家体委 | 关于进口体育器材设备工作的暂行规定 | 做好体育器材、设备的进口工作，不断改善体育比赛、训练和科研条件，促进我国体育事业的发展。 |
| 1989.5.4 | 国家体委、财政部 | 国家体委直属事业单位预算包干暂行办法 | 加强对体育事业单位的财务管理，提高资金的使用效益，促进体育事业的发展。 |
| 1989.6.5 | 国家体委 | 关于国家级优秀运动队运动员、教练员运动服装(专用服装)发放标准及其管理办法的暂行规定 | 满足国家级优秀运动队运动员、教练员对运动服装的基本需要，按照勤俭节约的原则制定办法。 |

## 三、社会主义市场经济体制下的体育经济政策(1992—2011)

1992年春,我国改革开放进入了深化阶段,邓小平同志发表南方谈话,同年中国共产党第十四次全国代表大会召开,确定了建立社会主义市场经济体制的目标,为该时期体育界重新认识和思考体育经济问题、制定相关政策指明了方向(见表5.4)。

**表5.4　中共中央、国务院及国家有关部门颁布的体育经济政策(1992—2001)**

| 发文时间 | 发文机构 | 发文名称 | 相关内容 |
| --- | --- | --- | --- |
| 1992.6.11 | 国家体委 | 体育训练基地基本建设工作管理办法 | 加强体育训练基地的基本建设管理工作,提高管理水平。 |
| 1992.6.16 | 中共中央、国务院 | 关于加快发展第三产业的决定 | 加快体育产业发展。 |
| 1992 | 国家体委 | 关于建立全国统一的体育彩票发行制度的请示 | 申请建立统一的体育彩票发行制度。 |
| 1992.9.16 | 国家体委 | 国家体委直属单位基本建设项目投资包干责任制办法 | 加强对直属单位基本建设项目投资的管理,提高投资效益。 |
| 1993.5.24 | 国家体委 | 国家体委关于深化体育改革的意见 | 体育部门应充分利用自身优势,积极开发以体育为主导,多元融合的新兴产业。 |
| 1993.5.24 | 国家体委 | 关于培育体育市场加快体育产业化进程的意见 | 开拓体育市场,促进体育事业全面、快速地发展。 |
| 1993.6.15 | 国家体委 | 1993年全国体育产业工作会议纪要 | 加快发展体育产业,适应社会主义市场经济体制发展的需要。 |
| 1994.1.3 | 国家体委 | 国家体委直属事业单位预算包干管理办法 | 国家体委根据各直属事业单位的综合情况,分别确定适用“全额预算管理”“差额预算管理”和“自收自支管理”的预算管理形式。 |

续表

| 发文时间 | 发文机构 | 发文名称 | 相关内容 |
| --- | --- | --- | --- |
| 1994.5.9 | 国家体委 | 关于加强体育市场管理的通知 | 培育体育市场,加强体育市场管理。 |
| 1994.8 | 国家体委 | 全国体育单项协会实体化改革研讨会纪要 | 全国性单项体育协会作为社会组织,在体育事业的发展过程中理应发挥出独特优势。 |
| 1994.11 | 国家体委 | 1994年全国体育经济问题研讨会会议纪要 | 总结过去一年全国体育经济发展问题并提出解决方案。 |
| 1995.6.16 | 国家体委 | 体育产业发展纲要(1995—2010年) | 积极发展体育产业以适应社会主义市场经济体制的需要。 |
| 1995.6.20 | 国务院 | 全民健身计划纲要 | 体育部门需要改善支出结构,逐步提高大额体育支出在预算中的比重。鼓励我国群众积极参与体育消费。 |
| 1995.8.29 | 全国人大常委会 | 中华人民共和国体育法 | 县级以上人民政府应当将体育资金和体育基本建设资金包含在同级预算以及基本建设投资计划中,随着财政收入的增加逐步提高对体育事业的资金投入。 |
| 1996.3.6 | 国家体委、财政部 | 全国综合性体育运动会财务管理办法 | 适应社会主义市场经济体制的需要,加强全国综合性体育运动会的财务管理工作,规范财务管理程序。 |
| 1996.3.17 | 全国人民代表大会 | 国民经济和社会发展“九五”计划和2010年远景目标纲要 | 建立社会化的群众体育组织网络,形成国家与社会联合开展体育事业格局,走社会化、产业化道路。 |
| 1997.6.1 | 国家体委、财政部 | 体育事业单位财务制度 | 加强体育事业单位财务管理和监督,促进体育事业的健康发展。 |
| 1999.11.15 | 体育彩票管理中心 | 体育彩票财务管理暂行规定 | 规范体育彩票管理中心的财务行为,加强财务管理。 |
| 2000.3.1 | 国家体育总局 | 全国性单项体育竞赛财务管理办法 | 规范全国单项体育赛事财务运作,提高赛事资金使用效率,保障赛事顺利进行。 |

续表

| 发文时间 | 发文机构 | 发文名称 | 相关内容 |
| --- | --- | --- | --- |
| 2000.9.18 | 国家体育总局 | 中国体育彩票全民健身工程管理暂行规定 | 加强中国体育彩票全民健身工程的建设和管理,发挥体育彩票的公益作用。 |
| 2000.12.15 | 国家体育总局 | 2001—2010年体育改革与发展纲要 | 努力把体育产业培育成国民经济新的增长点。 |
| 2001.1.6 | 国家体育总局 | 国家体育总局科学研究与科技服务经费管理暂行办法 | 加强对国家体育总局科学研究与科技服务经费的管理,切实提高科研与服务经费的使用效益。 |
| 2001.3.20 | 国家体育总局 | 大宗物资、装备公开采购暂行办法 | 规范国家体育总局在京各事业单位采购大宗物资、装备工作,强化财政支出管理,提高资金使用效益。 |
| 2001.8.14 | 国务院 | 全民健身计划纲要第二期工程(2001—2010年)规划 | 加快体育健身场地设施建设和开放。 |
| 2001.10.19 | 国家体育总局 | 关于进一步加强直属事业单位财务管理的通知 | 加强体育总局直属事业单位财务管理。 |
| 2001.10.19 | 国家体育总局 | 关于运动项目管理中心工作规范化有关问题的通知 | 加强对运动竞赛经费的管理,对运动员广告代言、商业表演活动加强管理。 |

1992年11月,国家体委在广东省中山市召开以深化体育改革为主题的体委主任座谈会,探讨体育改革,学习党的十四大精神。①会议认为体育改革不是简单地对原有的体育体制和运行机制进行小修小补,而是要符合社会主义市场经济要求,重新划定体育管理权限,修改体育政策法规,对体育体制进行根本性

①舒能贵,陈建军,张玉华.改革开放30周年中国体育发展的回顾与展望[J].武汉体育学院学报,2009,43(02):30-34.

的变革。[①]1993年，国家体委出台了《关于深化体育改革的意见》，确定了20世纪90年代到21世纪初体育改革的基本指导思想，国家开始改变依靠行政手段办体育的模式，逐步探索建立与社会主义市场经济体制相适应的体制机制，力争在进入21世纪之前初步建立具有中国特色的社会主义的新体育体制。

我国体育产业化虽始于20世纪80年代，但直到90年代初，体育产业才具有了较为完整的产业形态和行业制度。1992年6月，为提高全党全社会对第三产业的重视，中共中央、国务院发布《关于加快发展第三产业的决定》，[②]指出第三产业是衡量现代社会经济发达程度的重要标志，要求包括体育产业在内的第三产业依靠社会各方面力量加快发展，避免过度依赖国家投资。为贯彻中央《关于加快发展第三产业的决定》，国家体委于1993年发布了《关于培育体育市场，加快体育产业化进程的意见》，[③]意见认为：体育作为第三产业，应建立自我发展机制，逐步走向市场，推动体育事业全面快速的发展。1994年，《国家体委直属事业单位预算包干管理办法》发布，国家体委根据各直属事业单位的综合情况，分别确定适用"全额预算管理""差额预算管理"和"自收自支管理"的预算管理形式，逐步向政府与社会相结合的模式过渡。1995年6月，国家体育总局出台了《体育产业发展纲要（1995—2010）》，指出要逐步建成适应社会主义市场经济体制，符合现代体育发展规律、发展规范的体育产业体系，提出了未来15年我国体育产业发展的指导思想、目标以及政策措施。[④]同年《中华人民共和国体育法》实施，我国体育事业发展的各个方面以法律的形式固定下来，体育经济工作由此进入了有法可依、依法治体的新阶段。1996年，第八届全国人大第四次会议通过《国民经济和社会发展"九五"计划和2010年远景目标纲要》，第一次以法律的形式明确提出体育要走社会化、产业化的道路。[⑤]在政策引导下，体

①李琳瑞.我国运动员权利保护研究[D].北京：北京体育大学，2009.

②肖林鹏.我国体育产业技术政策发展历程、问题与对策[J].上海体育学院学报，2011，35(06)：17-22.

③张发强.对我国体育产业化的战略思考[J].体育文史，1997(02)：10-14.

④沈克印.当代中国体育经济伦理的理论与实践研究[D].南京：南京师范大学，2011.

⑤隋路.国家意愿与体育经济政策的形成[J].体育学刊，2005(04)：4-7.

育广告业、体育建筑业以及体育休闲产业等得到了充分发展。进入21世纪,国家体育总局发布了《2001—2010年体育改革与发展纲要》,进一步调整产业结构,促进第三产业的发展,制定了科学的体育产业发展规划和相应的政策法规,加快体育市场开拓,为新时期体育产业发展奠定了基础,体育发展势头日趋强劲。①

在国家体委先后发行了亚运会、全运会、民运会等大型综合性运动会彩票后,为了使体育彩票业纳入全国统一的发展轨道,1992年,国务院颁布了《关于建立全国统一的体育彩票发行制度的请示》,7月,国家体育彩票筹备组成立,体育彩票业发展进入新阶段。②1994年1月,国家体委体育彩票筹备组按照国家体委领导的指示,向国务院办公厅申请发行体育彩票的理由以及国家体委将统一发行、统一印制和统一管理体育彩票的请示,经批准,国家体委在1994—1995年度发行10亿元体育彩票。为了加强全国体育彩票的统一规划和宏观管理,1994年4月5日,国家体委正式成立体育彩票管理中心,体育彩票的发行和管理得到有力的保障。③2000年,国家体育总局发布了《中国体育彩票全民健身工程管理暂行规定》,发挥体育彩票的公益作用,推动群众体育事业的发展,助力全民健身计划的实施。

2002年,国务院通过了《关于进一步加强和改进新时期体育工作的意见》(以下简称《意见》),明确了新时期体育事业发展的指导思想,④要从我国国情出发,坚持国家体育事业发展与经济社会发展同频共振,协调一致。《意见》的发布开创了体育工作的新局面,体育经济政策开始凸显以体育产业为主的特征(见表5.5)。2004年,国家体育总局发布了《关于进一步加强用于全民健身的体育彩票公益金使用管理的通知》和《关于援建第四批中国体育彩票全民健身活动

①张秀红.西安市体育健身休闲娱乐产业政策研究[D].西安:西安体育学院,2013.

②陈华伟.社区体育资源配置理论与实证研究[D].福州:福建师范大学,2014.

③张林,黄海燕,王岩.改革开放30年我国体育产业发展回顾[J].上海体育学院学报,2008,32(04):1-5.

④王子朴,原玉杰,詹新寰.我国体育产业政策发展历程及其特点[J].上海体育学院学报,2008(02):15-19.

中心的通知》，两项政策的发布加强了新形势下全民健身事业公益金的管理，充分发挥了体育彩票“取之于民、用之于民”的公益作用，扩大了体育彩票的社会影响，更好地满足了全民健身下广大人民群众体育健身的多元化需求。①

长期以来，由于缺乏统一的体育产业统计标准和相应的统计体系，我国的体育产业统计基础一直很薄弱，这使得我们无法全面掌握我国体育产业的发展状况，这给我国体育产业的宏观管理、战略规划造成了很大困难。2008 年 7 月，为规范体育相关产业的统计和管理，《体育及相关产业分类（试行）》正式出台，这是我国体育行业首个具有约束力的国家统计标准，②为有效获取体育及相关产业统计数据提供了前提，也为体育产业健康可持续发展提供了依据和参考。同年 8 月 8 日，北京奥运会如期举办，让全世界华人都沉浸在无与伦比的自豪和喜悦中，如此盛大的体育赛事，不仅向世界展示了中华民族的风采，也为中国体育产业的发展带来了巨大的机遇。据统计，2008 年全国体育及相关产业从业人员为 317.09 万人，实现增加值 1 554.97 亿元，较 2007 年增长 14%，占当年 GDP 的 0.52%，按可比价比 2007 年增长了 16.05%，③可以看出，体育及相关产业增加值增长速度较快。时任总书记胡锦涛在北京奥运会、残奥会总结表彰大会上对我国体育产业发展提出了新要求，旨在引导更多的社会力量兴办体育，促进体育事业与产业协调发展。2010 年，为加快发展体育产业，促进我国由体育大国向体育强国转变，国务院颁布实施《关于加快体育产业发展的指导意见》（以下简称《指导意见》），至此，我国体育产业政策进入“战略发展阶段”。为贯彻落实《指导意见》，2011 年国务院颁布了《体育产业“十二五”规划》，切实推动了体育产业的发展。

---

①刘周敏，李艳翎，刘煜．湖南省全民健身路径发展现状及对策研究[J]．体育科学研究，2008(04)：38-40.

②肖林鹏．我国体育产业技术政策发展历程、问题与对策[J]．上海体育学院学报，2011，35(06)：17-22.

③国家体育总局．全国体育及相关产业专项调查结果首次发布[EB/OL]．(2010-04-29)[2022-3-14]http://sports.people.com.cn.

**表5.5　中央及国家有关部门颁布的体育经济政策(2002—2011)**

| 发文时间 | 发文机构 | 发文名称 | 相关内容 |
| --- | --- | --- | --- |
| 2002.4.12 | 国家体育总局 | 农村体育工作暂行规定 | 鼓励企业事业组织和个人依法兴办体育产业,繁荣体育市场。 |
| 2002.7.22 | 中共中央、国务院 | 关于进一步加强和改进新时期体育工作的意见 | 加快发展作为第三产业组成部分的体育产业,是建立适应我国社会主义市场经济体制的需要。 |
| 2002.7.27 | 国家体育总局 | 关于加强体育彩票公益金援建项目监督管理的意见 | 充分发挥公益金在构建面向大众服务体系,推动《全民健身计划纲要》贯彻实施的积极作用,提高公益金的使用效益。 |
| 2003.8.1 | 国务院 | 公共文化体育设施条例 | 推进公共文体设施建设,加强公共文体设施管理保护,充分发挥公共文体设施功能。 |
| 2004.8.26 | 国家体育总局 | 关于进一步加强用于全民健身的体育彩票公益金使用管理的通知 | 在新形势下进一步加强用于全民健身事业的公益金的使用管理,并使公益金在使用过程中做到科学规划、合理使用、规范运作、严格管理、讲求实效。 |
| 2004.11.6 | 国家体育总局 | 关于援建第四批中国体育彩票全民健身活动中心的通知 | 更好地满足群众多样化的体育健身需求,加强群众运动场馆设施的高水平建设。 |
| 2006.7.11 | 国家体育总局 | 体育事业“十一五”规划 | 加强城乡社区体育设施建设,重点实施农民体育健身工程。 |
| 2007.3.27 | 国务院 | 关于加快发展服务业的若干意见 | 优化体育服务消费结构,丰富人民群众精神文化生活。 |
| 2007.3.28 | 国务院 | 关于印发2007年工作要点的通知 | 积极发展体育事业和体育产业。 |
| 2008.1.8 | 发展改革委、文化部等8部门 | 关于构建合理演出市场供应体系,促进演出市场繁荣发展的若干意见 | 加大政府投入、培育市场主体、规范市场秩序。 |
| 2008.6.18 | 国家统计局、国家体育总局 | 体育及相关产业分类(试行) | 规范体育相关产业的统计和管理,加快推动体育产业发展,建立体育产业统计调查制度。 |

续表

| 发文时间 | 发文机构 | 发文名称 | 相关内容 |
|---|---|---|---|
| 2008.11 | 经济司 | 关于做好全国体育及相关产业专项调查实施方案的通知 | 全面准确地把握我国体育产业发展基本情况，探索建立体育产业统计制度，进一步引导体育社会投资，促进体育产业健康发展。 |
| 2009.5 | 国务院 | 彩票管理条例 | 加强彩票管理，规范彩票市场发展，维护市场秩序。 |
| 2009.5.1 | 国家体育总局 | 体育统计工作管理办法 | 发挥体育统计的咨询与监督功能，加强体育统计工作管理，确保体育统计资料的及时性和准确性。 |
| 2009.5.25 | 国务院 | 国务院批转发展改革委关于2009年深化经济体制改革工作意见的通知 | 深化体育体制改革、加强体育公共服务建设。 |
| 2009.8.13 | 国务院 | 关于进一步繁荣发展少数民族文化事业的若干意见 | 充分发挥少数民族优势，鼓励少数民族文化产业多样化发展，促进体育与其他产业领域联动发展。 |
| 2009.10.1 | 国务院 | 全民健身条例 | 鼓励体育企事业单位开展全民健身活动，对全民健身事业提供捐赠和资助。 |
| 2009.12.3 | 国务院 | 关于加快发展旅游业的意见 | 支持有条件的地区发展生态旅游、森林旅游、商务旅游、体育旅游、工业旅游、医疗健康旅游、邮轮游艇旅游。 |
| 2010.3 | 国务院 | 关于加快体育产业发展的指导意见 | 大力发展体育产业，促进我国由体育大国向体育强国的转变，促进经济社会协调发展。 |
| 2010.5 | 国务院 | 关于鼓励和引导民间投资健康发展的若干意见 | 进一步鼓励引导民间投资，完善社会主义市场经济体制，促进经济发展，扩大社会就业。 |
| 2011.2.15 | 国务院 | 全民健身计划（2011—2015年） | 坚持体育事业公益性，规定未来5年国家各类体育场地数量目标、人均场地面积目标。 |

续表

| 发文时间 | 发文机构 | 发文名称 | 相关内容 |
| --- | --- | --- | --- |
| 2011.4.8 | 国家体育总局 | 航空科技体育事业产业“十二五”发展规划 | 全面落实科学发展观,促进航空、科技体育事业、产业全面协调可持续发展,做好“十二五”期间的各项工作,更好地为建设体育强国服务。 |
| 2011.4.29 | 国家体育总局 | 关于印发体育产业“十二五”规划的通知 | 统筹“十二五”期间体育产业的各项工作,充分发挥体育产业在促进经济发展、社会和谐等方面的作用。 |
| 2011.5.11 | 国家体育总局经济司、国家旅游局政法司 | 关于开展全国体育旅游专项调查的函 | 推动体育产业与旅游进一步互动、融合,促进体育旅游快速发展。 |
| 2011.10.18 | 中国共产党第十七届中央委员会 | 中共中央关于深化文化体制改革、推动社会主义文化大发展大繁荣若干重大问题的决定 | 坚持中国特色社会主义发展道路,推动体育与文化产业融合发展。 |
| 2011.12.22 | 国家体育总局 | 国家体育产业基地管理办法(试行) | 加强对国家体育产业基地的管理,创造体育产业发展的良好环境,切实推动地方经济社会发展。 |

这一时期,党的十四大提出了建立社会主义市场经济体制的目标,在宏观调控下,发挥市场在资源配置中的基础性作用,市场逐渐发展成为社会资源配置的主体。为了与社会主义市场经济体制相适应,国家鼓励体育事业单位面向市场,充分挖掘体育的经济功能,提出了社会化、产业化的体育经济政策,体育事业的发展进入了一个新的历史阶段。体育事业国家办与社会办相结合,体育产业具有了较为完整的产业形态和行业制度,体育彩票的发行与发展步入了正轨,体育社会化、产业化的格局已经形成。

## 四、体育经济政策的创新发展阶段(2012—2019)

2012年党的十八大召开以后,国家对经济的认识和要求有了新的变化,尤其是以习近平同志为核心的党中央高度重视体育事业发展,2012—2019年总共出台体育经济相关政策87份(见表5.6),体育经济政策制定与出台进入了高峰期。

2012年,国家体育总局印发了《关于鼓励和引导民间资本投资体育产业的实施意见》,支持民间资本投资生产体育用品,建设各类体育场地设施,促进了我国体育产业投资主体多元化,实现了体育产业健康稳定可持续发展。[①]同年12月,国务院印发《服务业发展"十二五"规划》,其中提及鼓励发展健康体育产业,大力发展国内旅游,积极发展入境旅游。2013年9月,国务院发布了《关于促进健康服务业发展的若干意见》,支持全民健身与健康服务业融合发展,对全面建成小康社会具有重要意义。这两项产业政策表明,体育健康服务业、体育旅游业以及体育生态业等开始纳入我国体育产业的理念框架,对于中国体育产业的理念转变、产业发展趋势都有着积极的影响[②]。2014年,为进一步加快发展体育产业,增加就业,促进体育消费,国务院印发《关于加快发展体育产业促进体育消费的若干意见》(以下简称《意见》),[③]这个被誉为具有标志性意义的"46号文件",将全民健身上升为国家战略,同时还明确提出到2025年,体育产业总规模超过5万亿元。《意见》的发布,标志着我国体育产业开始注重强调政策的现代化、科学化内涵,政府进一步简政放权,也奠定了下一阶段体育产业政策从政府全权负责转向引导型治理模式的基础,揭示了我国体育产业将在资本吸纳、投融资机制建设以及市场主体多元化方面创造更为宽松活跃的氛围。

①肖乐乐.2008年北京奥运会后中国体育产业政策变迁研究[D].上海:华东政法大学,2018.

②易剑东,郑志强,詹新寰.中国体育产业政策研究:总览与观点[M].北京:社会科学文献出版社,2016.

③胡旭忠,汤卫东.新时代体育法基本原则的法理剖析与重构[J].体育学研究,2022,36(02):75-82.

**表 5.6　中央及国家有关部门颁布的体育经济政策(2012—2014)**

| 发文时间 | 发文机构 | 发文名称 | 相关内容 |
| --- | --- | --- | --- |
| 2012.1.18 | 财政部、民政部、国家体育总局 | 彩票管理条例实施细则 | 制定全国体育彩票事业的发展规划和管理制度,监督体育彩票发行与销售,规范彩票市场运行,维护市场秩序。 |
| 2012.2.9 | 国务院 | 关于印发质量发展纲要(2011—2020年)的通知 | 文化体育产业等生活性服务领域质量标准与国际先进水平接轨。 |
| 2012.5.31 | 国家体育总局 | 关于鼓励和引导民间资本投资体育产业的实施意见 | 支持民间资本投资生产体育用品,建设各类体育场地设施,促进我国体育产业投资主体多元化,实现体育产业健康稳定可持续发展。 |
| 2012.5.31 | 国家体育总局 | 关于加强体育文化工作的通知 | 加强体育文化建设是社会主义建设的要求,大力发展体育产业,推动体育文化建设,促进体育产业与文化产业的融合发展。 |
| 2012.9.28 | 国家体育总局 | 关于进一步加强室外健身器材招标采购及配建管理工作的意见 | 进一步规范室外健身器材招标采购及配建管理工作,切实保障器材质量和人民群众的健身权益,营造室外健身器材生产行业的公平竞争环境。 |
| 2012.12.12 | 国务院 | 关于印发服务业发展"十二五"规划的通知 | 以体育健身休闲产业和体育竞技表演产业为引领,推动体育用品制造、体育经纪等产业联合发展。 |
| 2012.12.20 | 国家体育总局、民航局、总参谋部 | 全国航空体育赛事活动管理办法 | 促进航空体育的健康发展,加强和规范全国航空体育竞赛活动管理,确保航空体育活动安全。 |
| 2012.12.27 | 体育经济司 | 国家体育总局2011年度本级体育彩票公益金使用情况公告 | 统计2011年彩票公益金使用情况,根据财政部批准的预算,公益金将用于开展大规模的体育工作,并为竞技体育工作提供资金。 |

续表

| 发文时间 | 发文机构 | 发文名称 | 相关内容 |
|---|---|---|---|
| 2013.6.24 | 国家体育总局 | 关于印发国家体育总局科研课题经费管理办法的通知 | 科学安排，合理配置，专款专用，规范和加强国家体育总局科研课题经费的管理和使用监察，提高资金使用效益。 |
| 2013.7.9 | 体育经济司 | 国家体育总局2012年度本级体育彩票公益金使用情况公告 | 统计2012年度国家彩票公益金使用情况，根据财政部批准的预算，用于开展大规模的体育工作，并为竞技体育工作提供资金。 |
| 2013.8.9 | 国家体育总局 | 关于做好经营高危险性体育项目管理工作的通知 | 贯彻落实法律法规关于经营高危险性体育项目管理的要求，积极推动体育产业健康有序发展。 |
| 2013.9.28 | 国务院 | 关于促进健康服务业发展的若干意见 | 支持发展全民体育健身等多样化健康服务。 |
| 2013.10.28 | 国家体育总局、发展改革委等8部门 | 关于加强大型体育场馆运营管理改革创新提高公共服务水平的意见 | 着力提升大型体育场馆的运营能力和服务水平，加强改革创新、提高运营效能，丰富服务内容、提高使用效率，优化功能布局、科学规划建设，加大政策支持、创造发展条件，加强组织领导。 |
| 2013.12.23 | 国家体育总局、财政部 | 关于印发中央集中彩票公益金支持体育事业专项资金管理办法的通知 | 规范和加强中央集中彩票公益金支持体育事业专项资金管理，提高资金使用效益。 |
| 2014.1.28 | 国家体育总局、财政部 | 关于推进大型体育场馆免费低收费开放的通知 | 提高大型体育场馆运营管理能力和公共服务水平，满足人民群众日益增长的体育健身需求。 |
| 2014.3.14 | 国务院 | 关于推进文化创意和设计服务与相关产业融合发展的若干意见 | 推进文化创意和设计服务与体育产业融合发展，拓展体育产业发展空间。积极培育体育健身市场，引导大众体育消费。 |
| 2014.4.17 | 国务院 | 关于落实政府工作报告重点工作部门分工意见 | 发展全民健身、竞技体育和体育产业。 |

续表

| 发文时间 | 发文机构 | 发文名称 | 相关内容 |
| --- | --- | --- | --- |
| 2014.5.16 | 国家体育总局、财政部 | 大型体育场馆免费低收费开放补助资金管理办法 | 规范和加强大型体育场馆向社会免费或低收费开放补助资金的管理与使用,提高资金使用效益。 |
| 2014.6.24 | 国家体育总局 | 关于开展全国体育彩票公益金优秀项目展示活动的通知 | 推动公益金使用的进一步规范,促进使用效益的进一步提升。 |
| 2014.7.11 | 体育经济司 | 国家体育总局2013年度本级体育彩票公益金使用情况公告 | 统计2013年国家体育彩票公益金使用情况,根据财政部批准的预算,用于开展大规模的体育工作,并为竞技体育工作提供资金。 |
| 2014.9.12 | 国家体育总局 | 关于印发《大型体育场馆基本公共服务规范》《大型体育场馆运营管理综合评价体系》的通知 | 对大型体育场馆服务内容作出约束性规范,并在此基础上形成以场地开放、活动承载、体育服务、人才队伍、规范化、信息化、运营效益、社会影响为主要指标的大型体育场馆运用管理评价体系。 |
| 2014.9.12 | 发展改革委、国家体育总局等10部门 | 关于加快推进健康与养老服务工程建设的通知 | 加快推进健康服务体系、养老服务体系和体育健身设施建设。 |
| 2014.10.2 | 国务院 | 关于加快发展体育产业促进消费的若干意见 | 大力发展体育产业,开辟体育产业市场,积极促进体育消费。 |
| 2014.12.31 | 国家体育总局 | 关于推进体育赛事审批制度改革的若干意见 | 鼓励社会力量参与体育事业,充分调动社会各方面组织和承办体育赛事的积极性。 |
| 2014.12.31 | 国家体育总局 | 在华举办国际体育赛事审批事项改革方案的通知 | 规范、简化在国内举办国际体育赛事的审批工作,更好地为体育事业发展提供良好环境。 |

“46号文件”出台以来,我国体育产业政策环境持续向好,市场前景广阔,产业领域不断扩大,社会贡献逐步显现。2015年,体育经济政策数量达14份(见表5.7),随着国家整体供给侧结构性改革开始深入,体育产业政策领域逐渐细

化，其中包括体育场馆、体育彩票、体育统计、体育赛事等诸多领域，也说明了体育产业发展的多元化。2016年，国家体育总局印发了《体育发展“十三五”规划》以及《体育产业“十三五”规划》，“十三五”时期是全面建成小康社会决胜阶段，也是加快体育产业发展的重要时期，要充分发挥体育在健康中国建设各个方面的重要作用，两个“规划”指出体育产业将从追求规模向提高质量和竞争力扩展，努力将体育产业发展成为国民经济转型升级的重要力量。2016年10月，国务院办公厅印发了《关于加快发展健身休闲产业的指导意见》，提出到2025年健身休闲产业总规模达到3万亿元的发展目标，并从服务体系、市场主体、产业结构和布局、设施建设、装备研发和消费环境等6方面提出发展任务，不断满足人民大众多层次、多样化的健身休闲需求。为贯彻落实《体育发展“十三五”规划》，国家体育总局和国家发展改革委等多部门联合，分别印发了有关水上运动、冰雪旅游产业、山地产业、航空运动等多项产业的政策，对发展健身休闲产业、建设健康中国、增强经济增长新动能具有重要的意义。同年10月25日，中共中央、国务院审议通过了《“健康中国2030”规划纲要》（以下简称《纲要》），将其作为2030年之前推进健康中国建设的行动纲领，这一政策的颁布使体育的健康属性得到彰显。《纲要》提出要引导社会力量参与健身休闲设施建设运营，鼓励发展多种形式的体育健身俱乐部，打造健身休闲示范区、产业带。在这些政策的推动下，健身休闲产业迎来了发展的新高峰。

**表5.7　中央及国家有关部门颁布的体育经济政策（2015—2017）**

| 发文时间 | 发文机构 | 发文名称 | 相关内容 |
| --- | --- | --- | --- |
| 2015.1.15 | 国家体育总局 | 体育场馆运营管理办法 | 规范体育场馆运营管理，开发体育场馆的体育服务功能，促进体育产业和体育事业协调发展。 |
| 2015.2.11 | 国家体育总局 | 关于切实落实彩票资金专项审计意见加强体育彩票管理工作的通知 | 对近年来体育彩票整体工作给予肯定，同时指出了存在的突出问题和不足，提出了针对性的意见和建议。 |

续表

| 发文时间 | 发文机构 | 发文名称 | 相关内容 |
| --- | --- | --- | --- |
| 2015.3.16 | 国家体育总局 | 关于印发中央级彩票公益金资助全国性体育社团和体育总局相关单位开展全民健身活动办法的通知 | 利用中央级彩票公益金的引导作用,鼓励社会力量积极参与全民健身工作,推动全民健身活动广泛开展。 |
| 2015.3.16 | 国务院办公厅 | 国务院办公厅关于印发中国足球改革发展总体方案的通知 | 发展和振兴足球是建设体育强国的必然要求,足球改革迎来了发展的大好机遇,实行足球改革三步走战略。 |
| 2015.6.30 | 体育经济司 | 国家体育总局2014年度本级体育彩票公益金使用情况公告 | 统计2014年国家体育彩票公益金使用情况,根据财政部批准的预算,用于开展大规模的体育工作,并为竞技体育工作提供资金。 |
| 2015.9.6 | 国家统计局 | 国家体育产业统计分类 | 加快促进体育产业发展,建立体育产业统计研究体系。 |
| 2015.11.22 | 国务院办公厅 | 关于加快发展生活性服务业促进消费结构升级的指导意见 | 加强对生活服务业其他领域的引导支持,积极推动群众体育、竞技体育发展,促进体育市场繁荣有序,营造良好市场,注重政策引导。 |
| 2015.11.23 | 国务院 | 关于积极发挥新消费引领作用加快培育形成新供给新动力的指导意见 | 促进职业技能培训、文化艺术培训等教育培训消费以及健康管理、体育健身、高端医疗、生物医药等健康消费。 |
| 2015.12.17 | 国家税务总局、财政部 | 关于体育场馆房产税和城镇土地使用税政策的通知 | 关于如何征收房产税和城镇土地使用税的说明。 |
| 2015.12.21 | 国家体育总局 | 体育赛事管理办法 | 加强和规范全国体育赛事的管理工作。 |
| 2015.12.30 | 国务院办公厅 | 关于印发国家标准化体系建设发展规划(2016—2020年)的通知 | 着力推进体育产业标准化,加快体育赛事管理活动标准修订,促进竞赛表演产业、健身娱乐产业、中介活动、体育用品、信息产业等快速发展。 |

续表

| 发文时间 | 发文机构 | 发文名称 | 相关内容 |
| --- | --- | --- | --- |
| 2015 | 国家体育总局 | 关于清理不利于体育产业发展有关规定的通知 | 全面梳理涉及体育产业的文件，对不利于体育产业发展的有关规定提出清理意见。 |
| 2015 | 国家体育总局、发展改革委 | 关于组织开展建立体育产业联系点工作的通知 | 开展建立体育产业联系点工作。 |
| 2015 | 国家体育总局 | 关于进一步清理规范赛事收费的通知 | 对所有涉及赛事收费的行为进行对照检查与全面清理，坚决杜绝违规收费行为。 |
| 2016.4.26 | 发展改革委、国家体育总局等24部门 | 关于促进消费带动转型升级的行动方案 | 落实好吸引社会资本参与体育设施建设、推进健身休闲产业发展、大力发展冰雪产业等政策的同时，盘活体育场馆资源，丰富体育赛事活动，满足居民对体育消费的需求。 |
| 2016.5.5 | 国家体育总局 | 体育发展“十三五”规划 | 推进国家体育产业基地建设计划、体育市场主体培育计划。 |
| 2016.5.10 | 发展改革委、国家体育总局 | 全国足球场地设施建设规划（2016—2020） | 确立了2020年全国足球场地数量目标、人均场地数量目标。 |
| 2016.6.15 | 国务院 | 全民健身计划（2016—2020年） | 充分发挥全民健身对发展体育产业的推动作用，大力兴建全民健身有关的体育场地设施。 |
| 2016.6.20 | 国务院办公厅 | 关于发挥品牌引领作用推动供需结构升级的意见 | 发挥品牌引领作用，培育我国体育自主品牌，树立新发展理念，围绕供给侧结构性改革主线，构建完善的体育品牌管理制度。 |
| 2016.6.28 | 体育经济司 | 国家体育总局2015年度本级体育彩票公益金使用情况公告 | 统计2015年国家体育彩票公益金使用情况，根据财政部批准的预算，用于开展大规模的体育工作，并为竞技体育工作提供资金。 |
| 2016.7.13 | 国家体育总局 | 体育产业“十三五”规划 | 总结体育产业“十二五”期间的成果与问题，“十三五”期间要培育扩大体育消费市场，释放消费需求，丰富群众体育生活。 |

续表

| 发文时间 | 发文机构 | 发文名称 | 相关内容 |
| --- | --- | --- | --- |
| 2016.7.28 | 国务院 | 关于印发"十三五"国家科技创新规划的通知 | 开展竞技体育和体育装备的研发和关键技术示范,促进国民健康水平的提高和体育产业的发展。 |
| 2016.8.11 | 国家体育总局 | 体育彩票发展"十三五"规划 | 以"创新、协调、责任"三大发展理念引领体育彩票新发展。 |
| 2016.10.21 | 国家体育总局、发展改革委、国家旅游局等9部门 | 水上运动产业发展规划 | 推动水上运动快速发展,满足群众水上运动消费需求,带动相关产业发展,开发水上体育产业潜力。 |
| 2016.10.25 | 中共中央、国务院 | 健康中国2030规划纲要 | 积极培育以消费为主导的时尚休闲运动项目,打造区域健身休闲示范区和健身休闲产业带。 |
| 2016.10.25 | 国务院办公厅 | 关于加快发展健身休闲产业的指导意见 | 推动健身休闲产业全面健康可持续发展。 |
| 2016.11.2 | 国家体育总局、发展改革委等23部门 | 群众冬季运动推广普及计划(2016—2020年) | 制定冰雪旅游产业规范标准,开展冬季休闲旅游等文化体育旅游融合的活动,利用现代科技手段,推出更多冬季运动文化创意产品。加大冬季运动场地设施供给。 |
| 2016.11.8 | 国家体育总局、发展改革委、国家旅游局等8部门 | 山地户外运动产业发展规划 | 推动山地户外运动快速发展,满足群众山地户外运动消费需求,带动相关产业发展,释放消费潜力,普及推广山地户外运动。 |
| 2016.11.8 | 国家体育总局、发展改革委、中国民航局等9部门 | 航空运动产业发展规划 | 航空运动产业是重要新兴体育项目产业之一,是开发空域资源和发展低空经济的重要内容,对促进经济社会全面协调发展具有重要意义。 |
| 2016.11.20 | 国务院办公厅 | 关于进一步扩大旅游文化体育健康养老教育培训等领域消费的意见 | 通过引导社会资本,加大投资力度,提高服务质量,增加服务供给。 |

续表

| 发文时间 | 发文机构 | 发文名称 | 相关内容 |
| --- | --- | --- | --- |
| 2016.11.25 | 发展改革委、国家体育总局、教育部、国家旅游局 | 冰雪运动发展规划(2016—2025年) | 未来我国冰雪运动产业要形成以健身休闲为主,多业态协同发展的格局。 |
| 2016.11.25 | 发展改革委、国家体育总局等7部门 | 全国冰雪场地设施建设规划(2016—2022年) | 树立创新、协调、绿色、开放、共享的新发展理念,加快冰雪场地建设,增加供给,提高质量,促进冰雪运动的普及和完善,为冰雪运动发展奠定基础。 |
| 2016.12.22 | 国家旅游局、国家体育总局 | 关于大力发展体育旅游的指导意见 | 引领健身休闲旅游发展,拓展体育旅游消费空间,推动全民健身和全民健康深度融合,推动体育产业提质增效。 |
| 2016.12.31 | 发展改革委、国家体育总局 | 关于印发"十三五"公共体育普及工程实施方案 | 到2020年,人均体育场地面积达到1.8平方米,构建公共体育服务供给网络,满足群众日益增长的体育健身基本需求。 |
| 2017.1.12 | 国家体育总局 | 国家体育总局关于进一步加强国家体育产业基地建设工作的通知 | 打造一批具有市场竞争力的体育产业基地,国家体育产业基地对全面带动全国体育产业的发展起到了积极的示范和带头作用。 |
| 2017.2.3 | 教育部、国家体育总局 | 关于推进学校体育场馆向社会开放的实施意见 | 积极推进学校体育场馆向学生和社会开放,缓解供需矛盾,促进全民健身事业的繁荣发展。 |
| 2017.3 | 国务院 | 关于进一步激发社会领域投资活力的意见 | 深化供给侧结构性改革,进一步激发体育等社会领域投资活力。 |
| 2017.5.11 | 国家体育总局 | 关于推动运动休闲特色小镇建设工作的通知 | 运动休闲特色小镇助力新型城镇化和健康中国建设,打造多种功能于一体的空间区域、全民健身发展平台和体育产业基地。 |
| 2017.6.30 | 体育经济司 | 国家体育总局2016年度本级体育彩票公益金使用情况公告 | 统计2016年国家体育彩票公益金使用情况,根据财政部批准的预算,用于开展大规模的体育工作,并为竞技体育工作提供资金。 |

续表

| 发文时间 | 发文机构 | 发文名称 | 相关内容 |
| --- | --- | --- | --- |
| 2017.7.6 | 国家旅游局、国家体育总局等8部门 | 汽车自驾运动营地发展规划 | 我国全面进入健身休闲新时代,汽车自驾运动消费需求将日益增长,呈现多层次、多元化、个性化的发展趋势。 |
| 2017.7.7 | 国家体育总局、国家旅游局 | "一带一路"体育旅游发展行动方案(2017—2020年) | 大力发展体育旅游是促进旅游转型升级的要求,"一带一路"沿线国家和地区具有丰富的体育旅游资源和发展空间,发展潜力巨大。 |
| 2017.7.13 | 国家体育总局、发展改革委等9部门 | 支持社会力量举办马拉松、自行车等大型群众性体育赛事行动方案(2017年) | 进一步激发体育消费,着力营造社会力量举办马拉松、自行车等大型群众性体育赛事的良好环境,巩固经济稳中向好发展势头。 |
| 2017.9.14 | 国家体育总局、发展改革委、国家旅游局 | 京津冀健身休闲运动协同发展规划(2016—2025年) | 京津冀协同发展是一项重大国家战略,全民健身工作应积极融入这一战略,推动京津冀协同发展。 |
| 2017.10.25 | 国家体育总局 | 关于进一步加强马拉松赛事监督管理的意见 | 加强对马拉松赛事的监督管理,规范马拉松运动持续健康发展。 |
| 2017.11.8 | 国家体育总局 | 关于进一步加强武术赛事活动监督管理的意见 | 进一步规范武术赛事活动,整治武术乱象,推动武术运动健康发展。 |

2018年9月,中共中央、国务院发布了《关于完善促进消费体制机制进一步激发居民消费潜力的若干意见》,指出消费才是最终的需求,要加快构建消费体制机制,建立现代体育产业体系,促进经济平稳发展、体育产业与其他产业融合发展,推动经济社会发展相互促进,激发消费潜力。①因此国家体育总局、国家发展改革委等8部委联合发布了自行车、马拉松、击剑、汽车自驾等一系列体育产业发展规划,以及运动休闲小镇、体育竞赛表演产业等相关的政策(见表5.8),大力推进健身休闲产业的发展,各类运动产业迎来了高速发展的新时期。2019年,国家体育总局、国家发展改革委联合发布了《进一步促进体育消费的行

①易剑东.我国体育产业政策述评(2010~2020)[J].体育文化与产业研究,2021(01):80-110.

动计划(2019—2020年)》,进一步发挥体育产业在促进体育消费持续改善和扩大、促进经济结构转变和优化、促进就业等方面的作用,推进体育强国和健康中国的建设。在2022冬奥会即将来临之际,中共中央、国务院印发了《关于以2022年北京冬奥会为契机大力发展冰雪运动的意见》,指出要继续普及冰雪运动、发展冰雪产业,力争到2022年实现冰雪运动的跨越式发展。2019年9月,国务院办公厅出台了《关于促进全民健身和体育消费推动体育产业高质量发展的意见》,首要目标是厘清各种问题,消除各种障碍,推动体育产业科学、规范有序发展。

**表5.8 中央及国家有关部门颁布的体育经济政策(2018—2019)**

| 发文时间 | 发文机构 | 发文名称 | 相关内容 |
| --- | --- | --- | --- |
| 2017.12.12 | 国家体育总局、发展改革委等8部门 | 自行车运动产业发展规划 | 简要介绍自行车运动产业,并从产业环境、市场主体、产业基础制定了2020年该产业发展目标。 |
| 2017.12.12 | 国家体育总局、发展改革委等8部门 | 击剑运动产业发展规划 | 击剑运动是典型的都市型体育运动,除了以俱乐部形态构成的终端运动消费市场之外,还存在科研、教育、装备交易、展会经济、高端产品开发生产等长产业链市场形态。 |
| 2017.12.15 | 国家体育总局、发展改革委等8部门 | 马拉松运动产业发展规划 | 作为健身休闲产业的重要组成部分,马拉松运动产业有效带动了健身、休闲、娱乐、旅游以及设施装备等相关产业发展。 |
| 2018.6.11 | 体育总局办公厅 | 关于加快推动汽车自驾运动营地产业发展的通知 | 以习近平新时代中国特色社会主义思想为指导,以加快推动汽车自驾运动营地发展为宗旨,吸引社会资本进入自驾运动营地产业领域,培育健身休闲市场和体育旅游市场。 |
| 2018.6.25 | 体育经济司 | 国家体育总局2017年度本级体育彩票公益金使用情况公告 | 2017年国家体育总局安排彩票公益金203 904.39万元,面向基层,面向大众,统筹规划,用于资助全民健身设施建设。 |

续表

| 发文时间 | 发文机构 | 发文名称 | 相关内容 |
|---|---|---|---|
| 2018.9.20 | 中共中央、国务院 | 关于完善促进消费体制机制进一步激发居民消费潜力的若干意见 | 消费才是最终的需求,加快构建消费体制机制,建立现代体育产业体系,促进经济平稳发展,体育产业与其他产业融合发展,推动经济社会发展相互促进,激发消费潜力。 |
| 2018.11.12 | 体育总局办公厅 | 关于推进运动休闲特色小镇健康发展的通知 | 运动休闲特色小镇是以运动休闲为主题打造的,具有独特的体育文化内涵、良好的体育产业基础。 |
| 2018.12.7 | 国家体育总局 | 体育彩票公益金资助项目宣传管理办法 | 进一步加强体育彩票公益金使用管理,规范体育彩票公益金宣传,促进体育彩票事业健康发展。 |
| 2018.12.11 | 国务院 | 关于加快发展体育竞赛表演产业的指导意见 | 针对该产业中存在的供给、规模、消费等问题,提出完善解决意见,加快体育竞赛表演产业发展。 |
| 2019.1.4 | 国家体育总局、发展改革委 | 关于印发《进一步促进体育消费的行动计划(2019—2020年)》的通知 | 进一步发挥体育产业在促进体育消费持续改善和扩大、促进经济结构转变和优化、促进就业等方面的作用,推进体育强国和健康中国的建设。 |
| 2019.1.15 | 国家体育总局办公厅 | 关于做好2019年大型体育场馆免费或低收费开放工作有关事宜的通知 | 切实做好2019年大型体育场馆开放工作,督促大型体育场馆更好地向公众开放,进一步提高公共体育服务水平。 |
| 2019.1.30 | 国家体育总局办公厅 | 关于春节期间丰富赛事活动促进体育消费的通知 | 进一步丰富群众节日体育文化生活,发挥体育惠民生、扬正气、促消费的积极作用,营造欢乐祥和、健康向上的节日气氛。 |
| 2019.2.14 | 国家体育总局 | 关于进一步加强体育赛事活动监管和服务工作的通知 | 谁组织,谁负责,加强赛事监管,明确职责分工,确保相关政策措施和责任落实到位。 |

续表

| 发文时间 | 发文机构 | 发文名称 | 相关内容 |
|---|---|---|---|
| 2019.4.1 | 国家统计局 | 体育产业统计分类(2019) | 加快促进体育产业发展,建立体育产业统计研究体系。 |
| 2019.3.31 | 中共中央办公厅、国务院办公厅 | 关于以2022年北京冬奥会为契机大力发展冰雪运动的意见 | 加快发展冰雪产业,积极培育市场主体,优化冰雪产业结构,拓展冰雪竞赛表演市场。 |
| 2019.6.28 | 体育经济司 | 国家体育总局2018年度本级体育彩票公益金使用情况公告 | 统计2018年国家体育彩票公益金使用情况,用于群众体育工作和竞技体育工作开展。 |
| 2019.7.18 | 国家体育总局、外交部、发展改革委等14部门 | 关于印发武术产业发展规划(2019—2025年)的通知 | 普及武术运动,发展武术产业,弘扬武术传统文化。 |
| 2019.8.10 | 国务院办公厅 | 关于印发体育强国建设纲要的通知 | 明确体育强国建设目标,发挥体育的独特作用,加快发展体育产业,培育经济发展新动能。 |
| 2019.8.23 | 国务院办公厅 | 关于进一步激发文化和旅游消费潜力的意见 | 着力开发商务会展旅游、海洋海岛旅游、自驾车旅居车旅游、体育旅游、森林旅游、康养旅游等产品。 |
| 2019.9.4 | 国务院办公厅 | 关于促进全民健身和体育消费推动体育产业高质量发展的意见 | 加快推动全民健身产业化,提高群众体育消费水平,推动体育产业高质量发展。 |

党的十八大以来,我国体育产业在政策引领下,产业投资主体逐渐多元化,国家与社会共办体育的趋势显著,各种体育消费新业态逐渐显现。尤其是“46号文件”出台以来,体育产业政策环境良好,专门性体育产业政策进一步成熟,政府进一步简政放权,将重点放在加强对体育产业的指导与服务,体育产业体系也逐步完善。这一阶段,我国体育经济政策已经走上了正规化、科学化的发

展道路,体育产业开始从舞台边缘逐步向舞台中央靠拢①。整体来看,体育经济政策的发展呈现全方位、广覆盖的趋势。

## 第二节　我国体育经济政策的演进特征

### 一、目标逻辑:体育经济政策服务于人民美好生活的需求

中华人民共和国成立初期,中国共产党在立足基本国情的基础上,对私有经济进行社会主义改造,建立起了社会主义计划经济体制②。这既符合当时我国基本国情,也是历史的正确选择。我国体育事业在这种高度集中的计划经济体制背景下,逐步形成了计划经济指导下"统包统管"的供给型体育经济政策。也正是在此类政策的引导下,我国群众性的体育活动得以普及,全民族的健康水平与解放前相比得到根本改善,竞技体育迅速崛起,仅用十余年时间就获得了世界冠军,打破了一批世界纪录。可以说,计划经济时代的体育经济政策较好地完成了它的历史使命。改革开放后,我国逐步形成了与社会主义市场经济体制相适应的体育体制,形成了政府与社会共办体育的新格局。在四十余年的发展过程中,我国体育产业从无到有,从低端加工到形成完整产业链,并迅速占领全球市场份额,这与我国体育经济政策主题的"与时俱进"密切相关。

政策主题分布上,由图5.2可知,以体育财政为主题的政策文本有43份,占体育经济政策总数的21%。体育财政政策是政府管理和发展体育事业的重要手段,是促进我国体育事业持续、快速、健康发展的重要保障。早期体育财政政策涉及体育事业的方方面面,包括服装、伙食、器材、场地、运动竞赛以及企事业

①姜同仁,张林,王松,等.中国体育产业演进的内在逻辑、政策趋向和高质量发展路径[J].天津体育学院学报,2020,35(06):658-665.

②邢中先.百年回眸:中国共产党民营经济政策发展的历史演进与内在逻辑[J].企业经济,2021,40(06):15-22.

单位经费等。随着我国体育事业的发展，单纯依靠国家投入已经无法支撑体育事业多元发展的需要，因此，发行体育彩票成为我国集民众之资发展体育事业的重要途径。以体育彩票为主题的政策文本有22份，占11%。体育彩票作为社会筹资的重要手段，打破了单纯依靠国家办体育的单一局面。国家体委多次召开体育彩票专题研讨会，并派人出国实地考察，吸取经验，将发行体育彩票作为一种集资手段，解决体育事业发展资金不足的问题。1992年，国家体委起草了《关于建立全国统一的体育彩票发行制度的请示》，并呈报国务院批准，为体育事业的发展开辟了一条新道路。随着体育彩票制度逐渐完善，其为体育事业的贡献也日益突出。

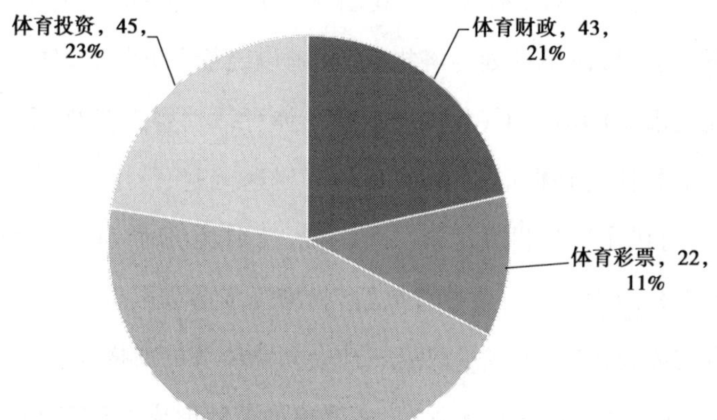


**图5.2　我国体育经济政策主题分布(1949—2019)**

1993年，国家体委出台《关于深化体育改革的意见》，首次提出体育产业化概念，我国的体育产业政策逐步完善，现已初步形成体育产业发展政策体系。[①] 在所有体育经济政策文本中，体育产业政策占45%，是体育经济政策中占比最多的一类政策。进入21世纪，随着体育产业在GDP中所占比例的不断提升，体

①徐成立，张宝雷，张月蕾，等.我国体育产业政策变迁：进程、逻辑及演变趋势[J].武汉体育学院学报，2020，54(03)：45-53.

育产业迎来蓬勃发展的势头，在诸多省市出台的“十三五”规划中，体育产业是重点发展的朝阳产业。此外，体育投资政策文本有45份，占23%。体育投资政策是国家促进体育事业发展，贯彻方针政策，实现战略目标和战略部署的主要手段之一，对整个体育行业的建设规模、增长速度、发展方向、产业布局、场馆建设以及设施装备水平有着极为重要的影响①。我国逐步建立了与社会主义市场经济体制相适应的体育投资机制，形成了国家、社会、个人共同投资的新格局。

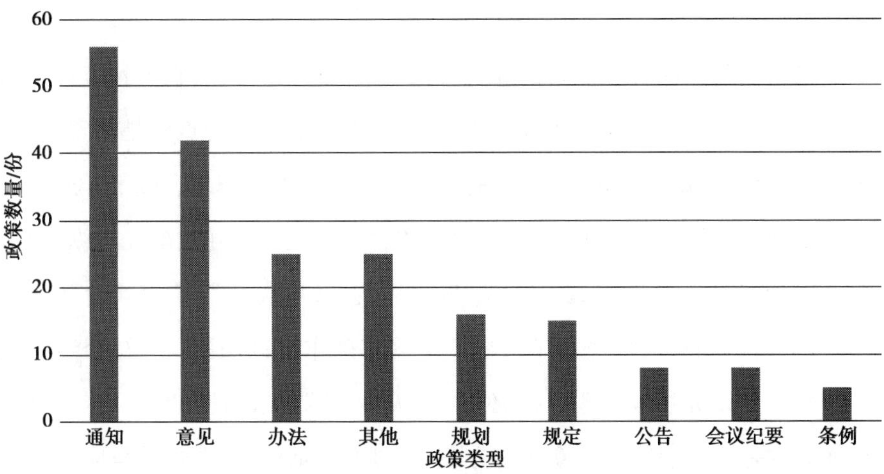


**图5.3　我国体育经济政策的文本类型(1949—2019)**

从图5.3可以看出，国家有关部门颁布的体育经济政策类型以“意见”和“通知”为主，“意见”类政策文本有42项，“通知”类政策文本有56项。这反映出国家在制定体育经济政策时以宏观调控为主，下级机关在执行政策过程中的自由度较大，可以在符合原则的前提下根据地方实际情况做出决策，但服务于人民美好生活的需求始终是我国体育经济政策的目标逻辑。

中华人民共和国成立七十年来，党和国家的体育经济政策始终围绕“为人民服务”“为人民办体育”“服务于人民的美好生活”等，体育事业在满足人民生活方面发挥了重要的作用。在新中国成立初期极为艰苦的条件下，仍以群众诉

①侯岩，周和宇.体育投资政策研究[M].北京：人民体育出版社，1997：31.

求为根本，兴建体育基础设施。进入新时代，国家大力发展健身休闲产业，把满足人民的体育需求贯穿到产业发展的全过程，通过体育产业政策的制定和实施，推动体育产业向合理、科学的方向发展。体育经济政策在不同时期的不同内涵，是伴随我国经济改革而逐渐变化的，但其宗旨并未改变，都是以满足人民群众的体育需求而制定实施。

## 二、推动逻辑：体育经济政策从“政府管理”到“协同治理”

中华人民共和国成立伊始，我国实行的是计划经济体制，在这种背景下，我国实行的是高度集中的计划管理型体育经济政策，其主要特点就是国家财政统包统管，在经济政策变迁过程中，政府承担了主要的推动作用。改革开放以来，我国逐步建立了社会主义市场经济体制，体育经济政策也随之变迁。纵观我国体育经济政策的变迁脉络，其历程呈现明显的“政府管理”到“协同治理”的转变，体育经济的独特属性决定了市场主体的基础作用，形成市场、社会组织、公民等体育产业多元协同治理已成必然[①]。从“管理”到“治理”的这一转变过程，更加强调的是政府、社会、群众的多方参与，具有灵活性、协调性等鲜明特征，与管理相比，治理更能激发社会活力，加快全面深化改革、促进公众广泛参与[②]。十八大以后，在我国体育经济政策变迁主题词中，可以看到“市场”“治理”“社会”“协调”等高频词的出现，标志着我国体育经济政策“协同治理”政策理念逐渐形成。

## 三、执行逻辑：体育经济政策由投资导向转为消费导向

长期以来，我国经济政策中的投资主导特征十分明显。新中国成立初期，我国将体育事业视为社会公益事业，国家为体育事业单位提供全额资助，负责

①易剑东．中国体育产业的现状、机遇与挑战[J]．武汉体育学院学报，2016，50(07)：5-12.

②柳鸣毅．国家体育治理体系和治理能力现代化的思考[J]．国家治理，2016(22)：34-40.

体育事业基础建设的投资布局,用于体育场馆建设、体育设施和设备的购置等方面的资金由国家预算安排。随着我国经济体制改革的进行,体育投资开始向产业化方向发展,市场机制的引入使投资渠道多元化,国家也多次出台有关鼓励和引导民间资本投资体育产业的政策。从2009年以来,投资增速下降,消费贡献上升,标志着中国经济增长对投资的依赖度下降,消费对经济增长的主导作用日益明显[①]。从2014年国务院颁布《关于加快发展体育产业促进体育消费的若干意见》文件开始,国家倡导形成健康的消费理念和充满活力的体育消费市场,完善健身消费政策,体育经济政策的着力点从投资导向逐渐转向了消费导向。随着大众收入水平的上涨,文、体、娱三大产业迅速发展,以服务业为主的第三产业得到了快速发展,居民的消费行为、消费观念发生了根本性变化。[②]在经济发展新常态下,经济发展质量和效益不断提高,体育产业结构演进加快,政策内容更加重视消费结构、消费周期等变化,并且不断通过扩大体育消费供给、推行体育消费试点等手段来刺激体育消费,逐渐形成以健身休闲产业和竞赛表演业为主导的体育产业体系。

## 第三节　小结

中华人民共和国成立至今,中国体育经济经历了一个不断完善、丰富和优化的过程,体育产业比重逐步提高,经济效益逐步改善,发展水平稳步提升,这与党和国家制定的一系列体育经济政策是密不可分的。本章对我国1949—2019年的200条有关体育经济的政策进行了梳理和量化,分析其了演进特征。七十年来,党和国家的体育经济政策始终围绕“为人民服务”“为人民办体育”

①王一鸣.改革开放以来我国宏观经济政策的演进与创新[J].管理世界,2018,34(03):1-10.

②任波.中国体育产业结构的形成机理、演进逻辑与优化策略[J].沈阳体育学院学报,2018,37(04):14-20.

“服务于人民的美好生活”等,体育事业对于满足大众的精神文化生活需求、增进国民健康和提升国民生活质量具有不可替代的重要作用。研究我国体育经济政策,有利于推进体育经济进一步发展,明确体育经济与国民经济的有机联系,从而使体育经济为国民经济增长贡献力量。新时代,我国体育事业正发生一系列全局性、长期性的新变化,出现了一系列新特征。这需要我们进一步研究我国体育经济政策,以清晰地判断未来我国体育经济政策制定的方向;面向“十四五”,我国体育经济更需要充分释放发展动能,努力开创高质量发展的新局面。

# 第六章　我国体育文化政策史（1949—2019）

体育文化政策是体育政策的重要组成部分，在推进文化强国、体育强国建设中扮演着重要角色。总的来说，中华人民共和国成立以来体育文化政策经历了社会主义探索建设时期的初步发展，到改革开放新时期的快速发展，再到新时代中国特色社会主义的繁荣发展的演进过程。

胡惠林认为："文化政策是一国对于文化艺术、新闻出版、广播影视、文物博物等领域进行行政管理所采取的一整套指定性规定、规范、原则和要求的总称，是有别于科技政策、教育政策等其他领域政策的一种政策形态。"[①]景小勇认为，我国的文化政策，也就是中国共产党作为执政党为进行政治领导、促进文化发展的需要而制定的路线、方针、原则和规范，是管理国家文化事业发展的重要措施和主要方式及手段，对我国文化的发展具有主导作用。[②]朱国辉认为，文化政策是由国家权威部门制定并组织实施，旨在规范、鼓励、扶持文化产业的发展，并通过产业化的运作来调整文化产业内部各行业之间利益关系的一系列政策的总和。[③]吴慧勇认为，文化政策包括文化产业政策和文化事业政策，它是文化的政治表现，直接反映了特定历史时期统治阶级的文化意志和利益，是统治阶

---

①胡惠林.文化政策学[M].上海：上海交通大学出版社，1999.

②景小勇."文化政策"与"文化法律"概念的比较分析——兼论党和政府对文化宏观管理主要手段的异同[J].艺术评论，2012，101(4)：54.

③朱国辉.近十年我国文化产业政策分析研究[D].济南：山东大学，2011.

级在具体文化领域实施意识形态和行政管理所采取的一套制度性规定、原则与要求的总称。[①]

文化政策的发生、形成和发展是一个历史过程。它不仅是一种文化现象、政治现象,更是一种文化政治现象;它是一种系统的管理行为,也是一种精神现象,是精神现象领域管理的规范和要求。[②]体育文化政策作为文化政策的重要分支,其不仅仅是一种体育领域的文化政治现象,更是对体育领域文化、精神等方面制度管理和要求的综合。基于此,本书将"体育文化政策"定义为:国家为促进体育文化发展,对体育领域的体育文宣、体育精神、体育科研、体育文物资料以及体育文化产业活动等方面进行管理所采取的一系列方针、原则、规范、要求等的总称。中华人民共和国成立70年来的体育文化政策是中华人民共和国体育领域革命与建设、改革与发展事业的重要组成部分,也是追溯我国体育文化事业历史进程与发展逻辑的标志性实践成果。

1949—2019年,我国共颁布体育文化政策156份,由图6.1可知,我国体育文化政策数量呈现波浪形发展,出现了三次明显的高峰。1952年颁布的《中华全国体育总会章程》中第一次出现了有关体育文化政策的内容。伴随社会主义建设的探索发展,体育文化领域也得以发展。1956年"双百"方针提出,体育文化领域迎来了第一次发展高峰,这一阶段出现了一系列规范性的体育文化政策文本,推动了体育文化事业的发展。改革开放后,随着党和国家在各领域拨乱反正,我国文化事业也得到了长足发展,体育文化作为文化事业的重要组成部分也得以快速发展,出台了相当数量的政策文本,形成了体育文化政策发展的第二个高峰期。党的十八大之后,中国特色社会主义进入新时代,随着坚定"四个自信"的提出以及建设"文化强国""体育强国"的时代要求,我国体育文化事业进入高速发展期,相继出台了一系列政策文本,体育文化政策进入第三次发展高峰期,文本数量持续增加。

---

①胡惠林,单世联,凌金铸.文化政策与治理[M].上海:上海人民出版社,2015.

②胡惠林.文化政策学[M].上海:上海交通大学出版社,1999.

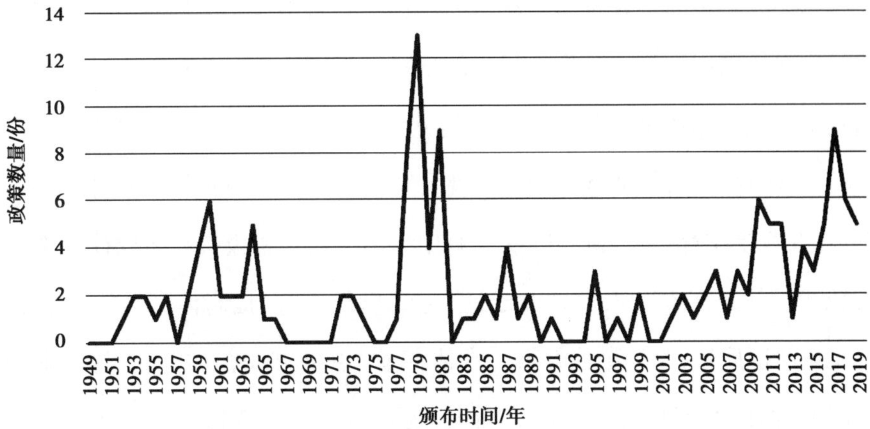


图6.1　我国体育文化政策数量及其变化趋势(1949—2019)

# 第一节　我国体育文化政策的演进历程(1949—2019)

## 一、社会主义探索建设时期的体育文化政策(1949—1977)

中华人民共和国成立后,党和政府就将体育事业作为中华人民共和国建设的重要内容提上议事日程,确定了与社会主义建设相适应的体育方针,积极开展"新体育"建设,创建了新的体育管理体制,为我国体育文化事业奠定了基础。1949年9月30日,中国人民政治协商会议通过了《中国人民政治协商会议共同纲领》,在"文化教育政策"第四十一条中明确规定:"中华人民共和国的文化教育为新民主主义的,即民族的、科学的、大众的文化教育,应以提高人民文化水平、培养国家建设人才……发展为人民服务的思想为主要任务。"①在这一文化政策指导下,体育文化政策逐渐萌芽。这一时期体育文化政策主要涉及"体育精神""体育文宣"以及"体育科研"三个主题。

①傅砚农.中国体育通史(第5卷)(1949—1979年)[M].北京:人民体育出版社,2007:7.

1954年，为改善人民健康状况，增强群众体质，中共中央批转中央体委党组《关于加强人民体育运动工作的报告的指示》，指出体育运动是“培养人民勇敢、坚毅、集体主义精神和向劳动人民进行共产主义教育的重要手段之一”①，所以积极开展体育工作，加强体育事业发展具有重要意义。1958年，国家体委在《关于一九五八年体育工作的通知(摘录)》中提出：“树立积极参与建设社会主义意识，转变对体育运动的误解，加强社会主义思想教育，提高体育队伍的思想觉悟，注意保证质量，坚持勤俭办事。”在体育工作中逐步形成并开始贯彻“勤俭办体育”的方针，“勤俭节约、因陋就简”成为这一阶段体育精神文明建设的主旋律。1960年，国家体委在《关于学习运动员征服珠穆朗玛峰英雄事迹的通知》中高度赞扬了我国登山运动员顺利登顶珠穆朗玛峰的壮举，提出“全国体育工作者、运动员和体育院校师生……学习他们艰苦奋斗、坚韧不拔、不断革命的精神，学习他们的集体主义、团结互助，为了集体荣誉不惜自我牺牲的共产主义品质”。考虑到国家形势及经济基础等现实问题，体育精神文明建设中又增加了“艰苦奋斗、不怕牺牲、为国争光”等内容。这一阶段主要的体育精神文明类政策见表6.1。

**表6.1　中央及国家有关部门颁布的体育精神文明类政策(1949—1977)**

| 发文时间 | 发文机构 | 发文名称 | 相关内容 |
|---|---|---|---|
| 1956 | 国家体委 | 关于举办青、少年业余体育学校应行注意事项的通报 | 必须贯彻安全、适用和节约的精神，有的地区因而给国家节省不少经费，各地应该发扬这种精神。 |
| 1958.1.20 | 国家体委 | 关于一九五八年体育工作的通知(摘录) | 对全国体育工作者和运动员要有计划地进行系统的思想教育工作。坚持勤俭办事，反对一般要求高、大、全、新的倾向和一切浪费现象。 |

①崔乐泉，李永明，郭荣娟.中国共产党关于体育文化建设的百年历程、逻辑理路与启示[J].首都体育学院学报，2021，33(04)：349-356.

续表

| 发文时间 | 发文机构 | 发文名称 | 相关内容 |
|---|---|---|---|
| 1959.4.6 | 国家体委 | 关于一九五九年体育工作几个问题的报告 | 认真贯彻政治训练的要求。加强政治教育,培养运动员勇敢、顽强、团结、友爱的作风。 |
| 1959.8.5 | 共青团中央 | 关于更广泛地组织青少年参加体育运动的指示 | 各级团委应当贯彻执行勤俭办体育的精神,提倡少花钱和不花钱的做法,自己动手。 |
| 1960.3.6 | 国家体委 | 关于1960年全国体育工作会议情况的报告 | 贯彻勤俭办体育的方针,在场地建设、器材生产方面要因陋就简,土洋结合。 |
| 1960.4.25 | 国家体委 | 关于贯彻中央关于卫生工作的指示精神,大力开展群众体育活动的意见 | 场地器材也要提倡土洋结合,因陋就简,组织协作解决。 |
| 1960.6.3 | 国家体委、教育部、共青团中央 | 关于在青少年中大力开展游泳活动的联合通知(摘录) | 贯彻勤俭办体育的原则,发动青少年自己动手,自力更生,利用江河、水库、海滨等天然条件,设简易游泳场地和各种游泳设备。 |
| 1960.6.4 | 国家体委 | 关于学习运动员征服珠穆朗玛峰英雄事迹的通知 | 学习他们艰苦奋斗的革命精神、不怕牺牲的共产主义品质。 |
| 1960.6.20 | 国家体委、教育部、共青团中央 | 关于在青少年中广泛开展田径运动竞赛的联合通知 | 掌握勤俭办体育事业的原则。各地可以发动青少年自己动手,自力更生,利用空地和废旧材料,修建一些简易的运动场地和制作一些器材。 |
| 1961.2.10 | 国家体委 | 关于1961年体育工作的意见 | 体育事业必须贯彻勤俭建国方针,体育场地器材应因陋就简,土洋结合。加强对体育队伍的政治思想工作,发挥勤俭建国的精神。 |
| 1961.7.4 | 国家体委 | 关于控制优秀运动队伍盲目外出的通知 | 加强对运动队的政治思想教育,使他们认清形势,发扬艰苦奋斗、勇于克服困难的精神,就地坚持训练。 |

续表

| 发文时间 | 发文机构 | 发文名称 | 相关内容 |
| --- | --- | --- | --- |
| 1962.3.9 | 国家体委 | 一九六一年全国体育工作会议纪要 | 群众活动所需场地器材,应采取因陋就简,土洋结合的办法解决,国家统一分配的器材由国家体委统一调拨。 |
| 1962.3.19 | 国家体委 | 一九六一年体育工作会议报告 | 贯彻执行勤俭办学的方针,发扬艰苦奋斗的传统,反对铺张浪费。加强国际体育工作的政治思想性。 |
| 1963.3.12 | 国家体委 | 1962年全国体育工作会议纪要 | 在体育工作中勤俭办体育,厉行节约,合理使用经费,加强体育场地器材的保养维修,提高使用率。 |
| 1964.4.24 | 国家体委 | 关于一九六四年全国体育工作会议的报告(摘录) | 体育事业必须坚决贯彻勤俭建国、勤俭办一切事业的精神。提倡少花钱多办事,反对铺张浪费。 |
| 1964.8 | 国家体委 | 运动队思想政治工作条例(试行草案)(摘录) | 应使运动员懂得:政治觉悟必须落实到训练和比赛中,要对祖国对革命作出贡献,就要练好过硬的真本事,创造好成绩。 |
| 1964.9.14 | 国家体委 | 青少年业余体育学校试行工作条例(草案) | 培养他们的爱国主义和集体主义思想。根据勤俭办校的方针,充分利用现有的物质设备。 |
| 1965.5.14 | 国家体委 | 全国体育工作会议纪要 | 体育工作必须坚决贯彻勤俭建国、勤俭办一切事业的方针,发扬艰苦奋斗的精神,反对铺张浪费。竞赛中要提倡和发扬力争上游,敢于胜利的精神,树立优良的运动道德作风。 |
| 1966.5.2 | 国家体委 | 关于一九六六年全国体育工作会议的报告 | 发扬艰苦朴素的作风,坚决贯彻勤俭办体育的方针。 |
| 1972.9.4 | 国家计委、轻工业部、商业部、国家体委 | 关于加强体育器材生产供应工作的意见(摘录) | 贯彻自力更生、勤俭建国的方针,各级体育部门应该根据节约的原则,对现有体育器材加强管理维护,充分利用,提高使用效率。 |

续表

| 发文时间 | 发文机构 | 发文名称 | 相关内容 |
|---|---|---|---|
| 1972.11.18 | 国家体委、国务院科教组 | 一九七二年全国青少年业余体育学校工作座谈会纪要(摘录) | 在竞赛中坚决贯彻“友谊第一,比赛第二”的方针。在青少年业余体校工作中,必须贯彻勤俭办校的原则,发扬自力更生、艰苦奋斗的精神。 |
| 1973.2.20 | 国家体委 | 1973年全国体育工作会议纪要 | 为适应体育事业的发展,按照勤俭办一切事业的精神,保证必要的体育经费和场地、器材等物质条件。 |
| 1973.12.3 | 国家体委 | 一九七三年全国训练工作会议纪要(摘录) | 必须贯彻社会主义建设总路线的精神,鼓足干劲,力争上游,克服安于现状、无所作为的懒汉懦夫思想,掀起大干快变的高潮。 |
| 1974.2.12 | 国家体委 | 1974年体育工作要点(摘录) | 按照勤俭办一切事业的精神,做好场地器材等物质保证工作。 |
| 1977.1.13 | 四机部、国家体委 | 关于开展业余无线电运动有关的几个问题的通知(摘录) | 开展业余无线电运动所需购置器材的费用,根据需要和勤俭办事的原则,分别由国家体委和各省、市(区)体委在体育经费中支出。 |

中华人民共和国成立之初,党和政府就高度重视体育宣传和普及工作。1952年6月通过的《中华全国体育总会章程》明确规定,中华全国体育总会的任务之一是“向广大人民群众进行体育运动的宣传教育工作”,这也标志着中华人民共和国体育运动发展进入了一个新阶段,“新体育”的建设工作也随之紧锣密鼓地展开。之后成立的中央人民政府体育运动委员会设立了专门从事体育宣传工作的部门,并于20世纪50年代到60年代先后创办了《新体育》杂志、《体育报》以及英文版体育期刊《中国体育》等。1953年,《中央人民政府体育运动委员会党组关于加强人民体育运动工作的报告》中指出要“加强体育运动的宣传工作”,加强《新体育》杂志和体育书籍的编译出版工作,并应充分运用报纸、广播电台、电影和幻灯进行对体育运动的宣传和报道等要求。1954年4月,国家政务院颁布《政务院关于在政府机关中开展工间操和其他体育运动的通知》,指出

切实做好体育运动的宣传教育工作,将体育运动与文化娱乐活动结合起来,在政府部门带头开展广播体操等运动。在政策指导下,中华人民共和国的体育宣传工作逐步发展起来。“文化大革命”期间,体育宣传工作基本停滞。1978年以后,体育宣传工作才重新成为体育文化建设的前沿阵地。这一阶段主要的体育新闻宣传类政策见表6.2。

**表6.2 中央及国家有关部门颁布的体育新闻宣传类政策(1949—1977)**

| 发文时间 | 发文机构 | 发文名称 | 相关内容 |
| --- | --- | --- | --- |
| 1952 | 中华全国体育总会 | 中华全国体育总会章程 | 明确中华全国体育总会的职责是发展体育事业,普及群众体育运动,提高国人身体素质,攀登世界体育高峰。 |
| 1953.11.17 | 中央体育运动委员会 | 关于加强人民体育运动工作的报告 | 加强体育运动的宣传工作,着重宣传体育运动对于增进人民健康的科学价值和对于工作、学习、生产、国防的重要意义,积极改善人民的健康状况,增强人民体质。 |
| 1953 | 中央体育运动委员会 | 1953年体育工作总结报告 | 要充分利用报纸、广播电台等对体育活动进行宣传报道,加强体育杂志、书籍的相关工作。 |
| 1954.1.26 | 全国总工会 | 关于开展厂矿企业中职工群众体育运动的指示(摘录) | 要运用各类宣传工具及场所,大力宣传职工体育运动的意义和作用,从而带动职工体育运动的广泛开展。 |
| 1954.3.1 | 中共中央 | 关于在政府机关中开展工间操和其他体育运动的通知 | 加强体育运动的宣传工作,培养体育活动的积极分子。 |
| 1955.1.19 | 全国总工会 | 关于开展职工体育运动暂行办法纲要(摘录) | 工会各级组织应利用各种宣传工具和宣传方式,对体育运动的意义与作用进行宣传。在宣传工作中,必须贯彻共产主义教育。 |

续表

| 发文时间 | 发文机构 | 发文名称 | 相关内容 |
|---|---|---|---|
| 1956 | 国家体委 | 关于举办青、少年业余体育学校应行注意事项的通报 | 除通过广播、报刊等进行宣传外,还可请有关部门的负责同志写文章、作报告,召集一些中学校长、教导主任、体育教师和家长的座谈会,引起社会的重视和各方面的支持。 |
| 1956.4.2 | 国家体委 | 关于加强体育书籍和新体育杂志宣传发行工作的通知(摘录) | 国家体委的机关和人民体育出版社的体育书籍,是介绍体育科学知识和运动技术方法,报道国内外体育运动情况的重要工具。 |
| 1959.11.23 | 共青团中央 | 关于在青少年中广泛组织乒乓球竞赛活动的通知 | 加强宣传工作,讲清楚开展这一活动的目的和意义,提高青少年对体育锻炼的认识和兴趣,形成一个体育活动的热潮。 |
| 1960.3.6 | 国家体委 | 关于1960年全国体育工作会议情况的报告 | 应加强体育运动的宣传教育工作和调查研究工作,培养深入、踏实的工作作风。各级体委应有计划、定期地深入基层,及时总结经验,召开现场会议加以推广。 |
| 1960.6.3 | 国家体委、教育部、共青团中央 | 关于在青少年中大力开展游泳活动的联合通知(摘录) | 要大张旗鼓地宣传开展游泳活动的重大意义,扫除青少年及其家长和社会上对开展游泳活动存在的各种思想障碍,破除不支持妇女参加游泳的封建残余影响,促使大家喜爱、学习游泳。 |
| 1960.6.4 | 国家体委 | 关于学习运动员征服珠穆朗玛峰英雄事迹的通知 | 这是人类历史上一个伟大壮举,全国人民都应该学习这种敢为人先、攻坚克难、勇于担当的精神,并且在全国进行广泛宣传。 |
| 1962.3.19 | 国家体委 | 一九六一年体育工作会议报告 | 贯彻执行勤俭办学的方针,发扬艰苦奋斗的传统,反对铺张浪费。加强体育科学知识的宣传教育。加强国际体育工作的政治思想性。 |

续表

| 发文时间 | 发文机构 | 发文名称 | 相关内容 |
| --- | --- | --- | --- |
| 1963.3.12 | 国家体委 | 1962年全国体育工作会议纪要 | 加强体育工作中的宣传教育工作。 |
| 1964.4.14 | 国家体委 | 关于大力开展足球运动,迅速提高技术水平的决定 | 要通过各种方式,加强对足球的宣传。报纸、电台等方面应加强介绍足球运动的情况,推广先进经验,号召广大群众,尤其是青少年参加足球活动。 |
| 1964.7.23 | 国家体委 | 关于开展"游泳、射击、通讯、登山"等四项活动的指示 | 要运用各种宣传工具,向广大群众特别是青少年,讲清当前国际国内的形势,讲清开展这些活动对于增强体质、保卫祖国的重要意义。 |
| 1965.5.14 | 国家体委 | 全国体育工作会议纪要 | 面向群众宣传党的体育方针政策。 |
| 1973.2.20 | 国家体委 | 1973年全国体育工作会议纪要 | 加强同新闻、宣传单位的密切合作,充分运用报刊、广播、电视、电影等,普及体育知识。努力出版各种体育图书。 |
| 1974.2.12 | 国家体委 | 1974年体育工作要点(摘录) | 加强体育宣传出版工作。 |

在体育科研方面,《全国科学技术发展远景规划第55项任务第九中心问题说明书》中提出了关于体育的5个研究课题,我国体育科研工作正式开展。1958年国家体委颁布的《体育运动十年规划》对体育科研工作提出具体要求,之后在体育科研领域贯彻"百花齐放,百家争鸣"的方针,号召加强体育科学研究。这一时期主要的体育科研政策见表6.3。

**表6.3 中央及国家有关部门颁布的体育科研类政策(1949—1977)**

| 发文时间 | 发文机构 | 发文名称 | 相关内容 |
| --- | --- | --- | --- |
| 1958.9.8 | 国家体委 | 体育运动十年规划 | 规划提出了10年内需要研究的10个主要课题。 |

续表

| 发文时间 | 发文机构 | 发文名称 | 相关内容 |
| --- | --- | --- | --- |
| 1959 | 国家体委 | 关于结合训练工作进行科学研究工作的通知 | 为迎接第一届全运会的召开,为推进某些重点问题的研究,该院参加科研活动的人数激增,还印发了《科学研究工作的方法》以推动科研活动的开展。 |
| 1962.3.9 | 国家体委 | 1961 年全国体育工作会议纪要 | 体育院校必须坚持以教学为主,生产劳动、科学研究、社会活动要安排得当。认真贯彻百花齐放、百家争鸣的方针,开展体育学术研究和讨论。 |
| 1963.3.12 | 国家体委 | 1962 年全国体育工作会议纪要 | 继续认真总结经验,贯彻百花齐放、百家争鸣的方针。加强科学研究,加强技术情报资料的搜集。提倡尊重科学,鼓励不同风格的创造和发展。 |
| 1963 | 国家体委 | 1963—1972 年科学技术发展规划 | 增加了体育科学方面的研究课题,其中包括运动训练、运动解剖学、运动营养、运动创伤、医务监督和祖国传统体育项目太极拳、气功等。 |
| 1965.5.14 | 国家体委 | 全国体育工作会议纪要 | 办好体育报刊、体育学院,做好科学研究工作。 |
| 1972.11.8 | 国家体委、国务院科教组 | 一九七二年全国青少年业余体育学校工作座谈会纪要(摘录) | 加强科学研究工作。有条件的地方,可逐步建立科学研究小组,注意积累资料,探索适合少年、儿童特点的训练手段、方法、规律,提高训练水平。 |
| 1973.2.20 | 国家体委 | 1973 年全国体育工作会议纪要 | 有计划、有重点地开展体育科学研究工作,为体育运动的普及和提高服务。开展群众性的科研活动,充分发挥体育学院和其他大专院校以及优秀运动队的作用。 |
| 1974.2.12 | 国家体委 | 1974 年体育工作要点(摘录) | 加强体育学院、科学研究工作。 |

综上,这一时期体育文化政策的主题集中在体育精神、体育新闻宣传以及体育科研三个方面。该时期的体育文化建设虽然发展遭受一定挫折,但总体而

言，我国体育文化的建设工作取得了一定成效，为之后体育文化事业的发展以及体育文化政策的出台奠定了坚实的基础。

## 二、改革开放新时期的体育文化政策(1978—2011)

1979年10月，中国文学艺术工作者第四次全国代表大会召开，邓小平在会上指出，我们要继续按照毛泽东同志倡导的文艺为最广大的人民群众服务、首先为工农兵服务的方向。同时，在此基础上细化了“文艺为人民服务、为社会主义服务”的“二为方针”①，进一步解放了文艺创作者的思想，激发了文艺创作和文化建设的活力，推动中华人民共和国文化建设逐步走出停滞期进入恢复期。这次会议是文学界拨乱反正的里程碑，为社会主义新时期的文艺工作指明了发展方向。在“二为方针”的引领下，文化建设逐步复苏，文艺创作日渐丰富。同时，电视机的逐步普及推动了大众文艺的兴起，文化体制改革提上日程，文化产业开始萌芽。国家体委紧抓历史发展机遇，解放思想，积极构建体育文化发展大格局，体育文化工作内容不断丰富②。这一时期先后出台了一系列政策，为体育文化建设提出宏观指导，主要包括体育文化宣传、体育科学研究、体育文物资料、体育精神文明以及体育文化产业活动等几个方面。

十一届三中全会以来，体育宣传工作取得了新的进展。中央和地方报刊、广播、电视越来越重视体育报道，体育报刊的发行量达到历史最高水平，体育图书的出版发行有很大发展。各级体委和基层单位也做了大量的体育宣传工作，呈现比较活跃的局面。以新闻性报刊、广播电视节目为主体的各级媒体在体育新闻报道的数量与质量上都有所提高。全国报纸积极宣传党的体育事业方针政策，报道改革开放以来体育事业取得的成就。1978年，国务院在批转《国家体委一九七八年全国体育工作会议纪要》中指出，要充分运用各种宣传工具，加强

①欧阳雪梅.新中国70年社会主义文化建设及其经验[N].光明日报，2019-7-10(11).

②田野.改革开放以来中国体育文化成就与发展战略[J].体育文化导刊，2019，201(3)：2.

体育运动宣传工作。随后,国家体委相继颁布了《国家体委转发关于加强城市体育工作的意见(摘录)》《国家体委关于全国优秀运动队向国家乒乓球队学习的通知(摘录)》《国家体委、财政部、商业部关于全国性运动竞赛会经费开支标准的暂行规定》《职工体育工作座谈会纪要(摘录)》等政策文件,在不同体育活动领域中都将"加强体育宣传工作"作为一项重要要求执行。1979年,中国体育记者协会代表大会上通过的《中国体育记者协会章程(草案)》对我国的体育宣传工作提出了新的任务,要求团结全国体育新闻工作者,做好体育报道工作,促进我国体育事业的发展,振奋民族精神,为实现四个现代化贡献力量。同时,章程中也提到了要协助办理我国体育记者参加奥运会和各种大型国际体育比赛的采访报道工作。1981年,《国家体委转发宣传司关于加强和改进体育宣传工作的意见》规定了体育宣传工作的任务及具体措施,要求加强体育宣传的思想性、政策性,努力提高宣传质量,正确引导社会舆论,展示我国体育形象。此外,相关政策对体育新闻、采访等方面也做出了具体规定。1987年,国家体委在《关于加强体育理论建设的决定》中也指出要加强体育理论宣传,扩大体育理论阵地,出版部门要有计划地出版体育理论专著和译著。1995年,《全民健身计划纲要》(以下简称"《纲要》")颁布实施,作为我国发展全民健身的纲领性文件,《纲要》对体育宣传工作也做出了相应指示,指出要充分利用体育宣传和文化娱乐宣传,普及全民健身,形成舆论导向,增强全民体育健身意识,提高对全民健身工作的重视程度①。自此开始,全国上下开始积极宣传全民健身,普及群众体育,创新健身知识传播推广方式,全民健身的宣传逐渐常态化、多样化和规范化,并将全民健身知识的传播平台纳入公共体育服务体系建设②。国家体育总局与中央电视台体育频道、科教频道合作,策划录制了全民健身公益宣传片,播出反响良好③。2008年,北京奥运会的成功举办为我国体育文化工作的开展奠定了坚实基础,大量具有代表性的中国传统文化展示在全球观众面前,为我国

---

①国务院.全民健身计划纲要[EB/OL].[1995-6-20].http://www.scio.gov.cn.

②③国家体育总局宣传司.新中国体育文化宣传工作发展研究[J].体育文化导刊,2019(10):19-30.

体育文化建设注入了强心针。2009年，国家体育总局提出将体育文化建设工作作为中心工作，与群众体育、竞技体育及体育产业并列，成为体育事业发展的重要任务，也标志着体育文化建设工作上升到了国家战略地位。2011年5月，国家体育总局颁布《体育宣传"十二五"规划》，明确体育宣传发展的大好时机和重要意义，同时规划也提出了未来五年发展的要求，即围绕建设体育强国的目标，传播中华优秀传统体育文化和现代体育文化，凝聚民族精神，创造良好的舆论环境，完善体育宣传机制[①]。这一时期的主要体育新闻宣传类政策文本见表6.4。

**表6.4　中央及国家有关部门颁布的体育新闻宣传类政策（1978—2011）**

| 发文时间 | 发文机构 | 发文名称 | 相关内容 |
|---|---|---|---|
| 1978.5.12 | 国家体委 | 一九七八年全国体育工作会议纪要 | 充分运用各种宣传工具，加强体育运动宣传工作。 |
| 1978.8.16 | 国家体委 | 关于全国优秀运动队向国家乒乓球队学习的通知（摘录） | 体育报刊要大力宣传国家乒乓球队的先进事迹，报道、评介各地各队学习国家乒乓球队的情况和经验，推动这一运动深入、持久地开展。 |
| 1978.9.5 | 国家体委 | 关于加强城市体育工作的意见（摘录） | 充分利用各种机会，采取多种形式，宣传体育的科学知识和先进典型，以取得各方面的支持，动员群众为革命锻炼身体。 |
| 1978.10.12 | 教育部、国家体委、财政部、商业部 | 关于体育教师、体育专业学生粮食定量和教学工作（运动）服装供应问题的通知 | 各地教育部门和学校，要贯彻勤俭节约的精神，从严掌握，建立健全合理的规章制度，堵塞漏洞。 |
| 1978.12.30 | 国家体委、财政部、商业部 | 关于全国性运动竞赛会经费开支标准的暂行规定 | 做好运动会的宣传报道，场地宣传布置应注意简朴，秩序册、成绩册内容从简，数量适当。 |

①国家体育总局.体育宣传"十二五"规划[EB/OL].[2011-04-01].https://www.sport.gov.cn.

续表

| 发文时间 | 发文机构 | 发文名称 | 相关内容 |
| --- | --- | --- | --- |
| 1979.3.9 | 国家体委 | 一九七九年全国体育工作会议纪要 | 体育宣传、出版工作,计划财务、后勤物质保证以及其他各项有关工作,都要适应体育工作重点的转移,为我国体育事业大干快上作出贡献。 |
| 1979.3.20 | 国家体委 | 关于加强群体工作的意见(摘录) | 要努力运用宣传鼓动的方法,创造丰富多彩的群众活动方式,吸引群众关心、喜爱体育运动。广泛运用宣传工具,大力提倡人人都来参加体育活动。 |
| 1979.3.31 | 全国总工会 | 职工体育工作座谈会纪要(摘录) | 各级工会应经常向职工群众宣传体育运动的意义和作用,宣传体育的科学知识和先进典型,动员职工群众为实现四个现代化锻炼身体。 |
| 1979.4.26 | 国家体委、教育部、全国总工会、共青团中央、全国妇联、全国体育总会 | 关于在全国开展层层破纪录活动的通知 | 要利用各种形式,大力宣传破纪录活动的目的意义。特别要发动和鼓励青少年积极参加这项活动,共青团员、少先队员要发挥带头、骨干作用。 |
| 1979.6.6 | 国家体委 | 关于提高我国足球技术水平若干措施的请示 | 建议各报刊、电影公司、电视台增加对足球运动的报道和宣传。希望中央电视台能增加国际、国内重大足球比赛的转播,适当组织足球技术讲座等活动。 |
| 1979.9.29 | 中国体育记者协会代表大会 | 中国体育记者协会章程(草案) | 团结全国体育新闻工作者,做好体育报道工作,促进我国体育的发展,振奋民族精神,为实现四个现代化贡献力量。 |
| 1980.1.7 | 国家体委 | 王猛同志在一九八〇年全国体育工作会议上的工作报告(摘录) | 要充分运用报刊、广播等宣传工具和利用各种机会,大力宣传体育的意义和作用,最广泛地动员、吸引广大群众自觉参加各色各样的体育活动。 |
| 1980.3.28 | 国家体委 | 关于加速提高体育运动技术水平的几个问题的请示报告 | 要大力加强体育宣传工作,请新闻单位积极支持,形成整个社会范围的强大舆论,最广泛地动员、吸引群众参加体育活动。 |

续表

| 发文时间 | 发文机构 | 发文名称 | 相关内容 |
| --- | --- | --- | --- |
| 1981.4.16 | 国家体委 | 关于在体育比赛中认真抓好比赛秩序不搞猜奖活动的通知 | 对赛区要加强领导，理直气壮地抓政治思想工作，进行“五讲四美”和两个《守则》的宣传教育。协助各新闻宣传单位，进行观看比赛的道德作风的宣传教育。 |
| 1981.8.18 | 国家体委等13部门 | 关于积极推行第六套广播体操的联合通知 | 制作和出版汉、蒙、藏、维、哈、朝几种语言文字的唱片、挂图等，吸引更多的人参加广播体操活动，锻炼身体，增强体质，为振兴中华多作贡献。 |
| 1981.10.12 | 宣传司 | 关于加强和改进体育宣传工作的意见 | 提出体育宣传工作的任务及措施，加强体育宣传的思想性、政策性，努力提高宣传质量。正确宣传发展体育运动的目的、意义、作用和成就。 |
| 1981.10.29 | 国家体委、国家民委 | 关于转发李梦华同志在全国少数民族体育工作座谈会上的报告的通知 | 要通过多种渠道和形式，积极宣传党的民族政策，以不断提高人们对民族传统体育的认识，争取社会各界对少数民族体育的关心和支持。 |
| 1984.5.7 | 国家体委 | 关于统一发布重要体育新闻的规定 | 严格掌握体育工作的宣传方针和口径，保证体育宣传的真实性、准确性、科学性，重要的体育新闻要统一发布。 |
| 1985.7.12 | 国家体委 | 关于加强对外国和港澳地区电视采访管理的暂行规定 | 对采访的内容、项目、采访收入等做出具体规定。 |
| 1987.2.24 | 国家体委 | 关于加强体育理论建设的决定 | 研究和解决体育实践中的重大问题，加强理论和学术交流，加强理论宣传，健全理论研究机构。 |
| 2008.7.25 | 财政部 | 中央补助地方文化体育与传媒事业发展专项资金管理暂行办法 | 专项资金由中央财政设立，用于支持和引导地方改善公益性文化事业单位设施状况和工作条件，促进文化、文物、体育、广播电视、新闻出版等事业发展。 |

随着体育事业的恢复发展,我国体育科研政策呈现欣欣向荣之势。1978年,国家体委在《关于加强体育科学技术工作的意见》中要求“必须重视加强体育科技工作”,提出了1978年至1985年体育科研的主要任务,并要求建立、充实机构、队伍,合理布局,为体育科学技术工作创造必要的条件。1979年,国家体委在《第二届全国体育科学技术工作会议纪要》中指出要广泛开展运动技术水平的研究;在群众体育中,要突出抓好中、小学体育和青少年身体健康的研究;对工、农、兵体育以及医疗体育方面的研究,也要做适当安排;体育基础理论、体育史以及其他有关体育社会科学的研究也应当加强。此外,对科研仪器设备和体育器材的现代化、体育科研经费等方面也提出了要求。1980年,中国体育科学学会第一次全国代表大会上通过的《中国体育科学学会章程》明确提出要提倡辩证唯物主义,坚持实事求是的科学态度,认真贯彻“百花齐放,百家争鸣”的方针,充分发扬民主,开展学术上的自由讨论。随后,党和国家针对体育科技领域出台了一系列政策文本,我国体育科研工作迅速恢复发展起来。这一阶段主要的体育科研类政策见表6.5。

**表6.5　中央及国家有关部门颁布的体育科研类政策(1978—2011)**

| 发文时间 | 发文机构 | 发文名称 | 相关内容 |
| --- | --- | --- | --- |
| 1978.5.12 | 国家体委 | 一九七八年全国体育工作会议纪要 | 加强科研工作的领导,迅速充实扩大体育科研队伍。积极开展体育科学的基本理论和群众体育的研究。 |
| 1978.5.29 | 国家体委 | 关于加强体育科学技术工作的意见 | 规定了1978—1985年体育科研的主要任务,提出今后一个时期内体育科技工作要求,为建立体育科研组织管理体系和科研协作交流打下了基础。 |
| 1978.7.13 | 国家体委 | 关于认真办好体育学院的意见(摘录) | 大力开展科学研究工作,加强基础理论、学校体育、少年儿童训练、运动医学和体育史等方面的研究。大力开展学术活动,办好学报、加强学术交流。 |

续表

| 发文时间 | 发文机构 | 发文名称 | 相关内容 |
| --- | --- | --- | --- |
| 1979.3.9 | 国家体委 | 一九七九年全国体育工作会议纪要 | 加强科研工作,努力办好体育院校。加强体育运动基础科学和应用科学的研究,着重研究赶超世界先进水平的关键问题,为提高运动技术水平服务。 |
| 1979.3.21 | 国家体委 | 关于大力提高教育质量,充分发挥体育学院在发展我国体育事业中的作用的通知(摘录) | 各体育学院都要大力开展科学研究,把科研和教学、训练结合起来。要在两三年内把学校的科研机构建立、健全、充实起来,配备一定数量确有真才实学的专职研究人员。 |
| 1979.6.6 | 国家体委 | 关于提高我国足球技术水平若干措施的请示 | 拟在各体育科学研究机构中配备专门的足球运动技术研究人员,研究总结适合我国情况的训练方法和手段,研究足球训练、比赛的体力恢复措施。 |
| 1979.6.11 | 国家体委 | 第二届全国体育科学技术工作会议纪要 | 开展运动技术水平的研究。在群众体育中,要突出抓好中、小学体育和青少年身体健康的研究。加强体育基础理论、学科的研究。 |
| 1979.7.23 | 国家体委、教育部等6部门 | 关于在全国开展层层破纪录活动的通知 | 要加强技术研究和辅导工作。各地要定期组织经验交流,充分发挥各单项协会的作用,帮助基层不断提高训练质量。 |
| 1979.10.5 | 教育部、国家体委 | 高等学校体育工作暂行规定(试行草案) | 学校要把体育教育、群众体育和体育训练工作紧密结合起来,开展体育科学研究工作,并将其纳入学校的科学研究计划。 |
| 1980.12.16 | 中国体育科学学会第一次全国代表大会 | 中国体育科学学会章程 | 学会要提倡辩证唯物主义,坚持实事求是的科学态度,充分发扬民主,开展学术上的自由讨论,团结广大体育科技工作者。 |
| 1981.6.4 | 中国体育科学学会 | 中国体育科学学会召开国内学术会议管理办法(试行草案) | 对学术会议的类型、任务及其举行的时间和规模,会议计划的制定与审批,筹备、召开、总结、经费开支等各方面做出规定。 |

续表

| 发文时间 | 发文机构 | 发文名称 | 相关内容 |
| --- | --- | --- | --- |
| 1981.9 | 国家体委、国家民委 | 关于转发李梦华同志在全国少数民族体育工作座谈会上的报告的通知 | 对民族传统体育的研究整理工作,要列入各省、区及各州、县、旗体委民委的科研规划,力争在1985年前把本民族有代表性的项目整理出来。 |
| 1985.7.28 | 国家体委 | 体育科学技术进步奖的奖励范围和评审标准实施细则(试行) | 对国家体委体育科学技术进步奖的奖励方法和评审细则做出具体规定。 |
| 1987.12.11 | 国家体委 | 体育科学技术保密规定 | 对保密的基本内容,保密项目级别,保密项目的申报、审查等方面做出了规定。 |
| 1987.2.24 | 国家体委 | 关于加强体育理论建设的决定 | 着力解决体育实践中的问题,为实现体育强国建设服务。 |
| 1987.2.25 | 国家体委 | 体育科学技术研究课题管理条例(暂行) | 改革体育科研管理,逐步实行科研课题招标和合同制,充分调动科技人员的积极性,多出成果,多出人才。 |
| 1987.2.25 | 国家体委 | 体育科学技术研究成果管理条例(暂行) | 为使体育科技成果尽快在体育运动的实践中发挥作用,各级科技管理部门和单位必须加强体育科技成果的应用推广工作。 |
| 1989.7.10 | 国家体委 | 体育科学技术成果鉴定办法 | 为加强体育科学技术成果鉴定工作的管理,保证体育科技成果的质量,对体育科学技术成果鉴定工作提出了具体要求。 |
| 1989.9.15 | 国家体委 | 国家体委体育科学技术进步奖励条例 | 规定了体育科学技术进步奖励的范围及条件、奖励的标准及等级、奖金的分配以及相关争议的处理等内容。 |
| 1991.10.15 | 国家体委 | 软科学研究管理暂行办法 | 对体育系统的软科学研究的立项原则、检查实施、经费管理、成果鉴定、成果推广、奖励等方面做出了规定。 |
| 1995.8.29 | 全国人大常委会 | 中华人民共和国体育法 | 发展体育教育及科学研究,利用科学技术发展体育事业。 |

续表

| 发文时间 | 发文机构 | 发文名称 | 相关内容 |
| --- | --- | --- | --- |
| 1995 | 国家体委 | 关于进一步深化体育科技体制改革的意见 | 逐步建立适应社会主义市场经济、符合体育事业和科学技术发展规律、体育科技工作与体育运动实践紧密结合的新型体制和机制，促进体育科技进步，实现科技兴体。 |
| 1997.4.10 | 国家体委 | 体育社会科学、软科学研究项目管理办法 | 在重视基础理论研究的同时，加强应用研究，着重研究体育改革与发展中的重大理论问题和实际问题，为建设中国特色社会主义体育事业服务。 |
| 2003.8.14 | 国家体育总局 | 科学研究与科技服务经费管理暂行办法 | 加强对国家体育总局科学研究与科技服务经费的管理，切实提高科研与服务经费的使用效益。 |
| 2004.10.20 | 国家体育总局 | 关于进一步繁荣发展体育社会科学的意见 | 坚持为人民服务、为社会主义服务的方向和“百花齐放、百家争鸣”的方针。 |
| 2005.5.30 | 国家体育总局 | 国家体育总局科研项目经费管理办法 | 加强科研项目经费的管理，切实提高科研经费的使用效益。 |
| 2006.7.10 | 国家体育总局 | 国家体育总局体育社会科学研究项目管理办法 | 为繁荣发展体育社会科学，加强国家体育总局体育社会科学研究项目的管理，促使多出优秀体育社会科学研究人才和成果，为体育事业发展服务。 |
| 2010.7.1 | 国家体育总局 | 国家体育总局奥运科研攻关项目管理办法 | 未来体育事业的发展要充分利用现代化信息技术，在场馆、设施设备方面不断研究突破，紧密结合体育运动实践，鼓励科技创新，全面推进体育科技进步。 |
| 2010.9.6 | 国家体育总局 | 体育哲学社会科学研究项目管理办法 | 努力遵循哲学社会科学发展规律，更好地为体育事业发展服务，促进体育哲学社会科学繁荣发展。 |
| 2010.9.6 | 国家体育总局 | 体育哲学社会科学研究基地管理办法 | 围绕国家体育事业发展中的重大理论与实践问题组织高水平研究，产出创新成果，形成学术交流平台，促进体育哲学社会科学的繁荣发展。 |

续表

| 发文时间 | 发文机构 | 发文名称 | 相关内容 |
| --- | --- | --- | --- |
| 2011.2.15 | 中共中央、国务院 | 关于印发全民健身计划（2011—2015 年）的通知 | 加强全民健身科研工作，不断提升全民健身科学化水平。 |

搜集、整理、研究中华人民共和国成立以来的体育史料、文物，对于体育史研究有着重要意义。十一届三中全会之后，在体育各领域恢复发展的同时，体育文物资料的搜集、整理与保护也得到了一定关注。1979年，中华全国体育总会颁布《关于搜集和整理体育文史资料的决定》，至此便开始了我国体育文物史料的搜集、整理等工作。1981年，国家体委、中华全国体育总会发布《关于搜集整理建国后体育史料的通知》，提出要把搜集整理中华人民共和国成立后的体育史料、文物提到重要日程上来。随后，国家体委分别发布了《体育文物管理暂行办法（试行）》（1983年）、《体育档案工作管理试行办法》（1986年）对体育文物的征集、管理工作以及对各级单位体育档案的建立健全、管理，体育档案的范围及其与体育史料的划分，档案的立卷归档、利用等方面做出相关规定。此后，针对我国的体育文物资料的搜集、保护也出台了一些政策文本，与体育新闻宣传、体育科研等领域相比，数量较少。这一阶段，有关体育文物资料方面的政策文本见表6.6。

**表6.6　中央及国家有关部门颁布的体育文物资料类政策（1978—2011）**

| 发文时间 | 发文机构 | 发文名称 | 相关内容 |
| --- | --- | --- | --- |
| 1979.9.28 | 中华全国体育总会 | 关于搜集和整理体育文史资料的决定 | 应抓紧自辛亥革命到中华人民共和国成立这个时期的体育史料的搜集。要发动和组织老体育工作者，撰写体育史实和人物资料。 |
| 1981.7.31 | 国家体委、全国体育总会 | 关于搜集整理建国后体育史料的通知 | 要把搜集整理中华人民共和国成立后的体育史料、文物提到重要日程上来。 |

续表

| 发文时间 | 发文机构 | 发文名称 | 相关内容 |
|---|---|---|---|
| 1981.10.29 | 国家体委、国家民委 | 关于转发李梦华同志在全国少数民族体育工作座谈会上的报告的通知 | 对民族传统体育的研究整理工作，要列入各省、区及各州、县、旗体委民委的科研规划，力争在1985年前把本民族有代表性的项目整理出来。 |
| 1983.7.26 | 国家体委 | 体育文物管理暂行办法（试行） | 根据《中华人民共和国文物保护法》，制定全国体育文物管理暂行办法（试行）。对体育文物的范围、鉴定、管理、经费使用、捐赠奖励等方面做出了规定。 |
| 1986.11 | 国家体委 | 体育档案工作管理试行办法 | 对各级单位体育档案的建立健全、管理，体育档案的范围及其与体育史料的划分，档案的立卷归档、利用等方面做出了详细的规定。 |
| 1987.2.24 | 国家体委 | 关于加强体育理论建设的决定 | 重视和加强情报资料工作，要注意国内外有关体育信息的收集、整理、交换和运用。要设专人从事体育社会科学的情报工作，对发展和建立体育科学体系具有重要意义。 |
| 1988.12.12 | 国家体委 | 国家体委机关文书档案管理办法 | 对归档范围、立卷任务的划分、立卷要求，归档的时限及要求，档案的利用、保密、管理等方面做出规定。 |
| 1995.6.13 | 国家体委 | 近现代体育文物征集管理办法 | 加强对体育文物的征集和管理工作，防止散失，更好地发挥体育文物的宣传和教育功能，弘扬爱国主义精神，激发全国人民的爱国热忱。 |
| 1995.8.29 | 全国人大常委会 | 中华人民共和国体育法 | 国家鼓励、支持民族、民间传统体育项目的发掘、整理和提高。 |
| 1999.10.14 | 国家体育总局 | 国家体育总局文书档案管理办法 | 加强国家体育总局档案工作的业务建设，实现档案工作规范化，提高档案的科学管理水平。 |

改革开放以来，我国体育文化事业的发展更加注重体育精神的建构。1981

年,中国女排取得世界杯冠军,由此形成了团结拼搏、勇攀高峰的女排精神,激励了几代国人。1986年9月,中共十二届六中全会通过《关于社会主义精神文明建设指导方针的决定》,为文化建设和精神文明建设提出了具体指导。[①]在继承和发展中华人民共和国成立初期“勤俭节约、艰苦奋斗、勇攀高峰”等主要体育精神的基础之上,这一时期的体育精神文明建设中突出强调了加强政治思想教育、发扬社会主义新风尚、为社会主义现代化建设服务等重要内容。如1979年国家体委《关于第四届全国运动会有关问题的请示》中就指出这届全运会是在全党工作着重点转移到社会主义现代化建设上来的时候举行的,要贯彻党的十一届三中全会精神,反映出体育战线安定团结、大干快上、勇攀体育高峰的精神面貌,在比赛中要坚持“友谊第一,比赛第二”的方针,赛出风格,赛出水平,通过全运会推动我国社会主义体育事业发展,为实现社会主义的四个现代化作出贡献。1980年,国家体委颁布的《关于优秀运动队建设的几个问题》指出加强思想政治工作,教育鼓励运动员树立全心全意为人民服务的思想和勇攀高峰、为国争光的雄心壮志。随后在1981年颁布实施的《优秀运动队试行工作条例》中再次指出要根据运动队伍的特点,进行思想政治工作等。同年下发了《关于授予中国女子排球队“勇攀高峰运动队”称号和向中国女排学习的决定》文件,要求学习中国女排高度的爱国主义思想和勇攀世界高峰的雄心壮志;坚毅不拔、勇敢顽强的作风;善于学习,勇于创新和计划周密的科学精神;同心协力、团结战斗的风格等。促使我国体育事业有一个新的发展,为社会主义现代化建设,为创造社会主义精神文明做出新的贡献。1995年6月,《全民健身计划纲要》颁布,其中指出要加强宣传工作,使全社会认识到全民健身工作是社会主义精神文明和物质文明建设的重要内容。同年8月,《中华人民共和国体育法》颁布实施,在第二十七条中明确规定培养运动员必须对运动员进行爱国主义、集体主义和社会主义教育,以及道德和纪律教育[②]。2005年,中共中央办公厅、国务院

①张卫波.新中国文化政策的源头形成与发展[J].理论视野,2019,236(10):55.

②全国人民代表大会.中华人民共和国体育法[EB/OL].[1995-08-29].http://www.gov.cn.

办公厅联合下发《关于进一步加强农村文化建设的意见》，指出加强农村文化建设，是构建社会主义和谐社会的重要内容，要着力推进农村重点文化建设，培育农村文化市场，要求加强农村公共文化建设，注重丰富人民精神文化生活，满足群众多元的精神文化需求[①]。2007年，国家体育总局发布我国《体育事业发展"十一五"规划》，要求加强体育文化建设，深入挖掘体育的文化内涵，大力弘扬以爱国主义为核心的中华体育精神，大力倡导奥林匹克精神，努力在全社会形成积极、健康、向上的精神面貌[②]。2011年，《体育事业发展"十二五"规划》颁布，提出要充分发挥体育在建设社会主义先进文化中的作用和功能，并强调要加强体育文化建设，让体育成为社会主义先进文化的传播者和创造者[③]。这一阶段主要的体育精神文明类政策见表6.7。

**表6.7　中央及国家有关部门颁布的体育精神文明类政策(1978—2011)**

| 发文时间 | 发文机构 | 发文名称 | 相关内容 |
|---|---|---|---|
| 1979.1.22 | 国家体委 | 关于做好县的体育工作的意见(摘录) | 竞赛中要加强政治思想教育，认真贯彻"友谊第一，比赛第二"的方针，发扬社会主义新风尚，坚决反对锦标主义等歪风邪气。 |
| 1979.2.11 | 国家体委 | 关于第四届全国运动会有关问题的请示 | 在比赛中要坚持"友谊第一，比赛第二"的方针，鼓足干劲，力争上游，赛出风格，赛出水平，努力创造一批新纪录、新成绩，涌现一批新人才。 |
| 1979.3.9 | 国家体委 | 一九七九年全国体育工作会议纪要 | 继续发扬艰苦奋斗、勤俭节约的精神。中、小学和基层单位，发动群众，自力更生，修旧利废，尽早解决体育锻炼所需要的场地、器材。 |

①中共中央办公厅、国务院办公厅.关于进一步加强农村文化建设的意见[EB/OL].[2005-11-07].https://baike.baidu.com.

②国家体育总局.体育事业发展"十一五"规划[EB/OL].[2007-03-12].https://www.sport.gov.cn.

③国家体育总局.体育事业发展"十二五"规划[EB/OL].[2011-04-01].https://www.sport.gov.cn.

续表

| 发文时间 | 发文机构 | 发文名称 | 相关内容 |
| --- | --- | --- | --- |
| 1979.3.29 | 国家体委、教育部 | 关于外国留学生参加国内体育比赛的有关问题的通知 | 加强“友谊第一,比赛第二”的宣传教育工作。各地教育部门和体委对此应给予适当的照顾。 |
| 1979.3.31 | 全国总工会 | 职工体育工作座谈会纪要(摘录) | 开展职工体育运动,既要贯彻勤俭节约原则,又要有一定的场地设备。 |
| 1980.1.17 | 国家体委、教育部、共青团中央 | 关于在全国中、小学生中积极开展足球活动的联合通知 | 开展足球活动所需的场地、器材、设备等,要贯彻勤俭办事业的精神,发动群众,修旧利废,自力更生去解决。尽可能利用或改造现有的场地、器材、设备。 |
| 1980.3.12 | 国家体委 | 关于优秀运动队建设的几个问题 | 教育鼓励运动员树立全心全意为人民服务的思想和勇攀高峰、为国争光的雄心壮志,发扬勤学苦练的作风。 |
| 1981.4.16 | 国家体委 | 关于在体育比赛中认真抓好比赛秩序不搞猜奖活动的通知 | 理直气壮地抓政治思想工作,进行“五讲四美”和两个《守则》的宣传教育。协助各新闻宣传单位,进行观看比赛的道德作风的宣传教育。 |
| 1981.6.20 | 国家体委 | 优秀运动队试行工作条例 | 进行形势教育,革命传统教育,党的路线、方针、政策的教育,爱国主义和集体主义以及革命人生观和事业心的教育,共产主义道德风尚的教育。 |
| 1981.9.1 | 国家体委 | 关于全国体育学院竞赛工作暂行规定 | 开展竞赛活动应本着勤俭办一切事业的精神,注意节约开支,严格执行国家财务方面的有关规定。 |
| 1981.12.1 | 国家体委 | 关于授予中国女子排球队“勇攀高峰运动队”称号和向中国女排学习的决定 | 学习中国女排高度的爱国主义思想和勇攀世界高峰的雄心壮志。学习女排坚毅不拔、勇敢顽强的作风,同心协力、团结战斗的风格。 |
| 1995.8.29 | 国务院 | 中华人民共和国体育法 | 加强对运动员的爱国主义、集体主义和社会主义教育。 |

## 三、繁荣发展时期的体育文化政策(2012—2019)

党的十八大以来,习近平同志在很多场合都提到了中国传统文化以及文化自信的重要性,我党逐渐把建设社会主义文化强国摆到更加突出的位置,中华体育文化正迎来一个繁荣发展的黄金期。[①]伴随着体育强国新征程的推进,体育文化作为我国体育发展最基本、最持久的力量,不管是群众体育也好,竞技体育也罢,都离不开体育文化的支撑,[②]体育文化建设也被提到新的高度。2016年7月1日,在建党95周年庆祝大会的重要讲话中,习近平指出"文化自信,是更基础、更广泛、更深厚的自信。"文化自信成为继道路自信、理论自信和制度自信之后,中国特色社会主义的"第四个自信",[③]成为中华民族休戚与共、血脉相连的重要纽带。四个自信的重要论述,创造性地优化与完善了党的十八大所提出的中国特色社会主义"三个自信"的理论体系,四个自信理论体系的建构标志着中国特色社会主义有了更为明确而又开阔的文化建构,[④]也为我国发展体育事业,办好体育赛事,呈现中华民族特色的体育文化坚定了信念。习近平在党的十九大报告中指出:"要坚定文化自信,推动社会主义文化繁荣兴盛。没有高度的文化自信,没有文化的繁荣兴盛,就没有中华民族伟大复兴。要坚持中国特色社会主义文化发展道路,激发全民族文化创新创造活力,建设社会主义文化强国"[⑤]。作为社会主义文化的重要组成部分,体育文化的建设也要坚持高度的文化自信,坚定中国特色社会主义道路不动摇。在中国特色社会主义新时期,我们更要准确把握体育文化价值取向,打造中国特色体育文化品牌,丰富体育赛

①③新华网.文化自信——习近平提出的时代课题[EB/OL].[2016-8-5].http://www.xinhuanet.com.

②国家体育总局.体育发展"十三五"规划[S].2016.

④中国共产党新闻网.从"三个自信"到"四个自信"——论习近平总书记对中国特色社会主义的文化建构[EB/OL].(2022-3-28)[2016-7-7].http://theory.people.com.cn.

⑤新华网.习近平提出:坚定文化自信,推动社会主义文化繁荣兴盛[EB/OL].[2017-10-18].http://www.xinhuanet.com.

事文化内涵,发挥自媒体优势,开辟新的传播渠道,传承中华优秀传统体育文化,加强国内外体育文化交流,推进体育事业全面发展[①]。

这一时期,我国的体育文化建设主要集中在体育产业发展、体育宣传以及体育精神文明等方面。党和国家有关部门相继颁布的一系列政策文本,为我国体育文化的建设发展提供了鲜明指向。体育产业发展方面,随着产业化的推进,2012年文化部下发《文化部"十二五"时期文化产业倍增计划》的通知,其中提出"促进产业融合,建立健全产业融合发展的体制机制",加快产业融合,培育新的消费市场,这开启了"体育+"模式下体育文化产业与其他产业融合发展的新趋势,进一步推动了我国体育文化产业化的进程。2014年,国务院印发的《关于加快发展体育产业促进体育消费的若干意见》(国务院46号文件)首次提出了与体育文化发展相关的"促进融合发展"目标,培育多元化市场主体,支持社会企业开发体育类服务和产品,丰富职工体育文化生活,为体育文化的进一步发展指明了方向。2017年,国家体育总局下发《体育产业发展"十三五"规划》的通知,指出要促进体育与文化、养老、教育、健康、农业、林业、水利、通航等产业的融合发展。同年,文化部下发《文化部"十三五"时期文化产业发展规划》的通知,提出推进"文化+"和"互联网+"战略,推动互联网等先进技术在文化发展各个环节的应用,促进产业融合发展。这开启了我国体育文化产业"体育+""+体育"发展的模式,促进了我国体育文化产业与旅游、养老、健康等多领域的融合创新发展。

十八大以来,随着信息技术的不断发展进步,体育文化的宣传形式、手段逐渐多样化,体育文化宣传的内容也逐渐丰富。2014年,国家体育总局下发的《关于进一步加强体育宣传工作的通知》中指出要牢牢把握体育工作的话语权,从建立和完善宣传活动机制入手,全面有效提升舆论引导水平,加快体育媒体深度融合,积极弘扬中华优秀传统体育和奥林匹克体育精神,为新时代我国体育

①田野.改革开放以来中国体育文化成就与发展战略[J].体育文化导刊,2019,201(3):1.

高质量发展注入内生动力，也为我国体育文化领域的宣传工作提供了重要指导。2014—2015年，《中国体育报》编辑印发“全民健身特刊”，介绍各类实用健身知识，吸引大众积极参与全民健身，掀起了全民健身的热潮；与《中国日报》合作策划全民健身英文专版，加强全民健身的对外宣传，预示着我国体育文化宣传不仅面向国内，还积极地迈向世界；与全国晚报学会合作，开辟专栏报道各地全民健身开展情况，指出我国全民健身路径逐渐遍布全国各地，健身已成为群众日常的生活方式之一①。2017年，第十三届全运会的宣传以习近平总书记关于体育工作的重要论述为根本遵循，突出建设体育强国的主旋律，体育宣传部门联合新华社、《人民日报》《中国体育报》等有影响力的主流媒体，于全运会开幕当天在头版刊登社论及深度稿件，为读者全面立体地传达了比赛的信息②。此外，《青少年体育活动促进计划》《关于实施健康中国行动的意见》等诸多政策文本中均提及“加强体育宣传工作，普及体育知识，传播体育文化，营造体育舆论氛围”这项要求。

党的十八大报告中指出：“丰富人民精神文化生活，广泛开展全民健身运动，促进群众体育和竞技体育全面发展”，将体育定位于人民的精神文化生活层面，让人民群众在体育活动中达到对幸福生活的追求。十八大以来，体育精神文明建设在体育文化领域占据突出位置，对进一步满足人民群众日益增长的精神文化生活，提升人民幸福感、获得感具有重要作用。2012年4月，国家体育总局发布《关于加强体育文化工作的通知》，提出各部门要充分认识体育文化工作的重要意义，明确了体育文化工作要围绕建设体育强国的目标，加强体育队伍综合素质建设，把好体育文化这艘船的船舵。同年，体育总局进一步强化了体育文化工作的组织领导，各省区市体育局陆续建立相应部门，专职负责体育文化相关工作，逐步健全体育文化工作体制、运行机制，组建高素质体育文化工作队伍，完善体育文化工作评估体系，有效推进了体育文化建设。2015年，国家体

①②国家体育总局宣传司.新中国体育文化宣传工作发展研究[J].体育文化导刊，2019(10)：19-30.

育总局下发了《关于进一步做好运动项目文化建设的通知》,进一步明确了体育文化在社会主义文化强国建设中的重要作用。2017年,国家体育总局下发的《2017年体育文化工作要点》中指出要深入学习贯彻习近平总书记关于体育工作的重要论述,围绕建设社会主义体育强国的目标,树立"大体育文化观",充分发挥体育文化在社会主义文化强国建设中的重要作用,用"文化自信"引领体育文化建设;挖掘体育丰富的文化内涵,夯实中国体育发展的社会基础和文化根基;弘扬中华体育精神,使之成为全党全国各族人民团结奋斗的强大精神力量①。同年,《体育发展"十三五"规划》中提出要加强体育文化建设,促进体育文化的大发展大繁荣,要进一步扩大体育文化在体育发展中的影响,使其在培育社会主义核心价值观中的作用更加突出。再次凸显了体育文化在社会主义精神文明建设中的重要作用。2019年,国务院下发的《体育强国建设纲要》中也指出要大力弘扬中华体育精神,传承中华传统体育文化,促进体育文化繁荣发展。由此可见,体育文化在践行社会主义核心价值观、弘扬中华民族传统文化、提升国家软实力等方面发挥的独特价值和作用。这一阶段主要的体育文化政策文本见表6.8。

**表6.8　中央及国家有关部门颁布的体育文化政策(2012—2019)**

| 发文时间 | 发文机构 | 发文名称 | 相关内容 |
|---|---|---|---|
| 2012.4.26 | 国家体育总局 | 关于加强体育文化工作的通知 | 切实加强对体育文化工作的领导;加强体育队伍综合素质建设,加强体育文化阵地建设。 |
| 2012.5.7 | 文化部政策法规司 | 关于印发文化部"十二五"时期文化改革发展规划的通知 | 建立健全产业融合发展的体制机制,促进文化与旅游、体育等行业融合,提高国民经济的文化附加值。 |

①国家体育总局办公厅.2017年体育文化工作要点[EB/OL].[2017-04-05].http://www.gov.cn.

续表

| 发文时间 | 发文机构 | 发文名称 | 相关内容 |
| --- | --- | --- | --- |
| 2014.3.20 | 国务院 | 关于推进文化创意和设计服务与相关产业融合发展的若干意见的实施意见 | 催生新兴业态,满足多样化消费需求,加强创意设计,提升体育用品及衍生产品附加值。支持各地依托自然人文资源举办特色体育活动。 |
| 2014.6.5 | 国家体育总局 | 关于进一步加强体育宣传工作的通知 | 加强体育宣传工作是体育事业发展的必然要求,充分发挥体育多元社会价值和功能,牢牢把握体育工作的话语权。 |
| 2014.10.20 | 国务院 | 关于加快发展体育产业促进体育消费的若干意见 | 加强体育文化宣传。普及健身知识,宣传健身效果,积极支持形式多样的体育题材文艺创作,弘扬奥林匹克精神和中华体育精神,践行社会主义核心价值观。 |
| 2015.5.11 | 文化部等4部门 | 关于做好政府向社会力量购买公共文化服务工作意见的通知 | 完善相应政策体系,立足群众需求,建立较为完善的购买公共服务体系,突出公共性和公益性,保障人民群众体育需求与公共服务的有效对接。 |
| 2015.11.4 | 国家体育总局 | 关于进一步做好运动项目文化建设的通知 | 促进以运动项目文化为核心的体育文化建设,挖掘体育文化内涵,发挥体育在社会主义文化强国建设中的重要作用。 |
| 2016.6.15 | 国务院 | 关于印发全民健身计划(2016—2020年)的通知 | 将体育文化融入体育健身的全周期和全过程,以举办体育赛事活动为抓手,大力宣传运动项目文化,弘扬中华体育精神。 |
| 2016.6.27 | 国家体育总局 | 关于印发体育产业发展“十三五”规划的通知 | 大力开发群众喜闻乐见的体育传媒产品,积极支持形式多样的体育题材文艺创作,在互联网和自媒体的加持下,体育传媒产业潜力巨大。 |
| 2017.4.5 | 国家体育总局 | 2017年体育文化工作要点 | 树立“大体育文化观”,围绕建设体育强国发展体育文化,引导好社会舆论,高举中国特色社会主义伟大旗帜。 |

续表

| 发文时间 | 发文机构 | 发文名称 | 相关内容 |
| --- | --- | --- | --- |
| 2017.5.7 | 文化部政策法规司 | 文化部“十三五”时期文化发展改革规划 | 推进“文化+”和“互联网+”战略，推动文化产业与体育、健康等相关产业融合发展。 |
| 2017.11.28 | 国家体育总局、教育部等7部门 | 关于印发青少年体育活动促进计划的通知 | 各级体育、教育部门应鼓励青少年积极参与不同层次和形式的体育文化交流活动。 |
| 2018.12.11 | 国务院办公厅 | 关于加快发展体育竞赛表演产业的指导意见 | 坚持“体育+”和“+体育”做法，发挥文化在体育竞赛表演产业中的重要作用，促进相关产业深度融合，拓展发展空间。 |
| 2019.3.31 | 中共中央办公厅、国务院办公厅 | 关于以2022年北京冬奥会为契机大力发展冰雪运动的意见 | 积极开展冰雪运动宣传报道，充分发挥各级各类新闻媒体特别是新媒体作用，办好冰雪运动节目和专栏，传播冰雪运动正能量。 |
| 2019.6.24 | 国家卫生健康委 | 健康中国行动(2019—2030年) | 弘扬群众身边的健身文化，制作体育题材的影视、动漫作品，鼓励开展全民健身志愿服务，普及体育健身文化知识，增强健身意识。 |
| 2019.9.2 | 国务院办公厅 | 体育强国建设纲要 | 促进体育文化繁荣发展，大力弘扬中华体育精神，传承中华传统体育文化。 |

概言之，这一阶段体育文化建设获得长足发展。当今世界正经历百年未有之大变局，党和国家出台的一系列政策立足当前中华民族伟大复兴的关键时刻，将体育文化工作上升为国家战略，希冀体育文化建设能为新时代体育事业的发展提供强有力的思想保障。与此同时，弘扬和传承中华优秀传统体育文化也是未来我国体育文化工作的重要内容，要充分发挥自媒体时代的优势，大力宣传推广体育文化，打造中国特色社会主义体育文化品牌[①]。这一时期政策主

①国家体育总局宣传司.新中国体育文化宣传工作发展研究[J].体育文化导刊，2019(10)：19-30.

题重点集中在体育文化产业、体育新闻宣传以及体育精神文明方面，政策文本数量较多，体现了国家层面对体育文化事业的扶持、帮助与引导。

# 第二节　我国体育文化政策的演进特征

## 一、政策制定主体由政府主导向多部门协同参与转变

政策主体是从政策制定到政策实施再到政策评估的整个政策生命周期的重要参与者。①本书经过几重梳理，将变更和撤销机构或更换或剔除，最终得出体育文化政策涉及的发文主体共47个。虽然涉及主体广泛，但以国家体育总局(原国家体委)单独发文或与教育部、共青团中央、文化部等联合发文为主，占政策发文总量的半数以上。通过梳理政策内容可知，其文本类型以"通知"和"意见"为主，占据50%以上。此外，还具体包括纪要、办法、决定、规划等各种规范性的政策文件，表明我国体育文化政策的制定侧重于宏观层面的指导。

体育文化工作是一个从上到下，涵盖中央政府、各地方政府以及社会各群体等客观主体共同参与的复杂生态系统。体育文化政策的实施是不同主体之间相互协调的结果。70年来，在我国体育文化工作中，政府始终承担着组织者、领导者的职责，而群众这一重要主体长期处于被动接受地位。伴随政府职能在体育文化政策的演进过程中实现了由主导向引导的转变，体育文化政策的制定主体也产生了变化，呈现政府主导到多部门协同参与的转变。即由初期政府注重从宏观层面上要求并规定体育文化政策的发展思路及方向，到随着社会政治、经济、文化环境的发展变化，政府更多地结合体育文化发展的实际需要，引导激发其内部发展动力，从而促进体育文化政策的发展完善。

①贺丹，唐娅华.中国绿色服务政策演进、协同及文本内容分析[J].中国环境管理，2021，13(03)：92-101.

## 二、政策主题与时代发展保持同频共振

中华人民共和国成立初期，体育领域百废待兴，体育文化事业发展相对滞后。基于人们对体育价值的认识不足、体育参与度较低、体育权利意识淡薄等社会现实，这一时期的体育文化政策主要侧重于体育新闻宣传方面，试图通过一些体育文化宣传活动，增强人们对体育的了解认识，提高人们的体育参与度。此外，体育精神也是这一阶段体育文化政策的重要主题。如立足于新中国成立初期的社会经济现实状况，体育文化领域响应党和国家“勤俭建国”的方针，在体育文化政策中提出“勤俭办体育”的方针，提倡艰苦奋斗的体育精神。试图在体育运动中培养运动员们勇攀高峰、不畏困难、团结协作、为国争光的体育精神品质。进入改革开放新时期，体育科研这一主题在体育文化政策中的地位逐渐显现，在党和国家的大力支持下，体育科学技术工作不断推进。此外，体育文物资料类政策与体育文化产业活动政策数量也逐步增多，体育新闻宣传类政策与体育精神文明类政策稳步发展。这一时期呈现各政策主题主次分明、协同发展的鲜明特征。党的十八大之后，伴随社会经济发展需要，体育领域产业化发展趋势明显。产业化是体育文化传承、创新和国际传播的重要路径。这一阶段体育文化政策发展侧重于体育文化产业活动这一主题，有关部门出台了大量的政策文本。与此同时，国家也提出丰富人民群众精神文化生活的重要指示。总体来看，中华人民共和国成立70多年来，体育文化政策的发展演进与各历史时期社会发展需要相统一，注重因时制宜，发展不同政策主题。其中，体育精神这一政策主题是体育文化政策发展的永恒旋律。

由图6.2可知，从具体表现来看，我国体育文化政策主题主要包括：“体育精神”“体育文宣”“体育科研”“体育文化产业活动”以及“体育文物资料”五大方面。其中，“体育精神”“体育文宣”两大主题为主要政策着力点，占据政策总量的大半。“体育精神”政策主题的内容包括勤俭节约、艰苦奋斗、不惧困难、勇攀

高峰、为国争光等体育竞技精神,“百花齐放、百家争鸣”的体育科研精神,中华传统美德,践行社会主义核心价值观等内容。“体育科研”政策主题包括体育科研经费的管理使用,体育科研项目、课题的管理,体育科技成果利用等。“体育文宣”政策主题包括宣传体育文化知识、体育新闻采访等。“体育文化产业活动”政策主题包括体育文化产业与其他产业的融合发展、体育文化产品供给、公共体育文化设施建设、体育竞赛表演、体育文化娱乐活动等。“体育文物资料”政策主题包括体育文化资料以及文物资料的开发与保护等。随着体育文化政策的不断发展,其政策主题涵盖范围也在不断扩大,涉及多个领域、多个部门。

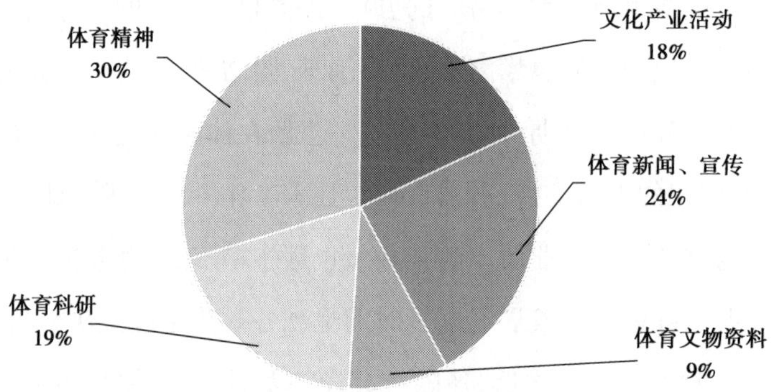


图6.2 我国体育文化政策的主题分布(1949—2019)

## 三、政策执行始终坚持“以人民为中心”的价值导向

1957年6月19日,《人民日报》发表毛泽东《关于正确处理人民矛盾的问题》的讲话。讲话中提到要求在科学文化工作中贯彻“百花齐放、百家争鸣”方针,为社会主义科学、文化、艺术健康发展奠定了基础。[①]1997年9月12日,中共十五大报告对中国特色社会主义文化建设提出明确要求,强调:“坚持为人民服务、为社会主义服务的方向,贯彻百花齐放、百家争鸣的方针,弘扬主旋律,提倡

①张卫波.新中国文化政策的源头形成与发展[J].理论视野,2019(10):51-56.

多样化,创作出更多思想性和艺术性统一的优秀作品”①。2012年11月8日,胡锦涛在中共十八大报告中重申:“建设社会主义文化强国,必须走中国特色社会主义文化发展道路,坚持为人民服务、为社会主义服务的方向,坚持百花齐放、百家争鸣的方针,坚持贴近实际、贴近生活、贴近群众的原则,推动社会主义精神文明和物质文明全面发展,建设面向现代化、面向世界、面向未来的,民族的科学的大众的社会主义文化”②。中共十八大后,习近平进一步要求文艺要坚持“以人民为中心”的创作导向。③2017年10月18日,习近平在中共十九大报告中又对发展中国特色社会主义文化提出更明确的方向,指出:“发展中国特色社会主义文化,就是以马克思主义为指导,坚守中华文化立场,立足当代中国现实,结合当今时代条件,发展面向现代化、面向世界、面向未来的,民族的科学的大众的社会主义文化,推动社会主义精神文明和物质文明协调发展。要坚持为人民服务、为社会主义服务,坚持百花齐放、百家争鸣,坚持创造性转化、创新性发展,不断铸就中华文化新辉煌”④。在70年体育文化政策调整变化过程中,变动的是时代需求和人民需要,不变的是体育文化建设始终坚持“为人民服务”的价值导向和遵循“双百”方针的要求。

## 第三节　小结

体育文化政策是我国体育政策的重要组成部分,在推进文化强国、体育强国建设中扮演着重要角色。通过梳理中华人民共和国70年体育文化政策文本可知,我国体育文化政策从无到有,经历了由社会主义探索建设时期的初步发

①江泽民.高举邓小平理论伟大旗帜把建设有中国特色社会主义事业全面推向二十一世纪[N].人民日报,1997-9-22.

②中共中央文献编辑委员会.胡锦涛文选(第3卷)[M].北京:人民出版社,2016.

③习近平.习近平谈治国理政(第2卷)[M].北京:外文出版社,2017:314、36.

④习近平.决胜全面建成小康社会夺取新时代中国特色社会主义伟大胜利[N].人民日报,2017-10-18.

展，到改革开放新时期的快速发展，再到新时代中国特色社会主义的繁荣发展的演进过程。政策文本数量呈现波浪形发展，出现了中华人民共和国成立早期、改革开放新时期以及党的十八大以来等三次明显的高峰期，整体数量呈增长的趋势；政策文本类型以“通知”和“意见”为主，占据政策总量的50%以上，具体包括纪要、办法、决定、规划等各种规范性的政策文件；政策主题主要涉及“体育精神”“体育文宣”“体育科研”“体育文化产业活动”以及“体育文物资料”五大方面。梳理其发展历程可知，我国体育文化政策的发展演变具有政策制定主体由政府主导向多部门协同参与转变、政策的主题侧重与时代需要保持同频共振、政策的执行始终坚持“以人民为中心”的价值导向等特征。当前，我国体育文化工作正处于良好的发展时期，但梳理政策文本发现其仍存在一定不足，如体育文化领域专门政策缺失、体育文化政策精细化制定不足、政策反馈评价渠道尚不畅通等。随着中国特色社会主义进入新时代，在新时代新形势下，对体育文化工作也提出了更高的要求，今后我国体育文化政策的发展要更加注重体育文化事业的顶层设计，弥补政策缺口。除加强体育文化领域统摄政策的制定外，也要不断强化体育文化关联政策的研究与制定，如税收优惠政策、财政金融支持政策等，促进体育文化政策相关配套政策的制定；此外也要注重政策精细化发展，如针对体育文化产业、体育与其他领域融合等方面制定政策，依托政策优势，加快“体育文化+”模式下体育文化产业的创新发展；注重完善政策评价反馈体系，增强民众参与政策制定的话语权，保障政策制定的民主性、科学性，不断巩固我国体育文化工作的良好发展局面。

# 第七章　我国民族传统体育政策史（1949—2019）

民族传统体育是强国强民、增进民族凝聚力、振奋民族精神的重要活动，从不同的侧面和角度反映了各民族的历史、政治、经济、文化、宗教以及风俗习惯等内容。作为中华文化一部分的民族传统体育自建党百年来的发展史实质上是各民族社会历史发展轨迹的一种折射，是维系中华民族命运共同体建设的重要根脉[①]。中华人民共和国成立后，党和国家非常重视民族工作，积极开展各种形式的民族传统体育活动，保护和传承民族传统体育文化，推动民族传统体育事业的开展。就民族传统体育而言，没有党的民族体育政策作为保障，就不会有民族体育事业的兴盛[②]。梳理中华人民共和国成立以来民族传统体育政策的演进脉络，探讨民族传统体育政策的演进特征，展望新时代民族传统体育政策的发展趋向，对实现中华民族的伟大复兴具有重要意义。

中华人民共和国成立以来我国共颁布民族传统体育政策95份，根据文件颁布的时间序列分布来看，其数量呈曲线上升趋势，间歇性出现了几次政策密集期（见图7.1）。1955—1957年，共有3项民族传统体育相关政策文本，内容以整理和推行武术工作为主。国家对体育的重视为发展民族传统体育创造了条

---

①韦晓康，赵妍．建党百年中国少数民族传统体育事业的成就与使命[J]．北京体育大学学报，2021，44(06)：130-140.

②殷鼎，史兵．中国共产党少数民族体育政策的历程与趋向[J]．北京体育大学学报，2021，44(06)：119-129.

件，民族传统体育蓬勃发展，因此这一时期民族传统体育政策在服务党和国家实现民族团结融合的基础上形成一个小高潮。第2个密集期是1983—1986年，共有9项民族传统体育相关政策文本，其中以恢复对武术的挖掘整理工作，在社会上广泛开展民族传统体育以及扶持中西部地区发展体育事业，促进民族传统体育实现科学化、规范化发展等内容为主。改革开放初期，国家体委积极推动体育工作转移重心，确立“攀登体育高峰”的发展思路。在1984年的第23届奥运会上，中国体育代表团取得金牌总数第四的成绩，这极大地振奋了民族精神，并在全国掀起了前所未有的“体育热”[①]。国家体委提出逐步将民族传统体育中富有健身、竞技价值的项目发展为具有民族特色的正式竞赛项目，民族传统体育事业迎来了新的发展契机。因此这一时期虽然竞技体育是发展的重点，但民族传统体育政策文本数量在竞技体育的带动下也迎来了大幅度的增长。第3个密集期是2000—2006年，共有12项民族传统体育相关政策文本，其中以加强学校民族传统体育发展，大力开展群众性民族传统体育活动以及推动民族传统体育走向世界等内容为中心。2001年7月13日，北京赢得了2008年奥运会举办权，实现了中华民族的百年夙愿，从而打开了我国迎奥运、办奥运、战奥运的“政策之窗”，举国欢庆，大量备战奥运的政策陆续出台。[②]为筹办和备战奥运，体育工作受到了前所未有的重视。2002年，中共中央、国务院发布《关于进一步加强和改进新时期体育工作的意见》(以下简称“《意见》”)，[③]提出以奥运会为契机，大力推动全民健身计划，积极扶持中西部地区和少数民族地区发展体育事业，努力推动中华武术走向世界。《意见》作为21世纪的纲领性文件，为民族传统体育的进一步发展指明了方向。第4个密集期是2011—2016年，共有36项民族传统体育相关政策文本。涉及民族传统体育综合发展、产业提升、人才

①刘叶郁.中华人民共和国成立以来体育政策的演变特征与内容分析[J].上海体育学院学报，2018，42(06)：11-17.

②金世斌.改革开放以来我国体育政策演进与价值嬗变[J].体育与科学，2013，34(01)：36-41.

③蒙雪，陆作生，郑昌意.21世纪我国国民体质增强策略研究[J].武汉体育学院学报，2011，45(02)：58-62.

培养、文物保护,还提及民族传统体育旅游开发,并有针对性地从制度保障、资金支持、合理规划给予全面升级。这一阶段大量民族传统体育政策的颁布开创了民族传统体育多元发展新局面。

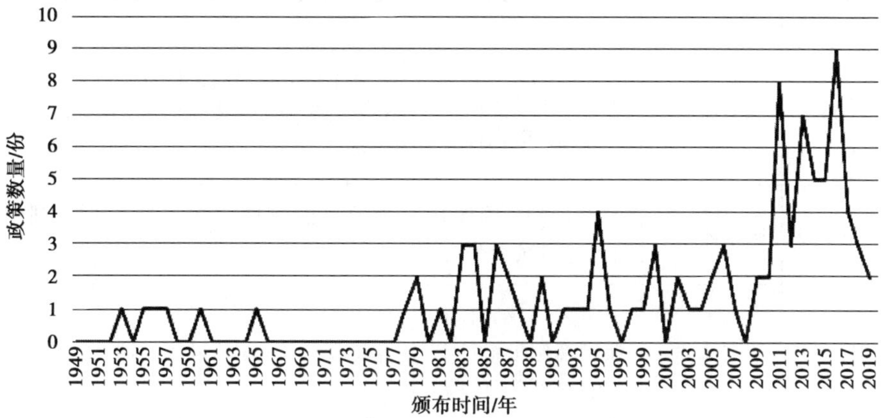


图7.1　我国民族传统体育政策数量及其变化趋势(1949—2019)

# 第一节　我国民族传统体育政策的演进历程(1949—2019)

## 一、民族传统体育政策萌芽与初步发展阶段(1949—1977)

1949年《中国政治协商会议共同纲领》提出了"慎重稳进"的民族政策,成为民族传统体育工作的重心[①],并成立了中央人民政府民族事务委员会来管理民族工作。1951年3月,中央政务院又推行了民族工作会议制度[②],并在全国范围内成立民族工作机构,加强对各民族的管理。民族事务管理体系的构建,也促

①郑国华,祖庆芳,何平香.我国少数民族群众体育政策的历史演进[J].北京体育大学学报,2016,39(02):16-22.

②马晓军.试论清代的回族政策及其影响[J].民族论坛,2014(04):38-41.

进了民族传统体育事业的发展。在这一时期，民族传统体育政策大都是附带性条款和规定，尚未出现专门性的民族传统体育政策文本（见表7.1）。

**表7.1　中央及国家有关部门颁布的民族传统体育政策（1949—1977）**

| 发文时间 | 发文机构 | 发文名称 | 相关内容 |
| --- | --- | --- | --- |
| 1953.11.17 | 国家体委 | 关于加强人民体育运动工作的报告 | 中央体委拟设专门机构着手研究和整理民族新形式的体育，以便正确地推广和提倡。 |
| 1955.2.22 | 国家体委 | 关于召开全国体育工作会议的报告 | 武术目前只能进行一些整理和研究工作。 |
| 1956.3.9 | 国家体委 | 中华人民共和国运动竞赛制度的暂行规定（草案） | 将武术列为表演项目，定期举行。 |
| 1957.1.17 | 国家体委 | 关于1956年体育工作总结及1957年工作的要求 | 武术是我们民族文化遗产的一部分，我们应当根据党和政府对民族文化遗产的方针来对待武术工作，同时将其作为一个运动项目继续推行。 |
| 1960.3 | 中共中央 | 中共中央关于卫生工作的指示 | 国家提倡做体操，打球类，跑步，爬山，游水，打太极拳及各色体育运动。 |
| 1965.5 | 国家体委 | 全国体育工作会议纪要 | 对武术和民间体育，要积极研究和整理，取其精华，去其糟粕，使之更好地为人民健康服务。 |

1952年，国家体委将武术定为推广项目，开始全面推广，并设置民族形式体育研究会，挖掘、整理民族形式的体育。1953年，中央体委党组在《关于加强人民体育运动工作的报告》中提出民族形式的体育是我国重要的优秀文化遗产，要积极研究和整理。同年，在全国民族形式的体育表演大会期间，贺龙同志提出要发扬光大中华民族优秀传统体育的主张。1954年《宪法》规定民族自治地方自主经营发展体育事业，为少数民族地区开展体育活动提供了法律保障。

1955年,中央体委成立武术研究室对武术进行整理研究工作。1956年,国家体委发布《中华人民共和国运动竞赛制度的暂行规定》,将武术列为表演项目,定期举行。次年,武术被列为国家竞赛项目,进一步促进了武术的普及。1958年,中国武术协会成立,从组织上保证了武术运动的开展,之后多个省、直辖市也相应成立了武术协会或研究会。①1959年,第一届全国运动会召开,大量民族传统体育项目都成了比赛项目,有效地推动民族传统体育在我国的继承和发展。在1965年的《全国体育工作会议纪要》中,政府再一次强调了武术和民间体育要积极研究和整理,取其精华,去其糟粕。1977年我国高考制度恢复,教育部重新编制了有关人才培养的手册,武术专业得以保留。

中华人民共和国成立之前,中国各民族深受"三座大山"的剥削和压迫,广大少数民族群众没有平等可言,更难以发展民族体育。中华人民共和国成立以后,中国共产党确立了民族平等、各民族共同繁荣的制度,始终注重发挥体育功能,维护民族团结。在政策层面,开始大力扶持少数民族的体育事业,整理和发掘民族形式的体育,整理出的许多运动项目仍是当今民族体育的主要内容。同时武术作为民族传统体育的代表,发展尤为突出,在西方体育模式影响下,武术竞赛体系也逐步形成。总体而言,这一时期的民族传统体育政策表现出为民族团结服务的特点。

## 二、民族传统体育政策恢复与探索阶段(1978—1994)

改革开放以后,党和政府恢复了原有的民族传统体育政策,同时结合新的形势,出台了保护和发展民族传统体育的新政策(见表7.2)。1980年全国体育工作会议系统总结了中华人民共和国成立以来体育事业的发展经验,并提出要进一步加强体育法律法规建设,从而促进包括民族传统体育在内的体育工作的科学有序发展。

①李蕾.近代以来中国武术项目管理过程及其评价与发展[D].北京:北京体育大学,2005:35.

表 7.2　中央及国家有关部门颁布的民族传统体育政策(1978—1984)

| 发文时间 | 发文机构 | 发文名称 | 相关内容 |
| --- | --- | --- | --- |
| 1978.2.2 | 国家体委 | 全国体育工作会议纪要 | 体育是关系六亿人民健康的大事,提倡具有民族特色和地方特色的项目和民间体育活动。 |
| 1979.1.22 | 国家体委 | 关于做好县体育工作的意见 | 切实开展少数民族和边境地区体育,在少数民族聚居的地方,要积极提倡有益于身心健康的体育活动,开展自己的传统体育项目,增强民族团结。 |
| 1979.1 | 国家体委 | 关于发掘、整理武术遗产的通知 | 国家体委组织武术调查组分赴全国各地考察。 |
| 1981.10.29 | 国家体委、国家民委 | 关于转发李梦华同志全国少数民族体育工作座谈会上的报告的通知 | 研究制定民族传统体育工作的方针任务,积极推动民族体育事业的进步。大力培养少数民族体育干部,积极改善少数民族地区体育设施,组织好少数民族体育比赛。 |
| 1983.2 | 国家体委 | 国家体委关于进一步开创体育新局面的请示 | 对六五计划后三年的工作布置,对传统项目武术进行理论探讨。对武术进行挖掘整理、继承和发展。从武术特点出发,运用武术研究院、馆、站等形式开展活动,并鼓励私人开办拳社。在国内广泛开展武术活动的同时,将这一运动项目逐步向世界推广。 |
| 1983.2.2 | 国家体委、文化部、共青团中央 | 关于全国农村体育工作会议纪要的通知 | 民族传统体育活动日趋活跃,参加体育活动的人越来越多。 |
| 1983.8.18 | 国家体委 | 国家体委关于对群众自办武术馆和私人教拳加强管理的意见的通知 | 为了继承我国民族文化遗产,普及推广武术,增强人民体质,群众自办武术馆、站、社和私人教拳,可在加强管理的前提下因地制宜地发展。 |
| 1984.5.31 | 国务院 | 中华人民共和国民族区域自治法 | 民族自治地方自主发展体育事业。 |

续表

| 发文时间 | 发文机构 | 发文名称 | 相关内容 |
| --- | --- | --- | --- |
| 1984.10.5 | 党中央 | 关于进一步发展体育运动的通知 | 积极扶持中西部地区和少数民族地区发展体育事业。 |
| 1984.12.20 | 国家体委 | 国家体委关于加强县体育工作的意见 | 积极开展民族民间体育。要挖掘、整理、改革和提高民族传统体育,对其中富有健身、竞技价值的项目,应逐步发展成为具有民族特色的正式竞赛项目。 |

1978年,国家体委发布了《全国体育工作会议纪要》,提出要提倡具有民族特色和地方特色的项目和民间体育活动。1979年,国家体委发布了《关于发掘整理武术遗产的通知》,挖掘整理传统武术,2月,国家开始陆续恢复各地的民族工作机构,民族体育工作开始缓慢恢复。1981年,国家体委和国家民委召开全国少数民族体育工作座谈会,制定了"积极提倡,加强领导,改革提高,稳步发展"的十六字方针,并组建了"体育文史工作委员会"和"武术研究院",加强对民族传统体育项目的挖掘整理。1982年国家体委举行了全国第一次武术工作会议,总结中华人民共和国成立以来武术工作的经验教训,提出"大力普及,努力提高,积极稳步向外推广",并制定了新时期发展武术的方针政策和任务。1984年,中共中央发出通知,体育是全民族性的群众活动,关系到人民健康、民族繁荣、国家昌盛,全党全社会都要重视加强体育工作,进一步发展全民族体育运动,为跻身世界体育强国不懈奋斗。[①]这一阶段,民族传统体育工作得以恢复。

1985年3月20日,国家体委武术研究院成立,其主要任务就是对中华传统武术进行挖掘整理。自1985年至1990年短短五年间,在党和国家的领导下,在各族人民的大力支持下,我国民族民间传统体育的挖掘、整理工作取得了丰硕成果,收集到少数民族体育676条目,汉民族体育301条目,共计977条目,完善

①饶远,张云纲.在民族体育政策实施中构建和谐的社会主义民族关系——中国共产党的民族体育发展政策[J].今日民族,2007(05):38-42.

了中华民族传统体育文化体系的构建与整理。①1990年，国家体委出版了《中华民族传统体育志》，这是国内第一部全面反映我国56个民族传统体育的书籍。为了加强武术理论研究，适应武术走向世界的要求，1986年中国武术研究院成立，1987年中国武术学会成立，并于6月23至27日召开了全国首届武术学术研讨会，来自全国武术界、体育界、教育界、科学界的300余专业和业余武术研究工作者参加了会议。这次会议的成功举办，为武术走上科学化、规范化的轨道提供了良好基础，会议讨论内容也为武术发展丰富了理论依据。武术的普及离不开教育，1984年国务院批准设立武术硕士学位，为我国培养高层次武术研究人才奠定了基础；随后，许多学校成立了武术协会和辅导班；1986年，部分大学成立了高水平武术运动队。1992年，国家教委办公厅发布了《关于印发学校民族传统体育工作研讨会会议纪要的通知》，回顾了自1985年开展民族传统体育教学以来取得的成果，以及商讨如何在小学、中学、大学普及民族传统体育教育，完善了我国学校武术教学网络。1994年，国家体育总局武术运动管理中心设立，全面管理武术运动项目（见表7.3）。

**表7.3 中央及国家有关部门颁布的民族传统体育政策（1985—1994）**

| 发文时间 | 发文机构 | 发文名称 | 相关内容 |
|---|---|---|---|
| 1986.2.20 | 国家体委 | 秋千、抢花炮、叼羊、民族射弩竞赛规则（试行草案） | 明确了这几种民族传统体育项目的竞赛规则。 |
| 1986.4 | 国家体委 | 关于体育体制改革的决定（草案） | 大力繁荣民族传统体育，逐步实现科学化、规范化。进一步搞好学校体育、增进学生身心健康。 |
| 1986.7.16 | 国家体委 | “中国传统体育保健”研讨会会议纪要 | 从理论与实践两方面探讨了中国传统体育保健发展状况。 |

①饶远.论中国共产党民族体育政策的基本特征[J].上海体育学院学报，1993，4（03）：23-27.

续表

| 发文时间 | 发文机构 | 发文名称 | 相关内容 |
| --- | --- | --- | --- |
| 1987.3.5 | 国家体委 | 武术裁判员暂行管理办法 | 加强武术裁判员队伍建设,保证武术竞赛公正有序进行,结合武术项目情况制定本办法。 |
| 1987.8.6 | 国家体委 | 关于加强武术工作的决定 | 继续做好挖掘整理武术遗产工作。 |
| 1988.12.23 | 国家体委 | 武术运动员等级标准 | 根据不同技术等级标准,制定了武术运动员等级标准。 |
| 1990.3.12 | 国家教委 | 学校体育工作条例 | 重视继承和发扬民族传统体育,积极开展体育科学研究工作。 |
| 1990.4.18 | 国家体委 | 关于中国武术协会实体化的通知 | 中国武术协会实体化后既是中华体育总会的团体成员,又是国家直属事业单位。 |
| 1992.7.23 | 国家教委 | 关于印发学校民族传统体育工作研讨会会议纪要的通知 | 继承和发扬民族传统体育,推动学校体育工作的改革,探讨建立具有中国特色的学校体育体系。 |
| 1994.12.5 | 中共中央、国务院 | 关于加强科学普及工作的若干意见 | 针对武术热、气功热提出充分认识破除反科学、伪科学活动的长期性、复杂性和艰巨性。 |

这一时期,我国民族传统体育事业在党的领导下逐步恢复发展,呈现两方面的特征:一是经过长期的挖掘整理工作,我国民族传统体育由低层次向高层次发展阶段迈进,中华民族传统体育开始踏上了世界舞台;二是在我国从传统社会到现代社会的转型背景下,民族传统体育的发展开始向着科学化、规范化的方向发展,形成了四年一届的全国少数民族传统体育运动会,在保持民族特色的基础上把民族传统体育项目化、竞赛化,使具有民族特点的古老体育运动深受群众欢迎,同时在民族传统体育理论研究方面也取得了丰硕的成果。

## 三、民族传统体育政策改革与深化阶段(1995—2011)

自1995年开始,我国民族传统体育工作开始步入全面发展阶段,继续推进民族工作坚定不移地向前发展。党和政府首先继续贯彻落实民族区域自治制度,发展各民族关系,其次发展民族地区的社会经济实力,加快民族地区的全面发展。[①]体育界开始注重民族传统体育项目的发展,从政策颁布内容和数量就可以看出这一时期民族传统体育开始在更广泛的领域内发展起来(见表7.4)。1995年,国家为了更广泛地普及群众体育,最大限度地让群众参与体育运动,增强体质,推动我国社会主义现代化建设事业的发展,颁布了《全民健身计划纲要》,提出:"挖掘整理我国宝贵的文化遗产,发展民族民间传统体育。[②]"同年8月,《中华人民共和国体育法》颁布是中华人民共和国体育事业发展的里程碑。在《中华人民共和国体育法》中多次提出要扶持少数民族地区体育事业,且在"社会体育"章节中明确指出:"国家鼓励、支持民族、民间传统体育项目的发掘、整理和提高。[③]"这标志着民族传统体育的发展得到法律保障。1997年,国家教委批准民族传统体育为体育学二级学科;1998年,教育部颁布了新的《普通高等学校本科专业目录》,体育学首次被列为一级学科,武术专业被调整为民族传统体育专业。这份"专业目录"成为高校开展教育和招生工作的重要依据,此后部分高校开始调整民族民间体育课程,为培养民族传统体育人才奠定了基础。[④]进入21世纪,国家体育总局制定了《2001—2010年体育改革与发展纲要》(以下简称"《纲要》"),提出要充分发挥民族地区优势,开发民族体育资源,同时继续做好民族传统体育项目的挖掘整理工作,弘扬中华民族优秀传统体育文化。《纲

①中共中央统战部研究室.历次全国统战工作会议概况和文献(1988—1998)[M].北京:华文出版社,1998:161-200.

②中华人民共和国国务院.全民健身计划纲要[Z].1995.

③第八届全国人民代表大会常委会第15次会议通过.中华人民共和国体育法[S].1995.

④白晋湘.我国民族传统体育改革发展40年回顾与展望[J].上海体育学院学报,2018,42(05):9-14.

要》为民族传统体育在21世纪的发展描绘了理想的蓝图。

**表7.4　中央及国家有关部门颁布的民族传统体育政策(1995—2001)**

| 发文时间 | 发文机构 | 发文名称 | 相关内容 |
|---|---|---|---|
| 1995.6.20 | 国务院 | 全民健身计划纲要 | 挖掘和整理我国传统体育的宝贵遗产，发展民族民间传统体育，推广普及民族传统体育，传承民族传统体育文化。 |
| 1995.6.30 | 国家工商行政管理局 | 关于保护第五届少数民族传统体育运动会名称、会徽、吉祥物的通知 | 加强对第五届少数民族传统体育运动会名称、会徽、吉祥物的使用管理。 |
| 1995.8.29 | 国务院 | 中华人民共和国体育法 | 国家扶持少数民族地区发展体育事业，培养少数民族体育人才，为民族传统体育发展提供了法律保障。 |
| 1995.12.8 | 国家体委 | 经营性武术组织管理规定 | 加强对经营性武术组织的管理。保障武术运动健康发展、促进社会主义精神文明建设。 |
| 1996.8.5 | 国家体委、中共中央宣传部 | 关于加强社会气功管理的通知 | 气功是中华民族宝贵的历史遗产，要引导社会气功活动健康发展，促进社会主义精神文明建设。 |
| 1998.3.1 | 国家体委 | 健身气功管理办法 | 加强对健身气功的管理，保障健身气功健康发展。 |
| 1999.8.18 | 国家体育总局 | 关于加强健身气功活动管理有关问题的意见的通知 | 提高对加强健身气功活动管理的紧迫性和重要性的认识，高度重视，切实加强领导，指定一名领导同志具体负责，组织协调有关部门做好健身气功活动管理工作。 |
| 2000.7.27 | 公安部、教育部、国家体育总局 | 关于加强各类武术学校及习武场所管理的通知 | 对现有的各类武术学校及习武场所进行一次集中整治。 |
| 2000.9.11 | 国家体育总局 | 健身气功管理暂行办法 | 加强对健身气功的管理，保障健身气功健康发展。 |
| 2000.12.15 | 国家体育总局 | 2001—2010年体育改革与发展纲要 | 倡导民族传统体育，继续整理挖掘民族传统体育。 |

2002年，国家发布《关于进一步加强和改进新时期体育工作的意见》（见表7.5），指出要充分了解发展体育事业的重要性，民族传统体育方面要充分发挥我国多民族人才资源的优势，促进少数民族体育事业的发展。要通过体育弘扬集体主义、爱国主义精神，增强国家和民族的向心力、凝聚力，创造文明和谐的社会环境。[①]体现了党和国家对发展民族传统体育的重视。11月，党的十六大报告中提出要多方面和多渠道保护、发展少数民族文化，充分发挥少数民族文化对经济社会发展的推动作用[②]，把少数民族工作提到了前所未有的高度。2002—2005年，教育部印发《中小学开展弘扬和培育民族精神教育实施纲要》和《关于进一步加强高等学校体育工作的意见》等文件，推动更多的民族传统体育项目走进校园，融入课堂。2006年，国家民委、国家体育总局发布了《关于加强少数民族传统体育工作的意见》，从民族传统体育保护、基地建设、人才培育、赛事活动、文化宣传等方面做出了规定，为民族传统体育发展指明了方向。2007年党和国家为进一步坚持和完善民族区域自治制度，国务院办公厅发布了《关于印发少数民族事业"十一五"规划的通知》，提出全面提升少数民族体育事业发展水平，推广民族传统体育项目，加强民族传统体育研究。这些政策文件的出台，把民族传统体育工作摆上了重要日程，对民族体育事业发展和民族团结起到了重要的推动作用。

**表7.5　中央及国家有关部门颁布的民族传统体育政策（2002—2007）**

| 发文时间 | 发文机构 | 发文名称 | 相关内容 |
| --- | --- | --- | --- |
| 2002.7.22 | 中共中央国务院 | 中共中央国务院关于进一步加强和改进新时期体育工作的意见 | 要充分认识发展体育事业的重要意义，在备战奥运会期间，仍要积极发展民族传统体育，普及全民健身过程中宣传推广民族传统体育。 |

①中共中央、国务院.关于进一步加强和改进新时期体育工作的意见[Z].2002.

②江泽民.江泽民文选（第3卷）[M].北京：人民出版社，2006：561.

续表

| 发文时间 | 发文机构 | 发文名称 | 相关内容 |
|---|---|---|---|
| 2002.8.6 | 教育部 | 关于印发全国普通高等学校体育课程教学指导纲要的通知 | 弘扬我国民族传统体育,汲取世界优秀体育文化,体现时代性、发展性、民族性和中国特色。促进民族传统体育走进校园,融入课堂。 |
| 2003.1.3 | 国家体育总局 | 关于下发健身气功活动站、点管理办法的通知 | 做好健身气功活动站、点管理工作,保障健身气功健康发展。 |
| 2004.4.2 | 中共中央宣传部、教育部 | 关于印发中小学开展弘扬和培育民族精神教育实施纲要的通知 | 各学科有机渗透民族精神教育,体育课应适量增加中国武术等内容。 |
| 2005.4.25 | 教育部 | 关于进一步加强高等学校体育工作的意见 | 要加大对学校运动会的改革力度。在学校运动会中应更多地设立大学生喜欢的群众性体育项目和民族传统体育项目。 |
| 2005.6.17 | 中宣部、教育部、民政部、文化部 | 关于运用传统节日弘扬民族文化的优秀传统的意见 | 大力弘扬和培育以爱国主义为核心的民族精神,传承中华民族文化的优秀传统,推动社会主义文化的发展繁荣。 |
| 2006.1.16 | 国家民委、国家体育总局 | 关于加强少数民族传统体育工作的意见 | 围绕建设体育强国需要,发展少数民族传统体育,满足少数民族人民群众的健身需求,促进各民族交流。 |
| 2006.7.25 | 国家体育总局 | 体育事业"十一五"规划 | 发展民族民间传统体育项目,注重民族民间传统体育的传承和创新。 |
| 2006.12.20 | 教育部、国家体育总局 | 关于进一步加强学校体育工作切实提高学生健康素质的意见 | 少数民族地区的学校应积极开展富有当地民族特色的体育活动。 |
| 2007.2.27 | 国务院办公厅 | 关于印发少数民族事业"十一五"规划的通知 | 大力改善民族地区经济发展条件,解决温饱问题和教育问题,同时加强少数民族传统体育文化研究,推广少数民族传统体育项目。 |

武术进入奥运会,一直是国人的梦想。在2008年北京奥运会上,武术以特设项目出现在奥运会,给了武术界巨大的鼓舞。奥运会成功举办后,中共中央、

国务院颁布了《关于进一步加强和改进新时期体育工作的意见》，国家开始逐渐加大对少数民族地区体育事业发展的扶持力度（见表7.6）。2010年，第六次全国武术工作会议在北京召开，积极促进武术事业的规范化和国际化发展，开创了武术工作的新局面，并积极筹备第九届少数民族传统体育运动会。国家从人力、物力、财力、政策等方面全力支持民族地区体育事业的发展。

**表7.6　中央及国家有关部门颁布的民族传统体育政策（2008—2011）**

| 发文时间 | 发文机构 | 发文名称 | 相关内容 |
| --- | --- | --- | --- |
| 2009.6.2 | 国家体育总局 | 关于进一步加强和改进新时期体育工作的意见 | 加大对少数民族地区体育事业发展的支持力度。 |
| 2009.8.13 | 国务院 | 关于进一步繁荣发展少数民族文化事业的若干意见 | 繁荣发展少数民族体育事业，促进少数民族文化与体育产业融合发展，打造产业品牌。 |
| 2010.4.6 | 国家民委、国家体育总局 | 关于印发中华人民共和国第九届少数民族传统体育运动会总规程和单项规程的通知 | 为了做好赛事的组织和接待工作，通知本次赛事的有关事宜。 |
| 2010.8.23 | 教育部、国家体育总局 | 关于推广实施全国中小学生系列武术健身操的通知 | 武术是中华优秀的民族文化，对培育和弘扬民族精神、促进当代青少年学生身心健康具有重要作用。 |
| 2011.4.20 | 国家民委、国家体育总局 | 关于推荐第九届全国少数民族传统体育运动会外派裁判员的通知 | 确保第九届全国少数民族传统体育运动会各项比赛的顺利进行，选调部分外派裁判员。 |
| 2011.4.20 | 国家民委、国家体育总局 | 关于第九届全国少数民族传统体育运动会第二次报名有关事项的通知 | 为做好第九届全国少数民族传统体育运动会工作，开启第二次报名。 |
| 2011.5.16 | 国家体育总局 | 关于印发体育产业“十二五”规划的通知 | 积极扶持边疆少数民族地区发展体育产业。 |

续表

| 发文时间 | 发文机构 | 发文名称 | 相关内容 |
| --- | --- | --- | --- |
| 2011.5.17 | 国家民委、国家体育总局 | 关于印发中华人民共和国第九届少数民族传统体育运动会总规程和单项规程修改部分的通知 | 根据第九届全国少数民族传统体育运动会奖励制度改革方案所涉及的内容,对体育运动会总规程和单项规程中的有关规定进行了修改。 |
| 2011.5.20 | 国家民委、国家体育总局 | 关于召开第九届全国少数民族传统体育运动会第三次筹备工作会议的通知 | 为做好第九届全国少数民族传统体育运动会的筹备工作,召开第九届全国少数民族传统体育运动会第三次筹备工作会议。 |
| 2011.6.1 | 全国人民代表大会常务委员会 | 中华人民共和国非物质文化遗产法 | 非物质文化遗产包括传统体育和游艺。 |
| 2011.10.18 | 中国共产党第十七届中央委员会 | 中共中央关于深化文化体制改革、推动社会主义文化大发展大繁荣若干重大问题的决定 | 繁荣发展少数民族文化事业,开展少数民族特色文化保护工作。 |

这一时期党和国家的民族传统体育政策目标更加明确,也更加贴合社会发展和群众的需求,并且在中央和地方各民族的共同努力下,民族传统体育的恢复和重构工作基本完成,各级各类民族传统体育赛事如火如荼,民族传统体育开始走进社区、走进校园。

## 四、民族传统体育政策全面深化阶段(2012—2019)

2012年党的十八大的召开开创了我国社会发展的新局面,以习近平同志为核心的党中央高度重视民族工作,先后举行了中央民族工作会议、全国城市民族工作会议、新疆若干历史问题研究座谈会等。习近平总书记多次实地到民族地区考察调研,将新时代民族工作推向了新高度,创新推进新时代民族工作,同样也极大地推动了民族传统体育事业的进一步发展（见表7.7）。[①]2012年，国家体育总局发布了《关于加强体育文化工作的通知》，提出要重视对武术、气功、体育养生、龙舟等优秀传统体育文化的挖掘整理工作，加强对民族和民俗体育的传承和保护。11月，党的十八大再次提出："面向市场，繁荣发展少数民族体育文化事业。"[②]2014年，习近平总书记在中央民族工作会议上指出要积极弘扬和保护各民族传统体育文化，为民族地区的发展注入了强大的内生动力。同年，国务院颁布《关于加快发展体育产业促进体育消费的若干意见》，提出要大力支持少数民族地区利用传统体育项目发展特色产业，开发新业态，促进少数民族地区的体育产业为地方经济建设服务。2016年国家育总局和国务院分别发布《体育发展"十三五"规划》《全民健身条例（2016—2020年）》《"健康中国"2030规划纲要》，都提及对民族传统体育的保护扶持和推广发展，并将民族传统体育项目纳入全民健身工程，推动民族传统体育和全民健身融合发展。这一时期民族传统体育政策比以往的更为具体、更为多元，开始辐射到体育领域的多个方面。

**表7.7　中央及国家有关部门颁布的民族传统体育政策（2012—2016）**

| 发文时间 | 发文机构 | 发文名称 | 相关内容 |
| --- | --- | --- | --- |
| 2012.3.31 | 国家体育总局 | 全国武术之乡管理办法（试行） | 全面规范全国武术之乡建设和管理工作。 |
| 2012.5.31 | 国家体育总局 | 关于加强体育文化工作的通知 | 要大力加强民族体育、民间体育、民俗体育的推广和体育文化遗产的挖掘、保护工作。 |

①殷鼎，史兵．中国共产党少数民族体育政策的历程与趋向[J]．北京体育大学学报，2021，44(06)：119-129.

②中国共产党第十八次全国代表大会上的报告．坚定不移沿着中国特色社会主义道路前进，为全面建成小康社会而奋斗[N]．人民日报，2012-11-18(01).

续表

| 发文时间 | 发文机构 | 发文名称 | 相关内容 |
| --- | --- | --- | --- |
| 2012.12.26 | 国家体育总局 | 关于举办2013年全国青少年武术冬令营活动的通知 | 为了更好地扶持和服务于武术学校的发展,为武术学校的青少年运动员提供交流学习的机会。 |
| 2013.2.19 | 国家体育总局 | 关于印发2013年全国青少年武术竞赛规程的通知 | 为了做好赛事的组织和接待工作,通知本次赛事的有关事宜。 |
| 2013.2.19 | 国家体育总局 | 关于举办中国武术散打百强争霸赛的通知 | 中国武术散打百强争霸赛揭幕战和第一阶段比赛将在陕西省西安市举行。 |
| 2013.3 | 国家体育总局 | 关于第十二届全运会武术套路预赛报名相关事宜的通知 | 为了做好赛事的组织和接待工作,通知本次赛事的有关事宜。 |
| 2013.7.8 | 国家体育总局 | 关于召开2013年全国武术之乡工作会议的通知 | 进一步加强全国武术之乡建设,全面推进全国武术之乡工作,充分发挥全国武术之乡在全民健身中的作用。 |
| 2013.9.26 | 国家体育总局 | 关于举办2013年全国青少年武术训练营活动的通知 | 更好地扶持和服务于武术学校的发展,为武术学校青少年提供交流学习的机会。 |
| 2013.11.22 | 国家体育总局 | 关于举办2013年武术文化与传承暨武术非物质文化遗产保护研讨会的通知 | 推动武术学术交流和武术文化建设,加强对武术非物质文化遗产的保护。 |
| 2013.12.31 | 国家体育总局 | 关于统一和规范全国武术比赛裁判人员着装的通知 | 进一步提升武术裁判员队伍的文明素养和执行能力,展示武术裁判员的精神风貌,维护武术裁判员的良好形象。 |
| 2014.1.2 | 国家体育总局 | 关于2013年全国武术对练大奖赛的补充通知 | 做好赛会的组织和接待工作,通知赛事有关事宜。 |
| 2014.4.8 | 国家民委、国家体育总局 | 关于印发中华人民共和国第十届少数民族传统体育运动会总规程和单项规程的通知 | 为了做好赛事的组织和接待工作,通知本次赛事的有关事宜。 |

续表

| 发文时间 | 发文机构 | 发文名称 | 相关内容 |
| --- | --- | --- | --- |
| 2014.5 | 国家体育总局、中华全国体育总会 | 关于印发武术段位制推广十年规划的通知 | 贯彻落实党的十八届三中全会精神，认真贯彻执行国务院领导关于加大中国武术段位制推广力度的指示。 |
| 2014.6.22 | 国家体育总局 | 关于2014年全国武术运动大会的补充通知 | 全国武术运动大会地点改为天津，务必遵守武术运动大会竞赛规程总则和单项规程的要求。 |
| 2014.10.20 | 国务院 | 关于加快发展体育产业促进体育消费的若干意见 | 扶持少数民族地区发展民族特色体育产业，促进经济发展。 |
| 2015.3.27 | 国家体育总局 | 关于印发第十五届全国武术学校比赛竞赛规程的通知 | 为了做好赛事的组织和接待工作，通知本次赛事的有关事宜。 |
| 2015.4.8 | 国家体育总局 | 关于举办2015年全国泰拳裁判员培训班的通知 | 进一步加强泰拳裁判员的队伍建设，培养后备力量，促进泰拳项目在我国的发展。 |
| 2015.4.15 | 国家体育总局 | 关于举办2015年全国传统武术教练员培训班的通知 | 进一步加强传统武术教练员队伍建设，提高传统武术训练水平。 |
| 2015.5.4 | 国家体育总局 | 关于下发2015年首届全国泰拳锦标赛暨拳霸天下国际拳王争霸赛选拔赛竞赛规程的通知 | 为了做好赛事的组织和接待工作，通知本次赛事的有关事宜。 |
| 2015.8.17 | 国务院 | 关于加快发展民族教育的决定 | 把中华优秀传统文化融入中小学教材和课堂教学，在民族地区学校开设民族艺术和民族体育选修课程。 |
| 2016.1.26 | 教育部 | 关于教育系统深入开展爱国主义教育的实施意见 | 整理推广民族传统体育。 |
| 2016.5.5 | 国家体育总局 | 体育发展“十三五”规划 | 扶持推广武术、太极拳、健身气功等民族民俗民间传统运动项目。 |

续表

| 发文时间 | 发文机构 | 发文名称 | 相关内容 |
| --- | --- | --- | --- |
| 2016.6.15 | 国务院 | 关于印发全民健身计划(2016—2020年)的通知 | 普及全民健身过程中推广中华民族传统体育项目。 |
| 2016.7.22 | 国家体育总局 | 关于印发中国武术发展五年规划(2016—2020年)的通知 | 指导未来我国武术工作全面开展。 |
| 2016.10.21 | 国家体育总局、国家民委 | 关于开展少数民族传统体育调研工作的通知 | 通过调研,了解少数民族体育发展现状,做好少数民族传统体育基础理论建设,研制少数民族传统体育政策法规。 |
| 2016.10.25 | 中共中央、国务院 | “健康中国2030”规划纲要 | 扶持推广太极拳、健身气功等民族民俗民间传统运动项目。 |
| 2016.10.25 | 国务院办公厅 | 关于加快发展健身休闲产业的指导意见 | 积极培育民族传统体育市场主体,产业化发展武术、舞龙舞狮等项目,鼓励社会力量参与,支持群众健康消费。 |
| 2016.11.2 | 国家体育总局、发展改革委、旅游局 | 群众冬季运动推广普及计划(2016—2020年) | 挖掘民族民俗冰雪旅游项目,利用中国传统节庆文化资源,丰富元旦、春节等节假日冰雪活动,打造节庆冰雪活动品牌。 |
| 2016.12.24 | 国务院 | 关于印发“十三五”促进民族地区和人口较少民族发展规划的通知 | 各民族共同繁荣发展,少数民族优秀传统文化得到传承,保护发展少数民族传统体育,推广少数民族传统体育项目。 |

2017年10月,中国共产党十九大召开,习近平总书记提出要铸牢中华民族共同体意识,深化民族团结,加强各民族交流交融,共同繁荣发展,赋予了民族工作新的内涵和使命(见表7.8)。在改革开放四十周年之际,国家体育总局和国家民委发布了《关于进一步加强少数民族传统体育工作的指导意见》(以下简称《意见》)。《意见》贯彻了习近平新时代中国特色社会主义思想,推动新时代民族传统体育全面发展,为体育强国建设提供助力。随着中国特色社会主义进入

新时代，武术运动消费需求日益增长，2019年《武术产业发展规划（2019—2025年）》发布，这加快了武术项目的推广以及武术产业的发展，对建设健康中国具有重要作用，也为民族传统体育发展打开了新思路。截至目前，全国少数民族传统体育运动会已经举办至11届，从1953年初创的5个竞赛项目和22个表演项目，到第十一届的17个竞赛项目和194个表演项目，项目数量和影响力得到了极大的提升。民族传统体育运动会不仅推动了我国民族传统体育文化的保护与繁荣发展，还促进了我国各民族间的体育文化交流，推动各民族团结进步，对铸牢中华民族共同体意识具有重要意义。这一时期，国家出台了推动民族传统体育进一步发展的规划和政策，从理论建设到体育赛事、体育产业，再到人才队伍、体育基地等，民族传统体育得到了全面的发展。

**表7.8　中央及国家有关部门颁布的民族传统体育政策（2017—2019）**

| 发文时间 | 发文机构 | 发文名称 | 相关内容 |
| --- | --- | --- | --- |
| 2017.1.25 | 国务院 | 关于实施中华优秀传统文化传承发展工程的意见 | 积极发展和抢救濒危传统体育项目，把传统体育项目纳入全民健身工程，广泛推广、传承弘扬中华优秀传统体育文化。 |
| 2017.5.23 | 国家体育总局 | 关于印发健身气功竞赛规则（试行）的通知（2017修订） | 进一步突出健身气功项目的群众性、文化性和参与性，规范竞赛管理体系，完善评分方式和方法。 |
| 2017.8.2 | 国家体育总局 | 关于2017年全国武术套路冠军赛（传统项目赛区）的补充通知 | 为了做好赛事的组织和接待工作，通知本次赛事的有关事宜。 |
| 2017.8.24 | 国家体育总局 | 关于印发关于进一步加强武术赛事活动监督管理的意见的通知 | 规范武术赛事活动，整治武术乱象，推进武术运动持续健康发展。 |
| 2018.1.10 | 国家体育总局、国家民委 | 关于进一步加强少数民族传统体育工作的指导意见的通知 | 围绕推进体育强国建设目标，繁荣发展少数民族传统体育，促进健康事业发展。 |

续表

| 发文时间 | 发文机构 | 发文名称 | 相关内容 |
| --- | --- | --- | --- |
| 2018.5.17 | 国家民委、国家体育总局 | 关于印发中华人民共和国第十一届少数民族传统体育运动会总规程和单项规程的通知 | 为了做好赛事的组织和接待工作,通知本次赛事的有关事宜。 |
| 2018.5.29 | 国家体育总局、国家民委 | 关于印发全国少数民族传统体育运动会组织管理办法的通知 | 进一步规范全国少数民族传统体育运动会组织工作,提高管理水平。 |
| 2019.3.7 | 国家体育总局 | 关于开展全国武术赛事活动监管专项行动的函 | 对全国范围内武术赛事活动加强监管,进一步遏制武术行业违规现象,坚决避免和杜绝发生重大违规违纪事件,改善武术办赛参赛环境,提升武术赛事服务水平,促进武术项目健康发展。 |
| 2019.7.18 | 国家体育总局、外交部、发展改革委 | 关于印发武术产业发展规划(2019—2025年)的通知 | 激发武术产业发展活力、弘扬武术传统文化、提高武术影响力。 |

这一时期,党和国家高度重视民族工作,颁布的一系列政策立足于体育强国和健康中国以及新时代民族传统体育事业的发展,民族传统体育保护和传承创新空前繁荣。发展至今,民族传统体育已经成为带动民族地区脱贫攻坚的重要资源。民族传统体育政策体系趋于完善稳定,基本实现了国家纲领性法规制度与地方具体的管理制度相结合,实用性和延续性也有所增强。民族体育赛事、表演和健身活动带动了民族体育产业的发展,也促进了地区产业结构的优化。随着中国特色社会主义进入了新时期,民族传统体育事业也进入了多元化发展的新阶段。

# 第二节　我国民族传统体育政策的演进特征

## 一、始终以各民族群众为中心，坚持民族平等和民族团结

中华人民共和国成立后，彻底废除了民族歧视和民族压迫，开创了中华民族团结进步的新纪元。毛泽东曾指出："国家的统一，人民的团结，国内各民族的团结，是我们的事业必定要胜利的基本保证。"[①]这为维护民族团结，开展包括民族体育在内的各项事业指明了方向。党和国家在发展民族体育事业的过程中，始终把增进民族团结作为发展民族体育的基本抓手，坚持"共同团结、共同奋斗、共同繁荣"的方针。[②]民族传统体育政策的制定与颁布都体现着党和国家对各族人民的重视，在新的历史时期，中国共产党提出"共同团结奋斗，共同繁荣发展的新世纪、新阶段民族工作主题"，此后，"两个共同"主题始终贯穿我国民族工作实践。为了做好民族工作，党和国家深入贯彻落实民族政策，将民族稳定和民族团结作为根本抓手，切实保障各民族群众的身心健康与体育事业发展。同时还要继续坚持和完善民族区域自治制度，习近平总书记指出："民族区域自治是党的民族政策的源头和根本，许多民族政策都是由此而来，依此而存。"[③]这一论述从民族政策的源头和根本高度阐释了民族区域自治制度的重要地位[④]。从历史维度来看，纵观我国民族传统体育发展的历程，党和国家始终坚持各民族平等团结的原则，在解决不同时期民族传统体育发展遇到的问题中前进，不断探索适合中国特色社会主义的民族传统体育发展道路，我国民族体育

①毛泽东.毛泽东选集(第五卷)[M].北京:人民出版社,1977.

②饶远,张云钢,徐红卫.论中国少数民族体育政策的特征与启示[J].体育科学,2007(10):56-60.

③国家民委民族理论政策研究室.中央民族工作会议创新观点面对面[M].北京:民族出版社,2015:48.

④张世飞,王冰冰.中国共产党领导民族工作的百年进程与基本经验[J].中共杭州市委党校学报,2020(06):11-18.

事业逐渐兴盛。

民族传统体育政策是以各民族群众为基础,旨在满足和服务于各族人民体育需求的政策。国家政策对民族传统体育的发展起到了引导、促进的积极作用,在党的民族政策的引领下,我国民族传统体育事业取得了辉煌的成果。1949年,朱德在中华全国体育总会的讲话中指出:“要广泛地采用民间原有的许多体育形式”。1961年,周总理到西双版纳与傣族人民一道欢度泼水节时指出:“只有尊重少数民族的风俗习惯,才能和各族人民心连心。”①在长期的历史发展中,民族传统体育同其他文化艺术一样,都是中华民族的宝贵文化遗产,是我国社会主义体育事业的重要组成部分。1984年,国家体委就提出要把民族传统体育中有竞技健身价值的项目发展成为具有民族特色的正式竞赛项目,2016年中共中央国务院颁布的《“健康中国2030”规划纲要》提出要积极发展群众性体育赛事,鼓励发展适合不同人群、不同地区特点的特色体育赛事,推广太极拳、健身气功等项目。党和国家扶持发展民族传统体育的同时充分满足群众的需求,将其发展成为既是民族的又是大众的体育,这也正是党扶持发展民族传统体育的价值追求。

## 二、在政策目标演进上,表现出从继承保护向多元化发展的特点

公共政策实质就是以政府为代表的公共权力对社会资源和社会利益进行配置的手段。②民族传统体育政策制定实质上是国家不断完善民族传统体育发展规律、解决民族传统体育发展问题的管理载体,并且自身随着政策制度发展不断调整发展方向,但它们最终的发展目标是一致的,都是为了民族传统体育能更好地服务社会、造福群众。在中华人民共和国建立初期,民族传统体育作

①饶远,张云纲.在民族体育政策实施中构建和谐的社会主义民族关系——中国共产党的民族体育发展政策[J].今日民族,2007(05):38-42.

②李壬冬,扈春荣.我国冰雪运动发展政策70年演进:历程、特征与趋势[J].沈阳体育学院学报,2020,39(04):46-51+59.

为社会主义体育事业的重要组成部分得到蓬勃发展，这一阶段民族传统体育政策制定的目标就是对民族传统体育项目的挖掘和保护。1981年，全国少数民族体育工作座谈会在北京召开，贯彻普及与提高相结合的原则，促进民族体育事业的全面发展。国家政策制定的目标开始转向在挖掘整理的基础上推广以武术为主的民族传统体育项目。进入21世纪，党和国家对民族地区体育事业发展的扶持力度也进入了新阶段，国家体育总局在《2001—2010年体育改革和发展纲要》中提出："对西部地区和少数民族地区在承办赛事、体育设施建设、体育人才培养等方面给予支持。"[①]本纲要有效促进了民族地区体育事业的蓬勃发展，充分发挥了体育在社会主义建设中的重要作用。2018年党和国家为顺应新时代体育强国建设需要，就民族传统体育工作的未来发展发布了《关于进一步加强少数民族传统体育工作的指导意见》，对民族传统体育发展的各个方面都提出了要求，如完善赛事组织管理、建立民族传统体育基地、加强民族传统体育理论建设、促进全民健身和全民健康深度融合等，民族传统体育进入了多元化发展阶段。

## 三、政策主题趋向精细化，政策类型趋向精简化

政策主题方面，我国民族传统体育政策可以分为民族传统体育项目挖掘、整理和保护，民族传统体育运动竞赛，民族传统体育推广发展，学校民族传统体育等（见图7.2）几个方面。其中民族传统体育项目挖掘、整理和保护方面的政策有18项，占政策总数的19%。新中国成立初期，民族传统体育工作以挖掘和整理研究为主。1953年，全国民族形式体育表演大会举办期间，时任政务院副总理兼国家体委主任的贺龙同志提出，民间流传的武术套路是要花费力气去发掘的。在这次大会的推动下，各级体委民委设立机构，开始加强对民族传统体

①国家体育总局.2001—2010体育改革和发展纲要[Z].2000.

育的挖掘整理工作,为日后全民健身推广奠定了基础。[①]改革开放初期,国家体委又发布了《关于发掘、整理武术遗产的通知》,要求各级体委努力做好挖整工作,随后便开始了全国各地普查,为开创民族传统体育新局面打下了良好基础。民族传统体育运动竞赛方面的政策文本有26项,占27%。1981年,国务院正式批准召开全国少数民族体育运动大会,每四年举办1次,极大地推动了民族传统体育的快速发展。1986年,第3届全国少数民族传统体育运动会首次启用了会徽、会旗和会标,各项赛事章程的颁布也标志着民族传统体育赛事逐步走向正规化,各地方的民族运动会也得到了快速发展。全国少数民族传统体育运动会涵盖了我国55个少数民族,不仅推动了民族传统体育的繁荣发展,还极大地促进了各民族的团结进步。进入21世纪,各种民族传统体育单项赛事也逐渐丰富起来,开始朝着专业化、全面化、规范化的方向发展。

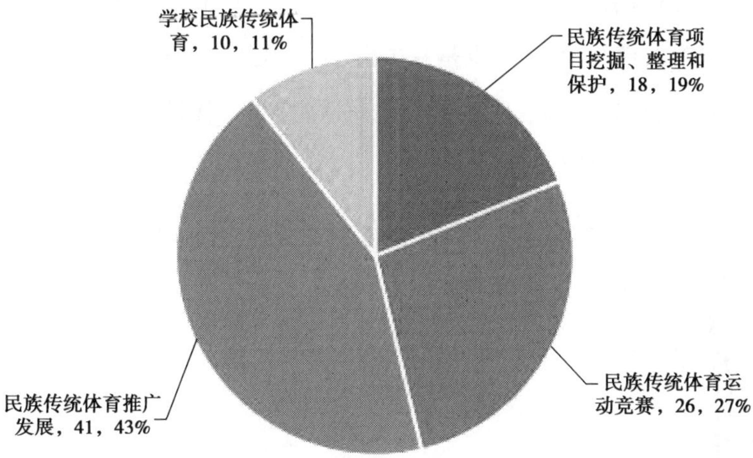


图7.2 我国民族传统体育政策的主题分布(1949—2021)

民族传统体育推广发展方面的政策文本有41项,占据43%。党的十八大以来,支持民族传统体育推广发展的政策数量大幅增加,如2016年,国务院办公厅发布的《关于加快发展健身休闲产业的指导意见》中提出传承推广民族传统

①倪依克,胡小明.论民族传统体育文化遗产保护[J].体育科学,2006(08):66-70.

体育项目，积极推进其产业化发展，开发民族传统体育市场，培育市场主体，满足大众需求。2017年，国务院发布了《关于实施中华优秀传统文化传承发展工程的意见》，将民族传统体育项目纳入了全民健身工程。学校民族传统体育方面的政策文本有10项，占11%。1998年，武术专业被重新调整为民族传统体育专业，其中包括武术、民族传统体育养生和民族民间体育等学科。2011年，教育部又对其进行调整，将民族传统体育专业更名为“武术与民族传统体育”，并一直沿用至今。由于民族传统体育项目对场地和器材要求不高，很多学校可根据现有条件进行教学，同时因其趣味性和新奇性而深受学生喜爱。民族传统体育项目进校园既能提高学生体质健康水平，又能把握学校这一民族传统体育文化传承阵地。在民族传统体育政策70年发展历程中，随着国家经济社会的发展，我国民族传统体育政策主题从新中国成立初期单一的挖整、保护到如今的赛事、产业、教育培训等，发展趋向精细化、多元化。在新时代，国家正处于中华民族伟大复兴的关键阶段，同时也是我国由“体育大国”向“体育强国”迈进的重要节点，政策主题也在跟随时代的变化而适时调整，其目标都是为了使民族传统体育得到更好的发展。

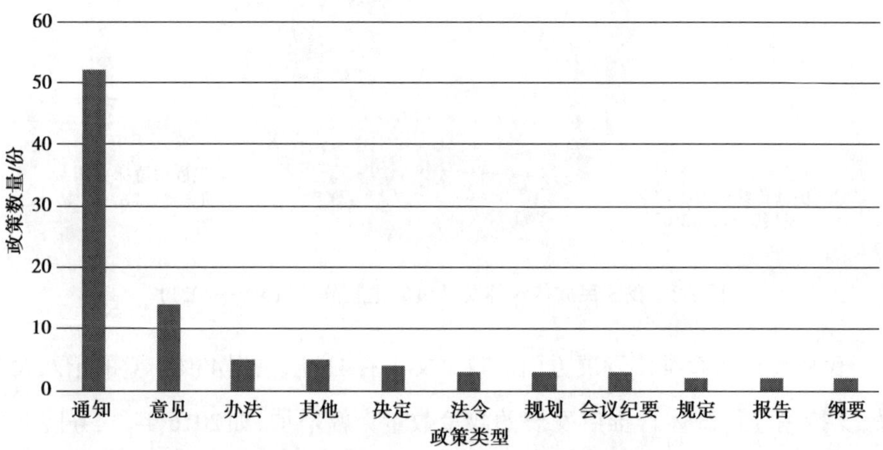


图7.3　我国民族传统体育政策的文本类型(1949—2019)

此外，从图7.3中可以看出，涉及民族传统体育政策的以“意见”和“通知”为主。“意见”类政策文本有14项，占据了整体的14.7%；“通知”类政策文本有52项，占据了整体的54.7%。我国民族传统体育政策类型在演进过程中逐步形成了以“通知”和“意见”为主的两大类型，由此也可以看出我国民族传统体育政策体系在深化国家体制改革中逐步完善，政策制定效率不断提升，国家由“事事包办”过渡为宏观调控，推动我国民族传统体育在“方圆”之中“自由”发展。

## 第三节　小结

从中华人民共和国成立70多年以来民族传统体育政策的发展历程来看，我国民族传统体育政策的内容绝大部分在其他政策中，涉及面宽泛，缺乏针对性。现阶段，民族传统体育政策已经辐射到众多领域当中，但关于民族传统体育产业方面的政策仍然比较缺乏。随着社会经济的发展，体育产业表现出色且具有改善国民经济，引导社会消费和调整产业结构的潜力。在我国，与体育运动的快速发展相比，体育产业的发展相对落后。2014年，国务院发布“46号文件”之后，中国体育产业相关政策陆续出台，迅速覆盖各个领域，体育行业规划方向愈加清晰，扶持的空间巨大。但长期以来，我国民族传统体育市场化发展与大众体育消费需求不对等，产业化程度低，民族传统体育消费外流。在国家高度重视体育产业发展的今天，民族传统体育产业却无法满足群众的消费需求，这与相关政策的缺乏有很大关系，政策创新驱动不足，群众的需求无法满足，消费路径就难以形成。此外，在政府“自上而下”的政策推进过程中，“上”和“下”必须积极做出改变。民族传统体育政策制定要利用大数据掌握群众对民族传统体育的需求，重点要抓住社会治理体系的末梢，让其在社会发展过程中落地生根，还要使中华民族优秀传统体育走进校园，改变年轻一代对民族传统体育的认知。国家应鼓励和支持各类学校在开展现代体育教学与活动的同时，开展民族传统体育的教学与活动，通过政策引导将合适的民族传统体育项目普及为学校体育课程的重点教学内容，培养民族体育人才，传承中华民族优秀传统体育文化。

随着社会的不断进步与发展，信息化时代社会分工呈现多元化的特点，政策作为解决社会发展问题、促进相应领域更好发展的重要手段，就必须更加细化，更加全面，具有主动性和前瞻性。体育产业化发展是新时代的新要求，必须在思维上重新认识，在行动上重视民族传统体育产业发展的定位，抓住信息化发展的历史机遇。在政策制定中以服务社会为旨向，以服务体育强国建设为目标，以大众体育消费需求为导向，重新规划民族传统体育市场化的发展，制定符合实际的民族传统体育产业化政策，引导其产业化发展。2018年，国家体育总局和国家民委联合印发的《关于进一步加强少数民族传统体育工作的指导意见》(以下简称"《意见》")中指出："加强少数民族传统体育资源开发和产业扶持力度，推进少数民族传统体育与旅游、文化等融合发展。"[①]《意见》虽然提出发展民族传统体育旅游业，但是就其发展模式、路径、问题的预测仍缺乏有效措施。新时代民族传统体育发展必定是政府驱动民族传统体育产业融合发展，鼓励社会力量参与，政府进行宏观调控，因此政府应通过政策引导、资金扶持，创造融合发展平台，激活民族传统体育产业的活力，释放经济效益。

回顾中华人民共和国成立70多年以来我国民族传统体育政策的演进，我们既要充分地认识到政策对我国民族传统体育事业巨大的保障与推动作用，更要直面伴随民族传统体育改革与发展的政策问题和障碍。站在新的历史起点上，我们需要清醒地意识到民族传统体育的发展必然是一个不断涌现问题和矛盾，不断解决问题与矛盾的过程。这要求我们在民族传统体育事业未来的发展进程中，坚持党的领导，坚持民族区域自治制度，不断探索民族传统体育发展新模式，着眼于全球化格局，充分发挥我国民族传统体育优势，助力民族传统体育走向世界，为民族传统体育事业继续铸牢中华民族共同体建设而踵事增华。

---

①邢舟．畲族体育促进民族乡村旅游发展的实践路径——以丽水畲族村旅游发展为例[J]．丽水学院学报，2021，43(06)：32-35.

# 第八章　我国退役运动员就业保障政策史（1949—2019）

退役运动员就业保障事关我国竞技体育可持续发展问题，对解决运动员后顾之忧，全面提高我国竞技体育实力，促使我国从体育大国走向体育强国具有重要作用，同时它又牵涉教育、社保、人事、民政等多个领域，是我国运动员保障环节中的重难点问题。国家体制、经济发展、国际赛事等对我国退役运动员就业保障政策发展都产生过深刻影响。

中华人民共和国成立以来，我国共颁布退役运动员保障政策55份，其数量变化趋势如图8.1所示。以政策颁布数量和政策年颁布频率为标准，我们可将相关政策的颁布情况划分为4个阶段：新中国成立初到20世纪70年代末期和20世纪80年代初期到90年代初期的低频低量阶段，20世纪90年代末到21世

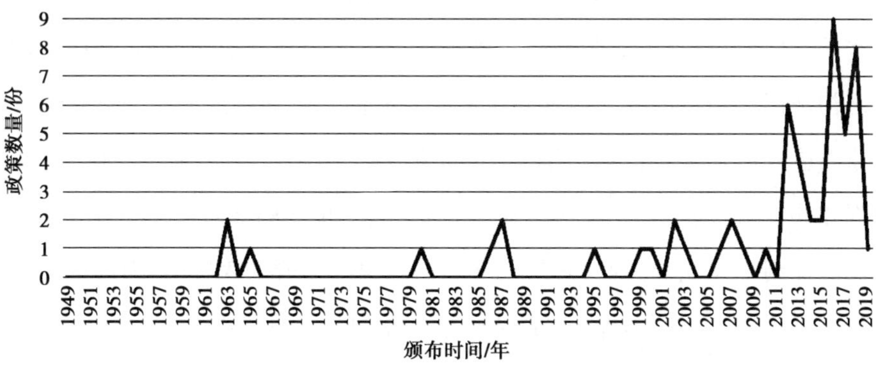


图8.1　我国退役运动员就业保障政策数量及其变化趋势（1949—2019）

纪10年代的高频低量阶段，以及2012年至今的高频高量阶段。通过图8.1可以看出，20世纪50年代是相关政策空白期，直到20世纪60年代后国家才开始出现退役运动员保障政策，但随即又陷入10余年的中断期；直至20世纪80年代到90年代初政策颁布才开始出现回暖趋势；到20世纪90年代后相关政策发布频率相较于前两个阶段开始增高，但年发布量仍处于较低水平；2012年以后相关政策进入发布数量和发布频率的“双高”期，此阶段颁布的政策数量占总体政策数量一半以上，相较于前三个阶段发生较大变化。

## 第一节　我国退役运动员就业保障政策的演进历程（1949—2019）

### 一、计划经济体制下退役运动员就业保障政策的“国家包办”时期（1949—1977）

中华人民共和国成立之初，百废待兴，政府的首要工作就是恢复社会正常建设秩序。在体育方面，有关部门提出了“发展体育运动，增强人民体质，为加强生产建设和国防建设而服务”的口号。为了提高竞技体育水平，我国在新中国成立之初采取了“举国体制”的发展策略，即举全国力量来提高我国竞技体育的水平，其特点是重视成绩和一包到底。由于国家强制力的影响，在新中国成立之初我国运动员退役问题其实在体育系统内部就能得到解决[①]，也是基于这个原因造成相关政策很长时间内都没更新变化。1952年2月18日，中共中央组织部和共青团联合下发《选拔各项运动选手集中培养的通知》，标志着我国运动专业队体制的建立，而专业队从成立之初就属于政府行政机构，因此运动员退役问题受到国家强制力保护，从根本上来说不会出现就业难题。到了20世纪

①刘春华．抉择与转型：我国退役运动员再就业研究[M]．北京：北京体育大学出版社，2017：151.

60年代,国家体委提出要快速提高我国竞技运动水平,为了达到这一目标,研究制定了一系列有利于竞技体育发展的政策(如表8.1所示)。1963年颁布的《运动队伍工作条例(草案)》,它是我国第一部有关专业运动队的正式文件,其出台标志着中国竞技体育"举国体制"的训练体制与专业运动队体制开始走上规范化与建制化轨道。该条例第一次对运动员就业保障工作的战略地位作出了明确声明,指出妥善安置运动员的出路是经常性工作,必须严肃认真、负责到底,突出了安置运动员的重要性,并在条例中给出了操作性较强的运动员就业安置路径。1965年颁布的《关于做好调整处理运动员工作的通知》则在上述文件基础上进一步提出"人尽其才,各得其所"和"留者安心,去者愉快"的退役运动员就业安置原则,并对就业安置路径进行了进一步的安排,为日后相关的政策制定奠定了基础。

**表8.1　中央及国家有关部门颁布的退役运动员就业保障政策(1949—1977)**

| 发文时间 | 发文机构 | 发文名称 | 相关内容 |
| --- | --- | --- | --- |
| 1963.3.31 | 国家体委 | 运动队伍工作条例(草案) | 离队运动员能培养成为教练员、专项教师的应进行深造或培训;有升学条件的可升入其他学校;需转让其他工作的由劳动部门以国家职工身份统一安排;伤病运动员待恢复工作能力后再分配,若丧失工作能力则按国务院有关规定妥善安置。 |
| 1963.7.30 | 国家体委、内务部、劳动部 | 关于优秀运动员工龄计算等有关问题的意见 | 规定范围内的优秀运动队运动员自入队起即视为参加工作,成为国家正式职工,并在分配工作或复学、升学时享有相应待遇。 |
| 1965.11.11 | 国家体委 | 关于做好调整处理运动员工作的通知 | 明确提出"人尽其才,各得其所","留者安心,去者愉快"原则,尽量在体育系统内部安排工作;有培养前途者入学深造后再分配,转业转部门者到新单位后工资待遇不变,自愿回农村劳动者发给离职金,训练时间短年龄小者应复学学习,因伤未愈者治疗后再行处理,致残失去劳动能力者按国务院相关规定给予妥善安置。 |

从以上政策变迁可见，在计划经济背景下，中央到地方各级体育行政部门是体育事业的管理主体，这也是这一时期我国运动员就业保障政策形成“国家包办”的主要原因。虽然该时期运动员就业保障还存在不尽如人意的地方，但与整个社会的保障制度相较，还是处于领先的地位，优秀运动员享有当时社会条件所提供的最为完善的保障，但这也埋下了“举国体制”下退役运动员就业保障政策向优秀运动员倾斜的弊端。

## 二、改革开放后退役运动员就业保障政策由“国家统包统分”向“社会协同治理”转变（1978—2000）

随着改革开放的推进，体育体制改革逐步展开，退役运动员就业保障方面也开始出台系列政策以适应时代发展（见表8.2）。1980年4月15日颁布的《关于招收和分配优秀运动员等问题的联合通知》确立了干部、工人双重标准，打破了计划经济时期平均的分配模式，开始在运动员保障领域实行差异竞争原则，是我国在市场经济体制下对退役运动员就业保障政策所采取的适应性调整。1986年11月6日颁布的《〈运动员退役费实施办法〉的通知》提出一次性发放退役费的保障方式，是发挥经济杠杆作用处理运动员就业安置问题的大胆尝试。1987年1月3日国家体委、国家教育委员会颁布的《关于著名优秀运动员上大学有关事宜的通知》拓宽了运动员退役后的就业渠道，为保障退役运动员的学习权利提供了政策依据。这一时期国家除采取一次性发放退役费等就业安置模式外，也开始和高等院校和社会组织展开密切合作。1993年，国家体委下发《关于深化体育改革的意见》，强调要改变以往计划经济体制下单纯依赖行政手段的管理模式，提出体育管理要与社会主义市场经济相适应，要形成充满生机和活力的体育体制。该意见指明了我国退役运动员就业保障工作要摆脱旧有模式，建立符合新时期社会发展和国家需求的新的保障体系。1995年，《中华人民共和国体育法》颁布后，我国退役运动员就业保障政策进入了法制化的阶段，它既巩固了我国退役运动员就业保障的已有成果,又为新时期相关政策的出台提供了法律保障。随后,有关部门又在1999年和2000年分别出台《关于国家体育总局直属体育院校免试招收退役优秀运动员学习有关问题的通知》以及《国家体育总局办公厅关于退役优秀运动员免试进入高等学校学习有关事宜的通知》,指出符合条件的运动员可免试进入国家体育总局直属的体育院校及各类高等院校深造学习。在这些政策的助力下,相关合作高校的类型和数量进一步增多,退役运动员升学进修渠道进一步被打开。

**表8.2　中央及国家有关部门颁布的退役运动员就业保障政策(1978—2000)**

| 发文时间 | 发文机构 | 发文名称 | 相关内容 |
| --- | --- | --- | --- |
| 1980.4.15 | 民政部、劳动总局、国家体委 | 关于招收和分配优秀运动员等问题的联合通知 | 各省市自治区优秀运动员的人数与工资均纳入国家的劳动工资计划;优秀运动员按工人分配工作,符合干部条件的可按干部分配工作。 |
| 1983.10.28 | 国务院 | 国务院批转国家体委关于进一步开创体育新局面的请示的通知 | 体育院校和有条件的师范院校体育系可开设提高退役运动员文化水平的专修班,进修期间保持原工资,转入生产岗位的运动员发给一定的补助费,有特殊贡献的退役运动员可享受较高的政治和物质待遇。 |
| 1986.11.6 | 国家体委、劳动人事部、财政部 | 运动员退役费实施办法 | 体委系统所属的优秀运动队正式队员,退役时按照运动年龄长短和在队期间表现,发给一次性退役费。 |
| 1987.1.3 | 国家体委、国家教育委员会 | 关于著名优秀运动员上大学有关事宜的通知 | 符合通知要求的优秀运动员可由国家体委会商国家教委与有关高等学校联系入学事宜,免于参加全国统考,由高等学校进行必要的文化考核后决定是否录取。 |
| 1987.9.20 | 国家体委、劳动人事部 | 关于运动员退役分配工作后重新评定工资问题的通知 | 运动员分配到实行结构工资制的单位,按原享有的体育津贴标准评定工资;运动员分配到不实行结构工资制的单位,参照上述办法评定工资;运动员退役后学习期满毕业分配工作的,按上述办法评定工资。 |

续表

| 发文时间 | 发文机构 | 发文名称 | 相关内容 |
| --- | --- | --- | --- |
| 1995.8.29 | 全国人民代表大会常务委员会 | 中华人民共和国体育法 | 国家对优秀运动员在就业和升学方面要给予优待。 |
| 1999.6.7 | 国家体育总局(教育部同意) | 关于国家体育总局直属体育院校免试招收退役优秀运动员学习有关问题的通知 | 国家体育总局直属体育院校免试招收部分退役优秀运动员进入运动训练专业和民族体育专业学习。 |
| 2000.2.16 | 国家体育总局 | 国家体育总局办公厅关于退役优秀运动员免试进入高等学校学习有关事宜的通知 | 对符合条件要求的优秀运动员继续按照《关于著名优秀运动员上大学有关事宜的通知》要求免试进入各类高等院校学习;继续按照《关于国家体育总局直属体育院校免试招收退役优秀运动员学习有关问题的通知》,免试招收退役优秀运动员;优秀运动员免试进入成人高等学校学习,按照《全国成人高等学校招收优秀运动员的办法》执行。 |

可以看出,改革开放后,我国退役运动员就业保障政策先是提出干部、工人“双重标准”差异竞争的分配模式,继而采用一次性发放退役费的方法进行扶持,最终相关政策的重心落到了就业和升学这两大方面。国家通过加强和教育部门的合作,逐步摆脱了计划经济时代统包统分的保障模式,开始联合各大高等院校开拓退役运动员升学渠道,采用新的工资评定办法来保障退役运动员的权利。

## 三、退役运动员就业保障政策的“奥运红利期”(2001—2011)

2001年,北京申奥成功,筹备本次奥运会并争取优异成绩成为体育工作的主要任务,为了提高运动员竞技水平,消除后顾之忧,我国发起“奥运争光计划”，并颁布了一系列运动员就业保障政策(见表8.3)。2003年，国家在《运动员退役费实施办法》的基础上，颁布《自主择业运动员经济补偿办法》，此政策对之前根据运动年限和在役表现一次性发放退役费的做法进行了改进，完善了退役费的评价标准，将相关费用和运动员的运动成绩挂钩，通过经济手段来提升运动员的训练热情。2007年，国家出台了《运动员聘用暂行办法》，正式确立运动员退役制度。该文件除了指出优秀运动员退役后的经济补偿、升学、就业等常规出路外，还明确指出伤残者可享受工伤保险待遇。2008年，国家又颁布《运动员保障专项基金财务管理办法》，进一步以专项基金的形式来保障退役运动员的合法权益。2010年，《国家体育总局、教育部、财政部、人力资源社会保障部〈关于进一步加强运动员文化教育和运动员保障工作的指导意见〉的通知》指出要发挥国家队运动员文化教育的示范作用，构建和完善运动员职业转换社会扶持体系，切实解决运动员退役就业问题，促进运动员全面发展。

**表8.3　中央及国家有关部门颁布的退役运动员就业保障政策(2001—2011)**

| 发文时间 | 发文机构 | 发文名称 | 相关内容 |
| --- | --- | --- | --- |
| 2003.8.20 | 人事部、财政部、国家体育总局 | 自主择业运动员经济补偿办法 | 自主择业退役运动员按参加运动队的年限、取得的成绩和退役前的工资待遇等一次性发放退役费，该费用由基础安置费、运龄补偿费和成绩奖励三部分组成。 |
| 2007.8.31 | 国家体育总局、教育部、公安部、财政部、人事部、劳动和社会保障部 | 运动员聘用暂行办法 | 运动员实行试训、聘用和退役制度；优秀运动员实行职业转换过渡期制度。优秀运动员退役时后可按规定领取退役费或补偿金、进入高校学习、进入体育事业单位或教育岗位，伤残者享受工伤保险待遇，有关部门应积极配合相关工作。 |
| 2008.1.1 | 财政部 | 运动员保障专项资金财务管理办法 | 运动员有重大伤残、特殊困难、职业辅导等情况时可享受财政部设立的运动员保障专项基金。 |

续表

| 发文时间 | 发文机构 | 发文名称 | 相关内容 |
| --- | --- | --- | --- |
| 2010.3.30 | 国家体育总局、教育部、财政部、人力资源社会保障部 | 关于进一步加强运动员文化教育和运动员保障工作的指导意见 | 加强竞技体育后备人才培养阶段的文化教育工作，打好文化教育基础；拓宽体育运动学校运动员培养输送渠道，为运动员就业创业创造条件；发挥国家队运动员文化教育的示范作用；构建和完善运动员职业转换社会扶持体系。 |

由上可知，奥运会的筹办使退役运动员就业保障问题得到国家高度重视，为使运动员在备战奥运期间能放下退役、再就业、伤病等后顾之忧，以积极的姿态投入训练之中。这一时期相关政策除进一步畅通完善退役运动员自主择业、升学渠道外，还进一步将伤残人士纳入保障范围之中，进一步消除了广大运动员的心理顾虑，是我国运动健儿在北京奥运会上披荆斩棘、所向披靡的重要因素。

## 四、退役运动员就业保障政策全面深化时期(2012—2019)

十八大以来，国家关照的运动员范围继续扩大，对运动员的职业辅导工作进一步加强，运动员的就业升学渠道也进一步得到拓宽。2012年，我国颁布《关于深入贯彻落实〈关于进一步加强运动员文化教育和运动员社会保障工作的指导意见〉的通知》，和之前主要关照优秀运动员的政策相比，它将保障视野进一步扩大到非公办体育运动学校运动员。2013年，我国颁布《关于进一步加强运动员职业辅导工作的意见》，明确指出各部门要通过加强信息平台建设等方式来提高退役运动员的保障力度。2014年，《关于进一步做好退役运动员就业安置有关问题的通知》明确指出各部门要在引导就学、体育产业、体育部门、教育行业、社区公益等方面为退役运动员创造就业机会，和之前颁布的政策相比，该政策所涉及的领域更加全面、细致。此外，这一时期我国还出台了《关于加快发展体育产业促进体育消费的若干意见》,该意见表明了国家对退役运动员从事体育产业工作、接受再就业培训的鼓励支持态度,并指出要进一步扩大退役运动员的就业自主性和自由度。2016年以后,在国家体育总局的牵头下,我国开始密集出台系列政策,全面深化、细化退役运动员就业保障工作(见表8.4)。

**表8.4　中央及国家有关部门颁布的退役运动员就业保障政策(2012—2019)**

| 发文时间 | 发文机构 | 发文名称 | 相关内容 |
| --- | --- | --- | --- |
| 2016.7.15 | 国家体育总局 | 国家体育总局人力中心关于举办2016年全国退役运动员开办网店技能培训班的通知 | 对通知涉及事宜进行部署安排。 |
| 2016.11.22 | 国家体育总局 | 体育总局人力中心关于举办2016年全国退役运动员转型滑雪指导人员培训班的通知 | 同上 |
| 2017.1.11 | 国家体育总局 | 体育总局人力中心关于举办2017年全国退役运动员转型行政岗位从业人员培训班的通知 | 同上 |
| 2017.2.24 | 国家体育总局 | 体育总局人力中心关于举办2017年全国退役运动员转型无人机飞控师培训班的通知 | 同上 |
| 2018.8.15 | 国家体育总局 | 体育总局人力中心关于举办2018年全国退役运动员转型足球从业人员培训班的通知 | 同上 |
| 2018.11.23 | 国家体育总局 | 体育总局人力中心关于组织2018年退役运动员赴安徽体育特色小镇实习就业的通知 | 同上 |
| 2019.1.11 | 国家体育总局 | 体育总局人力中心关于举办2019年全国退役运动员考取中学体育教师资格证冲刺培训班的通知 | 同上 |

通过以上梳理可见,2012年以后,我国退役运动员就业保障政策关照范围逐渐扩大,更多退役运动员群体的升学就业问题开始得到重视。它表现为以成

绩导向为特征的政策模式开始淡化，为广大运动员提供的就业升学渠道也更加具体和多元。同时，这一时期国家退役运动员就业保障措施也逐渐倾向于政策执行，是相关政策正在走向深化的具体体现。可以说，经过几十年来的摸索实践，具有中国特色社会主义的退役运动员就业保障政策体系已基本建立。

## 第二节 我国退役运动员就业保障政策的演进特征

### 一、退役运动员就业保障主体从单一转向多元协同，由政府单一管理趋向于社会共同治理

在70余年的演进过程中，我国退役运动员就业保障政策制定主体和执行主体都发生了显著变化。在政策制定上，从新中国成立之初到1979年，相关政策一直都是由国家体委单独制定并发布。1980年以后开始出现双部门和三部门联合发文的情况，民政部、劳动人事部、教育部等行政部门开始参与到相关政策的制定颁布之中。21世纪以后，相关部门联合力度进一步加强，多部门联合参与政策制定和颁布的趋势进一步加大，体现出从单一主体转向各部门多元协同的政策制定特征。在政策执行上，早期保障政策以分配安置为主，政策执行主体是国家行政部门。20世纪90年代以后，高等院校和培训组织逐步承接起退役运动员学习深造和职业培训等保障工作，相关政策开始导向自主择业和升学深造。而2010年以后，《关于进一步加强运动员文化教育和运动员保障工作的指导意见》《关于加快发展体育产业促进体育消费的若干意见》等政策文件相继出台，国家进一步完善了运动员职业转换社会扶持体系，并鼓励退役运动员从事健身、网络购物、体育旅游等体育产业工作，为退役运动员提供了更加自由、灵活的就业方向，企业、社会组织也开始成为新的执行主体，体现出政府社会共同保障的发展趋势。

## 二、退役运动员就业保障政策内容从简单安置到注重教育、人力资本等智力手段的长期培训

在70余年的政策演进过程中,我国退役运动员就业保障手段呈现从简单安置到注重教育、人力资本等智力手段培训的趋势。众所周知,升学深造和职业培训对退役运动员就业转型和个人发展具有重要意义,它有助于补足运动员文化职业素质方面的短板,提高其选择自主性和社会竞争力。中华人民共和国成立之初,国家主要采用在体育系统内部安排工作、发放退役费等方式来处理运动员就业问题,尽管《运动队工作条例(草案)》《关于做好调整处理运动员工作的通知》等文件都指出要对有前途者进行培训深造,但由于其主要目的是培养体育系统所需的专项教师和教练员,因此相关人员在深造完成后还是要再次接受国家分配安排,这种安置思路导致以运动员为本的教育培训政策长时间内处于缺失状态。改革开放后国家开始关注运动员自我发展、升学深造、自主择业等方面的需求,于是开始通过与高校合作、职业培训等手段,将政策保障重心从简单安置转移到教育人力资本的长期培训上。2010年以后,就业保障思路进一步开拓,在网购、自媒体、体育产业等领域挖掘退役运动员就业潜力,进一步加大退役运动员就业选择的自由度、广泛度。与此同时,国家要求提高在训运动员的受教育年限,确保运动员退役之前就已具备一定的文化水平,从而为运动员退役后能更好就业打下基础。通过退役运动员就业保障政策的演进可以看出,退役运动员在保障政策中的主体性得到加强,学生身份逐步受到重视,教育培训在时长和种类上都不断增加,以人为本的理念在相关政策演进过程中逐步凸显。

## 三、退役运动员就业保障政策主题逐步细化,执行、评价体系逐步完善

在70余年的演进过程中,我国退役运动员就业保障政策在保障主题、保障

范围、执行主体、可操作性上都发生了显著变化。政策主题方面，20世纪五六十年代运动员刚刚登上竞技体育舞台，相关保障工作尚处萌芽阶段，相关主题以“运动队建设”“运动员管理”等宏观内容为主。1986年后国家开始重视退役运动员就业问题，颁布《运动员退役费实施办法》(1986)、《关于运动员退役分配工作后重新评定工资问题的通知》(1987)、《国家体育总局办公厅关于退役优秀运动员免试进入高等学校学习有关事宜的通知》(2000)等文件，退役运动员就业问题在这一时期开始成为专项主题，保障规范体系也初步形成。进入21世纪，政策主题进一步深化发展，执行落实成为这一时期的工作重心，相关部门开始颁布大量通知对退役运动员升学深造、职业培训、就业扶持等保障事宜进行规范。可以看出我国退役运动员就业保障政策在70余年的演进过程中不断细化；保障范围方面，早期政策如《关于优秀运动员工龄计算等有关问题的意见》(1963)、《关于招收和分配优秀运动员等问题的联合通知》(1980)、《关于著名优秀运动员上大学有关事宜的通知》(1987)等主要向优秀运动员群体倾斜。之后的政策保障对象范围不断扩大，相应保障不再只是优秀运动员的特权，能享受到退役保障政策的运动员群体大幅增加；政策执行主体方面，早期政策执行主体单一，保障工作几乎全由国家机构承担，之后高校、企业、社会组织等逐渐加入其中，相关保障体系在多方协同下得以逐步完善；政策执行和评价体系上，早期政策如《运动队工作条例(草案)》(1963)、《关于做好调整处理运动员工作的通知》(1965)等，旨在对相关问题进行纲领性说明，政策执行评价体系较为笼统模糊，在操作性上有所欠缺，而随着保障主题逐渐明确，开始重视权责划分和纪律监督过程，如2007年《运动员聘用暂行办法》中第一章第五条分别对人事部、劳动部、教育部等部门的主管事务进行了规范，并专门在第八章对纪律监督工作进行要求。此外，2012年后出台的大量保障政策对执行的时间、人员、岗位、院校、条件等都有具体清楚的说明，可见随着主题的细化，相关政策操作性也不断得到增强。

# 第三节　小结

总的来说，我国退役运动员就业保障政策从新中国成立初期的国家包办，到改革开放后的社会协同、奥运举办时期的改进完善，再到十八大以来的全面深化，其制定与实施无不与各时期我国体育发展改革相适应。在70余年的演进过程中，围绕升学就业、资金补助等保障措施，相关政策结合现实问题不断细化完善，使得合作机构不断增加，保障力度不断加大。但同时我们也能感受到相关政策体系目前在法制化、政策执行、促进社会参与等方面仍存在诸多问题。面对这些问题，我们应该认识到，在加强治理能力现代化、依法治国和人本思想盛行的背景下，进一步促进社会参与、提高我国退役运动员就业保障体系法制化程度既是依法治体、建设体育强国的基本要求，也是推进我国退役运动员就业保障政策现代化的题中之义。新的历史时期，在促进社会参与和加强法制化建设的政策制定思路上，国家应继续秉持以人为本的政策价值取向，出台更为人性化的政策，注重发挥运动员的主观能动性，着力开发新的就业岗位，以保障退役运动员更自由、更有尊严地实现升学就业。

# 结 语

中华人民共和国成立70余年来，我国体育事业在政策引导下取得了巨大的成就，为新时期体育强国建设打下了良好基础。

我国在新中国成立初期基础条件较差，国民体育意识薄弱，人民健康状况不够理想，相关部门当时就敏锐意识到体育在改善国民体质、开展国家建设等方面的重要价值，明确了我国的体育运动是人民的体育运动这一根本基调，并将其体现在《中央体委党组关于加强人民体育运动工作的报告》等诸多政策之中。总体来看，在人民体育思想影响下，这一时期体育工作以普及为主，厂矿、学校、部队和机关中各种体育活动踊跃开展，体育事业取得许多阶段性成就。1952年仅北京做广播体操的学生就达20万之多，到20世纪50年代末，我国运动员就已经全部刷新了1949年以前的全国纪录，同时基层体育运动也得到广泛开展，人民身体素质得到一定提高。

党的十一届三中全会后，体育工作在相关政策引导下开始重归正轨，体制改革成为这一时期体育政策发展的主线。这一时期，竞技体育政策开始围绕运动项目布局、运动队伍建设等开展改革实践。群众体育政策在这一时期初步形成政府主导、部门协同、社会共同参与的大众体育治理格局。学校体育以“增强体质”为目标相继出台《全日制十年制小学体育教学大纲(草案)》《全日制十年制中学体育教学大纲(草案)》《中、小学体育工作暂行规定(试行)》《高等学校体育工作暂行规定(试行)》等文件，为学校体育从混乱状态回归正常轨道提供了重要的政策保障。体育经济政策在市场化改革背景下不断进行自我调整，体育文化、民族传统体育等体育政策也在这一时期取得了不同程度的恢复与发展。

1993年，国家体育总局下发《关于深化体育改革的意见》，该意见指出要加强我国体育宏观调控能力，并以深化体育改革为思路，从管理体制、项目改革等诸多方面展开宏观部署。这一时期，为适应市场化发展，我国竞技体育政策出台《奥运争光计划纲要》，逐渐引导竞技体育向科学化、职业化、市场化方向发展。学校体育方面，《九年义务教育全日制中小学体育教学大纲(试用)》《中国教育改革和发展纲要》相继颁布，相关工作逐渐进入科学化、规范化发展阶段。为避免过于依赖国家投资，在《关于加快发展第三产业的决定》《国民经济和社会发展"九五"计划和2010年远景目标纲要》等文件影响下，我国体育经济政策逐步进入产业化阶段，开始突破单一的创业增收和体委独办模式，走全面社会化、市场化道路，逐步向市场化方向发展。此外，群众体育、体育文化、民族传统体育等相关政策也都在这一时期做出了相应调整与发展。

2008年，北京奥运会取得巨大成功，我国体育事业发展进入新阶段。这一时期，竞技体育开始将可持续发展作为主要发展方向，大力推进竞技体育体制机制改革，通过创新奥运备战模式和实施全运会制度改革的方式来稳步推进奥运项目协会实体化改革。在《全民健身条例》《"健康中国"2030规划纲要》等政策影响下，群众体育政策在这一时期突出坚持"以人民为中心"的价值取向，形成了贯彻落实党的群众路线的新格局。学校体育开始进入以综合性政策引领为主的创新发展阶段，并将改革的主要任务放在了体系、体制和机制的健全与完善方面。在《关于鼓励和引导民间资本投资体育产业的实施意见》《关于促进健康服务业发展的若干意见》的影响下，我国体育经济政策制定进入高峰期，政策体系不断完善，政策结构和政策内容得到不断优化和丰富。体育文化政策重点围绕产业融合展开部署，在国家对体育文化产业的扶持与帮助下，相关政策数量较之前有大幅增加。此外，民族传统体育等体育政策的战略地位得到进一步的提升，宏观规划下各个体育政策之间的联系也较之以往更加紧密。

可以看到，当前我国在竞技体育、群众体育、学校体育、体育经济、体育文化、民族传统体育等领域已取得诸多成就。竞技体育方面，我国已逐步摸索出一条具有中国特色的竞技体育发展模式，逐渐形成“三级训练网”“三从一大”“国内练兵、一致对外”“缩短战线、确保重点”的竞技体育人才培养、训练、竞赛体系模式。据数据显示，到2018年底，我国已经在包括奥运会、世界杯等各类国际性比赛中获得世界冠军3 458次（其中奥运冠军237次），创造世界纪录1 332次。未来，我国还要进一步完善自身竞技体育项目布局，进一步向竞技体育强国目标迈进。学校体育方面，我国学校体育政策顶层设计不断加强，学生的身高、体重等形态指标较之过去有了显著提升，目前我国传统体育项目学校已有8 567余所，各级各类体校2 037余所，以足球为代表的体育特色学校2万余所，普通中小学体育的师资规模也在不断扩大。群众体育方面，我国国民健身意识获得极大增强，健康水平持续提高，经常锻炼人口已达4亿人次，人均寿命比新中国成立之初翻了近一倍，可供大众进行体育锻炼的场地由4 982片增加到如今的310万片，社会体育指导员队伍规模也在不断扩大。体育经济方面，截至2017年，全国体育产业总规模已达2.2万亿元，占国民生产总值的0.94%，到2018年底，我国体育彩票销售额已累计达17 292亿元，而各种体育赛事、体育产业也在相关政策引导下为我国经济以及体育发展作出重要贡献。此外，我国体育文化及民族传统体育的战略地位也在不断提升，截至2019年，我国已建设体育类博物馆107家，举办相关博览会28届，而我们身边的体育影视、文学、美学作品也门类丰富、随处可见，它们都为传承发扬中国体育精神发挥了重要作用。同时，面对丰富的民族传统体育遗产，有关部门也一直本着尊重、平等、发展的原则，通过指定传承人、建立研究机构、纳入非遗项目等方式积极探索搜集、继承、保护和留存它们的方式，使更多人看到了中华民族传统体育的魅力，让民族传统体育项目在高校、系所等的传承中重焕生机。

上述成绩的取得离不开相关体育政策的支持推进，回顾70余年来我国体育政策发展历程,它就像是一个缩影,映射着中华人民共和国发展变化的方方面面。未来我们更加需要发挥党的领导、举国体制等多重优势,进一步总结政策经验,深化政策的合理性、权威性和系统性,继续顺应国情需要,坚持以人民为中心、体育为人民服务的核心思想,推进中国体育事业向现代化、可持续化方向不断发展。

# 参考文献

【著作】

[1] 毛泽东.毛泽东选集(第五卷)[M].北京:人民出版社,1977.

[2] 荣高棠.当代中国体育[M].北京:中国社会科学出版社,1984.

[3] 国家体委.中国体育年鉴(1949—1991)[M].北京:人民体育出版社,1993.

[4] 侯岩,周和宇.体育投资政策研究[M].北京:人民体育出版社,1997.

[5] 伍绍祖.中华人民共和国体育史(1949—1998)[M].北京:中国书籍出版社,1999.

[6] 胡惠林.文化政策学[M].上海:上海交通大学出版社,1999.

[7] 中国社会科学院文献中心.新世纪党政干部理论学习文集第四卷(上册)[M].北京:红旗出版社,2004.

[8] 中共中央党校理论研究室.中华人民共和国国史全鉴(体育卷)[M].北京:中央文献出版社,2004.

[9] 江泽民.江泽民文选(第3卷)[M].北京:人民出版社,2006.

[10] 傅砚农.中国体育通史(第5卷)(1949—1979年)[M].北京:人民体育出版社,2007.

[11] 夏征农,陈至立.辞海[M].6版.上海:上海辞书出版社,2009.

[12] 小约瑟夫·斯图尔特,戴维·M.赫奇,等.公共政策导论[M].韩红,译.北京:中国人民大学出版社,2011.

[13] 当代中国研究所.中华人民共和国史稿(第一卷)[M].北京:人民出版社,2012.

[14] 中共中央马克思、恩格斯、列宁、斯大林著作编译局.马克思恩格斯选

集(第1卷)[M].北京:人民出版社,2012.

[15] 中共中央文献研究室.毛泽东年谱(1949—1976)(第2卷)[M].北京:中央文献出版社,2013.

[16] 胡惠林,单世联,凌金铸.文化政策与治理[M].上海:上海人民出版社,2015.

[17] 国家民委民族理论政策研究室. 中央民族工作会议创新观点面对面[M].北京:民族出版社,2015.

[18] 易剑东,郑志强,等.中国体育产业政策研究:总览与观点[M].北京:社会科学文献出版社.2016.

[19] 中共中央文献编辑委员会.胡锦涛文选(第3卷)[M].北京:人民出版社,2016.

[20] 刘春华.抉择与转型:我国退役运动员再就业研究[M].北京:北京体育大学出版社,2017.

[21] 习近平.习近平谈治国理政(第2卷)[M].北京:外文出版社,2017.

[22] 崔乐泉.体育史[M].北京:高等教育出版社,2018.

[23] 国家体育总局.新中国体育70年(综合卷)[M].北京:人民出版社,2019.

[24] 当代中国研究所.新中国70年[M].北京:当代中国出版社,2019.

【文献汇编】

[1] 中共中央文献研究室.三中全会以来重要文献选编(上)[M].北京:人民出版社,1982.

[2] 国家教育委员会体育卫生司.学校体育卫生工作文件选编[M].沈阳:辽宁大学出版社,1988.

[3] 国家体委政策研究室.体育运动文件汇编(1982—1986)[M].北京:人民体育出版社,1989.

[4] 中华人民共和国体育运动委员会.现行体育法规汇编(1949—1988)

[M].北京:人民体育出版社,1990.

[5] 国家民族事务委员会、中共中央文献研究室.新时期民族工作文献选编[M].北京:中央文献出版社,1990.

[6] 中共中央统战部研究室.历次全国统战工作会议概况和文献(1988—1998)[M].北京:华文出版社,1998.

[7] 国家教委体育卫生司.学校体育卫生工作文件选编[M].沈阳:辽宁大学出版社,1998.

[8] 国家体育总局.中华人民共和国体育法规汇编(2011—2012)[M].北京:人民体育出版社,2013.

[9] 中共中央文献研究室.十八大以来重要文献选编(上)[M].北京:中央文献出版社,2014.

[10] 国家体育总局.中华人民共和国体育法规汇编(2013—2014)[M].北京:人民体育出版社,2015.

【报纸】

[1] 陆定一.百花齐放百家争鸣[N].人民日报,1956-06-13(02).

[2] 江泽民.高举邓小平理论伟大旗帜,把建设有中国特色社会主义事业全面推向二十一世纪[N].人民日报,1997-09-22(02).

[3] 中国共产党第十八次全国代表大会上的报告.坚定不移沿着中国特色社会主义道路前进,为全面建成小康社会而奋斗[N].人民日报,2012-11-18(01).

[4] 中共中央十八届三中全会.中共中央关于全面深化改革若干重大问题的决定[N].人民日报,2013-11-16(01).

[5] 李中文,薛原.为健康中国夯实体育之基——以习近平同志为核心的党中央关心全民健身工作纪实[N].人民日报,2017-08-08(01).

[6] 习近平.开创我国体育事业发展新局面,加快把我国建设成为体育强国[N].人民日报,2017-08-28(01).

[7] 习近平:决胜全面建成小康社会夺取新时代中国特色社会主义伟大胜利[N].人民日报,2017-10-18.

[8] 欧阳雪梅.新中国70年社会主义文化建设及其经验[N].光明日报,2019-07-10.

[9] 苟仲文.新中国体育70年[N].中国体育报,2019-09-24(01).

【论文】

[1] 朱德.朱德副主席在中华全国体育总会筹备会议上的讲话[J].新体育,1950(1):7.

[2] 饶远.论中国共产党民族体育政策的基本特征[J].上海体育学院学报,1993,4(03):23-27.

[3] 张发强.对我国体育产业化的战略思考[J].体育文史,1997(02):10-14.

[4] 韩丹.论我国学校体育新世纪的新纪元[J].体育学刊,2000(01):2-5.

[5] 黄文仁,骆映.社会体育制度化进程问题的思考[J].体育与科学,2003(05):36-38.

[6] 韩敬全,张振华.试论当代中国农村区域体育文化建设[J].体育与科学,2005(05):24-26.

[7] 隋路.国家意愿与体育经济政策的形成[J].体育学刊,2005(04):4-7.

[8] 李蕾.近代以来中国武术项目管理过程及其评价与发展[D].北京体育大学,2005.

[9] 倪依克,胡小明.论民族传统体育文化遗产保护[J].体育科学,2006(08):66-70.

[10] 饶远,张云钢,徐红卫.论中国少数民族体育政策的特征与启示[J].体育科学,2007(10):56-60.

[11] 饶远,张云纲.在民族体育政策实施中构建和谐的社会主义民族关系——中国共产党的民族体育发展政策[J].今日民族,2007(05):38-42.

[12] 魏国旗,文兰佃.新中国成立以来学校体育发展阶段研究[J].体育文化导刊,2007,(03):70-72.

[13] 张林,黄海燕,王岩.改革开放30年我国体育产业发展回顾[J].上海体育学院学报,2008,32(04):1-5.

[14] 王子朴,原玉杰,詹新寰.我国体育产业政策发展历程及其特点[J].上海体育学院学报,2008(02):15-19.

[15] 刘周敏,李艳翎,刘煜.湖南省全民健身路径发展现状及对策研究[J].体育科学研究,2008(04):38-40.

[16] 李琳瑞.我国运动员权利保护研究[D].北京:北京体育大学,2009.

[17] 舒能贵,陈建军,张玉华.改革开放30周年中国体育发展的回顾与展望[J].武汉体育学院学报,2009,43(02):30-34.

[18] 陈永利.改革开放三十年中国学校体育的法规和制度建设回顾与思考[J].中国学校体育,2009,(04):9-11.

[19] 彭雪涵.改革开放时期学校体育政策法规的文本解读[J].北京体育大学学报,2009,32(05):76-79.

[20] 张芯,马军,余小鸣.改革开放30年我国学校卫生与健康教育发展成就[J].中国学校卫生,2009,30(05):385-391,393.

[21] 刘远祥,田雨普.政府与市场博弈下的体育产业结构优化[J].山东体育学院学报,2009,25(04):1-4.

[22] 罗建河.《反兴奋剂条例》执行阻滞机制的多维分析[J].成都体育学院学报,2009,35(01):20-23.

[23] 肖谋文.新中国大众体育政策的历史演进[J].体育科学,2009,29(04):90-91.

[24] 黄力生.中国近、现代学校体育思想的演进与发展历程[J].武汉体育学院学报,2009(05):87-90.

[25] 钱芊.改革开放以来中国体育教育管理思想发展小考[J].才智,2011

(23):241.

[26] 肖林鹏.我国体育产业技术政策发展历程、问题与对策[J].上海体育学院学报,2011,35(06):17-22.

[27] 沈克印.当代中国体育经济伦理的理论与实践研究[D].南京:南京师范大学,2011.

[28] 蒙雪,陆作生,郑昌意.21世纪我国国民体质增强策略研究[J].武汉体育学院学报,2011,45(02):58-62.

[29] 朱国辉.近十年我国文化产业政策分析研究[D].济南:山东大学,2011.

[30] 李琳瑞,刘峥.退役运动员安置政策的演进研究[J].北京体育大学学报,2011,34(02):22-25.

[31] 郑国华.我国民族传统体育失范研究[J].中国体育科技,2011,47(03):70-79.

[32] 刘庆伟,唐建倦.大学高水平竞技体育人才培养制度创新研究[J].体育与科学,2011,32(04):107-109,27.

[33] 冯晓丽.建国以来群众体育政策的变迁特点与影响因素[J].体育学刊,2012(19)3:42.

[34] 骆雷,张林,黄海燕.改革开放30年我国体育产业研究的总体述评[J].体育科学,2012,32(11):83-89.

[35] 卢玲.新中国女性竞技体育成绩发展轨迹的探析[J].体育科研,2012,33(04):48-50+72.

[36] Barrie Houlihan, Tien-Chin Tan.Chinese Olympic sport policy: Managing the impact of globalisation [J]. International Review for the Sociology of Sport,2012,48(2):131-152.

[37] 王永忠,冉清泉,涂传飞.我国民族传统体育研究取向的演进[J].北京体育大学学报,2012,35(03):38-42.

[38] 景小勇."文化政策"与"文化法律"概念的比较分析——兼论党和政府对文化宏观管理主要手段的异同[J].艺术评论.2012,(04):54.

[39] 刘红建.群众体育政策执行阻滞问题及其治理路径研究[D].南京:南京师范大学;2013.

[40] 孙成林,王健,高嵩.建国17年我国体育设施政策研究[J].沈阳体育学院学报,2013,32(06):70-73,88.

[41] 张秀红.西安市体育健身休闲娱乐产业政策研究[D].西安:西安体育学院,2013.

[42] 金世斌.改革开放以来我国体育政策演进与价值嬗变[J].体育与科学,2013,34(01):36-41.

[43] 明大阳.我国发展具有区域特色的竞技体育人才政策评析——以《辽宁竞技体育人才培养办法》为例[J].沈阳体育学院学报,2013,32(02):74-78.

[44] 王超,潘耀滨,王永盛.我国大学竞技体育可持续发展的对策研究[J].山东体育学院学报,2013,29(04):98-102.

[45] 张庆文,杨刚,万莹莹.当代中国体育政策的变迁与思考[J].上海体育学院学报,2013,37(06):20-23.

[46] 钟俊.我国城乡结合部社区体育文化公共服务体系的构建研究[J].山东体育科技,2014,36(01):114-118.

[47] 陈华伟.社区体育资源配置理论与实证研究[D].福州:福建师范大学,2014.

[48] 祁靖,李静波.优秀运动员退役再就业政策观念研究[J].山东体育科技,2014,36(03):25-28.

[49] 马晓军.试论清代的回族政策及其影响[J].民族论坛,2014(04):38-41.

[50] 张文鹏,王健.中华人民共和国成立以来学校体育政策的演进:基于

政策文本的研究[J].体育科学,2015,35(02):14-23.

[51] 张文鹏.中国学校体育政策的发展与改革研究[D].武汉:华中师范大学,2015.

[52] 黄晓丽.当代中国学校体育健康教育思潮研究[D].长沙:湖南师范大学,2015.

[53] 郑国华,祖庆芳,何平香.我国少数民族群众体育政策的历史演进[J].北京体育大学学报,2016,39(02):16-22.

[54] 国务院办公厅.关于强化学校体育促进学生身心健康全面发展的意见[J].中华人民共和国教育部公报,2016,(06):8-12.

[55] 郑家鲲.五大理念引领下"十三五"我国群众体育发展研究[J].上海体育学院学报,2016,40(02):19-24.

[56] 郭振,刘波.20世纪50年代至70年代我国大学竞技体育的重构与展现[J].体育文化导刊,2016(07):148-152,206.

[57] 易剑东.中国体育产业的现状、机遇与挑战[J].武汉体育学院学报,2016,50(07):5-12.

[58] 柳鸣毅.国家体育治理体系和治理能力现代化的思考[J].国家治理,2016(22):34-40.

[59] 高晓峰.中国学校体育政策变迁研究(1904—2014)[D].北京:北京体育大学,2017.

[60] 韩永君.国外体育政策研究演进的可视化分析[J].上海体育学院学报,2017,41(02):7-14.

[61] 潘凌云,王健,樊莲香.我国学校体育政策执行存在的问题与应对策略[J].体育学刊,2017,24(02):80-84.

[62] 张文鹏.民国时期学校体育政策演进研究[J].体育文化导刊,2017(02):175-180.

[63] 彭国华,张莉,庞俊鹏.中国农村公共体育服务政策的变迁历程[J].当

代中国史研究,2017,24(03):121.

[64] 李承伟.21世纪以来中美老年体育政策比较[J].体育学刊,2017,24(03):76-80.

[65] 徐新鹏,杨林.制定《退役运动员安置条例》的必要性、可行性及框架构建[J].西安体育学院学报,2017,34(04):420-425.

[66] 曹振波,陈佩杰,庄洁,等.发达国家体育健康政策发展及对健康中国的启示[J].体育科学,2017,37(05):11-23,31.

[67] 杜建军,张瑞林,冯振伟.我国青少年体质健康教育政策的现实审视与优化策略[J].西南大学学报(社会科学版),2017,43(6):82-90.

[68] 殷鼎,杨建鹏.我国少数民族传统体育政策发展研究[J].体育文化导刊,2017(10):39-42+6.

[69] 刘叶郁.中华人民共和国成立以来体育政策的演变特征与内容分析[J].上海体育学院学报,2018,42(06):11-17.

[70] 肖乐乐.2008年北京奥运会后中国体育产业政策变迁研究[D].上海:华东政法大学,2018.

[71] 白晋湘.我国民族传统体育改革发展40年回顾与展望[J].上海体育学院学报,2018,42(05):9-14.

[72] 刘国永.对新时代群众体育发展的若干思考[J].体育科学,2018,38(1):4-8,17.

[73] 柳鸣毅,王梅,徐杰,等."健康中国2030"背景下中国青少年体育公共政策研究[J].体育科学,2018,38(02):91-97.

[74] 史小强,戴健.新时代全民健身公共服务绩效结构模型的构建与实证研究:基于"以人民为中心"价值取向的量度[J].体育科学,2018,38(3):12-26.

[75] 黄道名,杨群茹.张晓林."健康中国"战略下我国学校体育的改革困境与发展路径[J].体育文化导刊,2018(3):103-107,123.

[76] 王一鸣.改革开放以来我国宏观经济政策的演进与创新[J].管理世界,2018,34(03):1-10.

[77] 毛振明,杨多多,李海燕.《"健康中国2030"规划纲要》与学校体育改革施策(2)目标:《国家学生体质健康标准》达标优秀率25%以上[J].武汉体育学院学报,2018,52(4):75-80.

[78] 潘凌云,樊莲香,张文鹏.国际上学校体育政策执行研究述论:缘起、论域及启示[J].首都体育学院学报,2018,30(4):341-345.

[79] 任波.中国体育产业结构的形成机理、演进逻辑与优化策略[J].沈阳体育学院学报,2018,37(04):14-20.

[80] 王涛,王健.论我国体育竞赛表演业政策的阶段划分、变化特征及其走向[J].体育文化导刊,2018(05):6-10.

[81] 朱传耿,王凯,丁永亮,等.改革开放40年来我国体育政策对发展理念演变的响应及展望[J].体育学研究,2018,1(06):1-11.

[82] 韩永君.基于政策工具的社会体育政策分析[J].武汉体育学院学报,2018,52(6):5-11.

[83] 张现成,商执娜,吴家琳,等.我国体育赛事产业化实践中的法律规制问题与对策[J].北京体育大学学报,2018,41(06):27-32.

[84] 高峰.二战后日本公共体育政策变化特征及影响[J].体育文化导刊,2018(06):52-57.

[85] 冯俊.新时代民族传统体育的发展机遇和改良策略研究[J].贵州民族研究,2018,39(08):140-143.

[86] 张硕.改革开放40年我国群众体育政策变迁与量化研究(1978—2018年)[D].太原:山西师范大学,2019.

[87] 张琴,易剑东.问题·镜鉴·转向:体育治理手段研究[J].上海体育学院学报,2019,43(04):16-21.

[88] 李百成,郭敏.我国学校体育政策演进特征与发展策略[J].体育文化

导刊,2019,(10):81-85.

[89] 邱鹏.我国公共体育服务财政投入研究[D].苏州:苏州大学,2019.

[90] 杨雅晰,刘昕.改革开放40年学校体育政策嬗变的回溯与展望[J].北京体育大学学报,2019,(05):44-54.

[91] 张卫波.新中国文化政策的源头形成与发展[J].理论视野,2019(10):51-56.

[92] 孙科,杨国庆.生成与指向:中国竞技运动项目文化建设的思考[J].体育学研究,2019,2(1):87.

[93] 刘培生,杨正巧.基于制度变迁的农村"三变"改革理论解析[J].贵州师范大学学报(社会科学版),2019(02):90-96.

[94] 卢文云.改革开放40年中国群众体育发展成就与经验[J].体育文化导刊,2019(3)3:2、24.

[95] 田野.改革开放以来中国体育文化成就与发展战略[J].体育文化导刊,2019,201(3):1、2.

[96] 彭国强.日本竞技体育政策演变的历程、特征与启示[J].体育学研究,2019,2(03):19-28.

[97] 庄艳华,杨春元.外生植入与内生需求:我国学校体育政策的历史演进与价值重构[J].体育与科学,2019,40(05):46-51.

[98] 刘林青,王超,陈鹭,等.非京籍竞技体育人才引进及管理政策研究[J].西安体育学院学报,2019,36(05):594-596+600.

[99] 潘凌云,王健.改革开放40年我国学校体育改革与发展的政策审思[J].体育科学,2019,39(5):13-25.

[100] 谭利,于文谦.改革开放以来我国学校体育政策工具的选择与优化[J].北京体育大学学报,2019,42(05):63-71.

[101] 李屹松.政策协同视角下公共体育服务政策优化路径研究[J].北京体育大学学报,2019,42(07):74-84.

[102] 高晓峰.我国学校体育政策变迁与启示[J].体育文化导刊,2019(08):30-37.

[103] 姚乐辉."一带一路"背景下少数民族体育发展策略研究[J].贵州民族研究,2019,40(09):81-84.

[104] 国家体育总局宣传司.新中国体育文化宣传工作发展研究[J].体育文化导刊,2019,208(10):21.

[105] 王雪莉,付群,郑成雯.2010—2019年中国体育消费政策落实:问题与对策[J].体育科学,2019,39(10):40-55、82.

[106] 王学彬,郑家鲲.新中国成立70周年我国群众体育发展:成就、经验、问题与展望[J].体育科学,2019(39)9:32、37.

[107] 高奎亭,陈家起,李乐虎.建国70年来我国体育公共服务政策的演进与趋向[J].体育学刊,2020,27(03):19.

[108] 纪成龙,杨国庆.文化治理与政策实践:竞技运动项目组织文化建设的挑战与应对[J].武汉体育学院学报,2020,54(01):19-25.

[109] 徐成立,张宝雷,张月蕾,等.我国体育产业政策变迁:进程、逻辑及演变趋势[J].武汉体育学院学报,2020,54(03):45-53.

[110] Holger Preuss, James Andrew (Jamie) Kenyon, et al.Sport Policy Development in China: Legacies of Beijing's 2008 Summer Olympic Games and 2022 Winter Olympic Games[J]..Journal of Global Sport Management.2019:1.

[111] 周丽,段全伟,姚琼,等.新时代民间体育赛事的现实困境与重塑路径解析[J].广州体育学院学报,2020,40(04):64-68.

[112] 李壬冬,扈春荣.我国冰雪运动发展政策70年演进:历程、特征与趋势[J].沈阳体育学院学报,2020,39(04):46-51+59.

[113] 姜同仁,张林,王松,等.中国体育产业演进的内在逻辑、政策趋向和高质量发展路径[J].天津体育学院学报,2020,35(06):658-665.

[114] 张世飞，王冰冰．中国共产党领导民族工作的百年进程与基本经验[J].中共杭州市委党校学报，2020(06)：11-18.

[115] 张文鹏，郭澜，曾婷婷，等．新时代中华民族传统体育的机遇、挑战及政策建议[J].武汉体育学院学报，2020，54(07)：56-62.

[116] 杨尚剑，马帅星．我国退役运动员创业支持体系研究——基于退役军人创业支持体系解构[J].体育文化导刊，2020(08)：41-47.

[117] 吴涛，陈金鳌．全民健身视域下民族传统体育发展困境及策略[J].体育文化导刊，2020(09)：67-72.

[118] 何文义．多维融合背景下的体育文化发展路径与策略探析[J].北京体育大学学报，2020，43(12)：35-45.

[119] 易剑东．我国体育产业政策述评(2010～2020)[J].体育文化与产业研究，2021(01)：80-110.

[120] 张震．中国共产党建党百年来竞技体育的发展逻辑与历史经验[J].首都体育学院学报，2021，33(03)：248-256.

[121] 杨金卫．党的群众路线的百年演进及其历史经验[J].东岳论丛，2021，42(02)：21.

[122] 崔乐泉，李永明，郭荣娟．中国共产党关于体育文化建设的百年历程、逻辑理路与启示[J].首都体育学院学报，2021，33(04)：349-356.

[123] 邢舟．畲族体育促进民族乡村旅游发展的实践路径——以丽水畲族村旅游发展为例[J].丽水学院学报，2021，43(06)：32-35.

[124] 孙科，姜宇航，朱天宇，等．中华人民共和国成立后体育工作方针的演变历程及其内在表征[J].首都体育学院学报，2021，33(04)：364-370.

[125] 孙民康，孙小玲，李良，等．从“渐进合作”到“多边融合”：新中国学生体育健康促进政策的历史回眸与现实审思[J].南京体育学院学报，2021，20(05)：51-59.

[126] 杨尚剑.我国运动员退役安置系统特征、演化及调控机制——基于复杂适应系统理论[J].北京体育大学学报,2021,44(04):69-81.

[127] 刘敏,郭学松,曹莉.中国共产党体育理念的历史演进与创新发展[J].北京体育大学学报,2021,44(11):7-17.

[128] 韦晓康,赵妍.建党百年中国少数民族传统体育事业的成就与使命[J].北京体育大学学报,2021,44(06):130-140.

[129] 戴羽,张丽,刘青.中国共产党群众体育政策的历史演进与经验启示[J].北京体育大学学报,2021,44(06):112-118.

[130] 殷鼎,史兵.中国共产党少数民族体育政策的历程与趋向[J].北京体育大学学报,2021,44(06):119-129.

[131] 邢中先.百年回眸:中国共产党民营经济政策发展的历史演进与内在逻辑[J].企业经济,2021,40(06):15-22.

[132] 崔乐泉.百年来中国共产党体育为人民思想与实践的传承和发展[J].天津体育学院学报,2021(36)3:253.

[133]《体育与科学》编辑部.从体育救国到健康中国、体育强国的发展之路——中国共产党建党100周年体育大事记[J].体育与科学,2021(42)250:33-36.

[134] 胡旭忠,汤卫东.新时代体育法基本原则的法理剖析与重构[J].体育学研究,2022,36(02):75-82.

[135] 程宇飞,李军岩,范尧.我国学校体育教育评价本原的理论遵循、迷思困境与实践路向[J].体育学研究,2022,36(03):81-90.

# 后　记

本书起稿于2020年9月，写作过程历经波折，好在课题组成员精诚合作，克服资料、软件等诸多难题，经过无数次探讨交流，才有今日成稿。团队成员张玲玲副研究员，以及我的研究生庞龙、张丽、吴颖冰、张建业等都为本书付出了心血。现在每每回忆起那些组会讨论的日子，想起团队成员认真思考、深入交流、相互协作时的模样，由衷地泛起欣慰、感动和怀念，也深切感受到自己和团队成员在书稿历练中得到了进一步的成长。在各章书稿中，第一章、第二章由戴羽、张玲玲、庞龙负责撰写，第三章由戴羽、张丽负责撰写，第四章由张玲玲、吴颖冰负责撰写，第五章由张玲玲、张建业负责撰写，第六章由戴羽、张丽负责撰写，第七章由戴羽、张建业负责撰写，第八章由庞龙、戴羽负责撰写，结语由戴羽、张玲玲、庞龙负责撰写。

此书能够出版实属不易，在此感恩导师刘青教授，感谢成都体育学院体育史研究所的关心和支持，感谢重庆大学出版社编辑们的指点修正。希望本书起到抛砖引玉的作用，促使体育政策史研究更加深入。此外，在选题、编写过程中，得到了成都体育学院郝勤教授、宋秀平教授、杭州师范大学王宏江教授、山西师范大学郑旗教授的悉心指导，在此表示由衷的感谢！限于我们的水平，书中疏漏及不妥之处在所难免，敬请各位读者不吝指教。

戴　羽

2022年6月于太原